JN314366

民主化支援

21世紀の国際関係とデモクラシーの交差

杉浦功一 著

法律文化社

目　次

序　章　民主化支援の現在 ——————————— 1
 1　民主化と民主化支援の現状　1
 2　民主化支援とは何か　5
 3　民主化支援研究の現状と本書の研究手法　6
 4　民主化支援と国際関係　10
 5　本書の組み立て　12

第1章　民主化支援の分類 ——————————— 19
 1　はじめに　19
 2　民主化支援のアクター　20
 3　民主化支援のレベル
 　　　――国内レベルと国際レベル　29
 4　民主化支援の内容　30
 5　小　括　39

第2章　民主化支援の歴史 ——————————— 45
 1　はじめに　45
 2　冷戦終結後の民主化支援活動の急速な発達　46
 3　1990年代後半からの民主化支援活動の発達と変化　52
 4　民主化支援への「バックラッシュ（反動）」　59
 5　小　括　63

第3章　民主化と民主化支援　――――――――――― 73

1　はじめに　73
2　民主化の過程　75
3　民主化の過程と民主化支援の「経路」　80
4　民主化支援の実績　91
5　小　　括　101

第4章　デモクラシーおよびガバナンス評価と
　　　　民主化支援　――――――――――――――― 111

1　はじめに　111
2　デモクラシーとガバナンス　112
3　デモクラシーおよびガバナンスの評価をめぐる議論　115
4　デモクラシーおよびガバナンス評価の歴史と課題　119
5　小　　括　135

第5章　国際連合と民主化支援　――――――――― 145
　　　　――国連民主主義基金（UNDEF）の活動を中心に

1　はじめに　145
2　国連による民主化支援体制の現状　146
3　国連民主主義基金（UNDEF）の活動内容と課題　154
4　小　　括　160

第6章　平和活動と民主化支援　――――――――― 165
　　　　――デモクラティック・ピースの構築へ向けて

1　はじめに　165
2　民主化研究と民主化支援の経験から　166
3　国連の平和活動における民主化支援の現状と課題　169
4　小　　括　178

第7章　日本と民主化支援 ―――――――――― 183
　　　　――1990年代以降の日本の民主化支援活動
　　1　はじめに　183
　　2　日本の民主化支援活動に関する先行研究　184
　　3　日本の民主化支援の歴史　185
　　4　日本の民主化支援の実践　192
　　5　小　括　204

終　章　民主化支援の課題 ―――――――――― 211
　　1　はじめに　211
　　2　これまでの考察　211
　　3　民主化支援の特徴と傾向　215
　　4　民主化支援の課題
　　　　――「正当性」と「実効性」の観点から　218
　　5　民主化支援研究の課題　224

あとがき

序章　民主化支援の現在

1　民主化と民主化支援の現状

　毎年9月15日は国際民主主義デー(International Day of Democracy)である。その日にはデモクラシー（民主主義）が祝われ、デモクラシーを広め守ることが国際的な課題であることが改めて想起される。同日は、万国議会同盟（IPU）で1997年に「世界民主主義宣言」が採択された日であり、2008年より国際連合（以下、国連）によって設定された。国連などでは毎年記念行事が実施される。[1] この国際民主主義デーに象徴されるように、現在ではデモクラシーは国家の統治原理として賞賛され、もはや面と向かって否定されることはなく、国際的に実現されることが望ましいとされる。

　しかし、実際の政治体制としてのデモクラシーは今なお多くの挑戦に直面している。[2] 2006年9月20日には、タイで軍事クーデターが発生し、民主的選挙で選ばれたタクシン(Thaksin Shinawatra)政権が崩壊した。その後民政移管が行われたものの、2008年11月にはバンコクの空港が占拠されるなどの混乱が続いている。1992年の民主的選挙以降、民主主義体制が定着したとみられていたタイにおける政変は民主化の難しさを物語っている。タイだけでなく、2009年6月には中米ホンジュラスで軍事クーデターが起きたように、民主的な政権が非合法な手段で転覆されたり、同月のイラン大統領選挙をめぐる不正疑惑のように政権自身が民主政治のルールを捻じ曲げたりといった事態が今世紀に入っても頻繁にみられる。

　ここで少し近年の民主化の歴史を振り返ると、冷戦末期の1980年代より、ハンチントン(Samuel Huntington)が民主化の「第三の波」という世界的な政治変

動が続いた。1986年のフィリピンで「ピープルパワー」によってマルコス (Ferdinand Marcos) 政権が打倒されたのをはじめ、1980年代末には東欧諸国で自由化が相次いだように、世界各国で民主化が一気に進んだ。冷戦終結直後には、西側先進諸国の自由民主主義体制こそが「歴史の終焉」を飾るものと賞賛された。実際、アメリカのNGOであるフリーダムハウスによると、複数政党制に基づいた選挙型民主主義体制（electoral democracy）を採用した国家は、1973年の40カ国から1990年には76カ国に、2000年には119カ国へと急増した。今世紀に入っても、2000年のセルビア、03年のグルジア、04年のウクライナ、05年のキルギスと続く東欧・(旧) CIS諸国の「民主化ドミノ」あるいは「カラー革命」に象徴されるように、世界各国で民主化が続いている。

　このような民主化の進展の背景には、各国国民自身のデモクラシーを求める熱意や行動および複雑な国内政治過程に加えて、国際社会による民主化への支援があった。先のフィリピンの革命の背景には、アメリカ政府によるマルコス政権への働きかけや民主化勢力への支援が一定の役割を果たしたといわれる。1990年代になると、選挙支援や開発援助への政治的コンディショナリティをはじめとして、西側先進諸国や国際機構、NGOによる民主化支援は多様化し拡大した。ながらく加盟国への配慮から民主化支援に消極的あった国連でも、1996年12月にブトロス＝ガリ (Boutros Boutros-Ghali) 国連事務総長（当時）より「民主化への課題」が総会へ提出されるなど、民主化支援に取り組む姿勢をみせた。今世紀になると、アメリカのブッシュJr. (George Bush Jr.) 大統領はデモクラシーの推進により積極的な姿勢を示した。先述のカラー革命においても、アメリカ政府やその助成を受けたNGOによる民主化勢力への支援や欧州安全保障協力機構 (OSCE) による選挙監視が相応の役割を果たしたといわれる。現在でも、アメリカとEUあわせて年間3～40億ドルが民主化への支援のために費やされているとされる。

　しかし、そのように活発化する民主化支援活動にもかかわらず、代表的な民主化研究者であるダイアモンド (Larry Diamond) によると、1999年のパキスタンでの軍事クーデター以降、世界の民主化は「後退」期にあるといわれる。1990年代後半以降、先述のように、2000年のペルーのフジモリ (Alberto Fujimori)

政権下の大統領選挙をめぐる騒動のように民主的に選ばれた政権が権威主義化したり、先述のタイのように民主的政権が軍事クーデターといった非合法的な方法で転覆されたりと、民主化が後退する事例が目立つようになった。2007年度のフリーダムハウスの統計では、10カ国において自由度が好転する一方で38カ国では低下した[12]。2008年度においても、14カ国において自由度が上昇する一方で34カ国では低下し、後退期の継続を示している[13]。結果として、世界全体としては、民主主義体制と権威主義体制の間にある「混合体制（hybrid regime）」が増加しているといわれる[14]。再びフリーダムハウスの評価によると、2008年度、選挙民主主義体制とされた119カ国のうち、3分の2の89カ国だけが「自由」に格付けされた[15]。その数字は、1974年に民主主義体制とされた諸国すべてが「自由」に格付けされたのと対照的である[16]。

　地域別にみても、1980年代、90年代に民主化が進んだはずの中南米諸国では、先述のように2009年6月末にホンジュラスでクーデターが発生したように、民主主義体制の定着に今なお苦労している[17]。アフリカの多くの諸国は、2008年6月のジンバブウェの不正な大統領選挙とその後の社会の混乱とコレラの蔓延のように、民主政治の実践のみならず国家のガバナンス（統治）能力自体に課題を抱えている。先述のカラー革命で（再）民主化を果たした（旧）CIS諸国も、2007年11月に反政府デモと治安当局との武力衝突がグルジアで起きたように、その後政権の権威主義化や混乱がみられるなど政治状況の評価は芳しくない[18]。アジアでも、北朝鮮やミャンマーでは国際社会による繰り返しの圧力にもかかわらず体制の移行の兆しがほとんどみられず、中国も2008年の北京オリンピック前の人権抑圧が批判を集めた。専制君主体制を採用している国家が依然多い中東諸国も、今世紀になりアメリカの圧力もあり政治の自由化を一部進めたものの、大きな民主化の進展はみられないままである[19]。

　このような世界的な民主主義体制の苦境に連動するように、民主化支援に対する「バックラッシュ（反動）」がここ数年生じている[20]。アメリカのブッシュJr.政権による強引なデモクラシーの推進は、イラク戦争への批判と相まって多くの国々の反発を招いた。2008年に入る頃には、ブッシュJr.政権のデモクラシーの推進の行き詰まりは明確になっていった[21]。また、広がる民主化支援への懐

疑に便乗するように、欧米による民主化支援活動に対して、ジンバブエのムガベ（Robert Mugabe）政権のように新植民地主義あるいは内政干渉と非難してそれを拒絶する例も増加している。さらに、ベラルーシのルカシェンコ（Aleksandr Lukashenko）政権やロシアのプーチン（Vladimir Putin）政権など、過去の事例から学習することで民主化支援活動全般に対して巧みに抵抗する国家の例も目立つようになった。しかも、中国やロシアが参加する上海協力機構（SOC）のように、内政不干渉を主張して欧米諸国による民主化支援活動をけん制する国際的な連携もみられる。

　今や、国際アクターが各国の民主化にどのように関与すべきかという問題は、個々の国家の民主化の問題を越えて、国際政治上の重要な争点になっている。国連安全保障理事会やG８サミットなど国際的な意思決定のあり方や、さらには世界秩序の行方とも結びついて、ケーガン（Robert Kagan）が「民主国家対専制国家」と煽るような国際的な対立状況が生まれている。[22]

　このように、冷戦終結から20年経過した現在、民主化支援活動のあり方は、各国の民主政治にとっても、国際社会全体にとっても重要なテーマであり、同時に衰退か発展かの岐路に立たされているといえる。しかし、「民主主義による平和（デモクラティック・ピース）」の議論や経済発展とデモクラシーの相関関係に関する議論にもあるように、デモクラシーは経済発展や平和に基本的に好ましい結果をもたらすという信念は、現在広く受け入れられている。[23] 2000年に採択された国連ミレニアム宣言をはじめ、国際的な宣言や条約、決議の文言にもみられるように、統治の原理としてのデモクラシーが公然と否定されることは、もはやありえないといえる。冷戦の終結から20年が経過し、「民主化への課題」から10年以上が経過した今、国内的な努力および国際的な支援を通じて、民主化のどのように進展させ守っていくかは、今の国際社会が検討すべき重要課題であるといえよう。

　この点、民主化されて60年以上が経過し、自由民主主義国家を自負する日本にとっても、世界の民主化が進展することは、理念上好ましいことであると同時に自らに利益をもたらすことでもある。それにもかかわらず、民主化支援の全体像を明らかにし、その課題を提示する総合的な考察は国内外ともに十分と

はいえない状況にある。そこで、本書は、国際社会による民主化支援活動のあり方を総合的に考察することを目的し、その改善に貢献することを試みるものである。

2　民主化支援とは何か

　民主化支援を総合的に考察するといっても、そもそも「民主化支援」の合意された定義自体がいまだ存在しない。英語では「民主化支援」の「民主化」に該当する部分では、democracy と democratization の両方が使用されており、「支援」に対しては promotion や assistance といった語が使われている。その両者の組み合わせで「民主化支援」を示すさまざまな用語が存在し、その示す内容も一致していない。多様な用語の存在自体が民主化支援活動の発達を阻む原因の一つとなっている。それでも、さまざまなアクターによる用語法をみると、大きく「広義」の民主化支援と「狭義」の民主化支援に分類できるように思われる。

　広義の民主化支援は、軍事的や強制的、外交的手段を含む。「デモクラシーの推進 (democracy promotion)」と称される活動がこれに該当することが多い。EU の閣僚会議の報告書は、「デモクラシーの推進」を「第三国における民主主義体制の発展と定着に貢献する、すべての範囲の対外関係と開発協力活動を含む」ものであり「民主主義体制の発展を促進するよう設計されたすべての手段」とした[24]。他方で「狭義」の民主化支援は、外交的手段を含まず、相手（政府）の合意に基づく支援であり、開発援助の枠組みに入れられることも多い。よく「デモクラシー支援 (democracy assistance/aid)」とも称される。たとえば、バーネル (Peter Burnell) は「デモクラシー支援 (democracy assistance)」を、非強制的で移譲型、つまりグラント供与による支援の移転（物質的、技術的、財政的）として、選挙監視、選挙運営能力の向上、市民社会の能力構築、立法の強化、政党形成への支援などを含むものとした[25]。

　広義の定義を採用するかそれとも狭義の定義を採用するか自体、支援を行うアクターの政治的、戦略的な意思決定の結果である。たとえば、世界銀行に典

型的にみられるように、「非政治性」を好む開発援助機関の場合、政治的な中立性を保つために、狭義の定義を採用する傾向にある。本書では、民主化に関与する活動をより広く捉えるために、広義の意味で民主化支援を用いる。すなわち、民主化支援を「対象国政府の合意の有無を問わず、民主化を促進する要因を発達させ、また阻害する要因を除去・予防するために、国内的・国際的なアクターおよび環境・構造に対して働きかける、国際的なアクターによる意図的な行為」と定義する。

定義の問題としては、民主化支援もさることながら、その民主化支援の目的である政治体制としての「デモクラシー（民主主義体制）」も論争的な概念である。ここでは詳細な議論に立ち入らないが、民主主義体制の中心的な要件については、1990年代以降、国際的な合意が形成されつつある。現在、デモクラシーや民主化に関する国際規範は、国際条約や国際機構の決議、各国の実践を通じて「デモクラシーの国際法」といわれるまでに発達した。国際的な規範の発達の中で、民主的な政治体制としての「民主主義体制」の内容に関する合意が出来上がっていった。すなわち、民主主義体制の中心的な構成要素には、複数政党制に基づく自由で公正な選挙を通じて指導者を選出することおよび、思想や表現、結社の自由、法の支配、自由なメディアの存在、権力分立、透明で責任をもつ政府が含まれることが明確となっている。

3　民主化支援研究の現状と本書の研究手法

前節で述べたように「民主化支援」の言葉自体に広い合意がない中で、その研究を把握することは難しい。先述の広義の民主化支援を想定したとしても、活動自体が大きく発達したのは冷戦終結以後である。そのため、1990年代でもその研究は限られていた。1990年代初期には、70年代後半のスペインやポルトガルといった南欧諸国および80年代の中南米諸国や東欧諸国の民主化の経験を踏まえて、ハンチントンやプライダム（Geoffrey Pridham）、ホワイトヘッド（Laurence Whitehead）らによる比較政治学での民主化の国際的側面の研究が進んだ。それらの研究では、国際的側面のひとつとして民主化支援活動が言及さ

序章　民主化支援の現在　7

れることはあったが、それ自体が主たる研究の対象になることは稀であった[31]。

　1990年代終盤から今世紀に入る頃には、民主化支援活動の内容が多様化し、支援経験の蓄積も増えたことで、民主化支援活動に関連した研究は国際的に急速に加速し始めた。それらの研究には、アメリカの米国開発庁（USAID）による市民社会への支援活動の考察[32]、紛争後の国家の民主化への支援の研究[33]、アメリカのデモクラシーの推進政策の分析などがある[34]。また、2000年にはバーネルの編集による民主化支援に関する包括的な考察が公表され、国連やEU、ドイツなどに機関ごとの民主化支援および紛争後の支援やラテンアメリカにおける司法改革・法的技術支援などの事例が紹介された[35]。

　今世紀に入り数年が経過すると、ブッシュ Jr. 政権がデモクラシーの推進をその外交政策の最重要課題の一つに掲げたこともあり、民主化支援にかかわる研究は、論争を含めて、いっそう活発化した。著書あるいはそれに相当する報告書だけをみても、たとえば、政府から国際機構、シンクタンクまで国際アクターによる取り組みの包括的な紹介[36]、米州機構（OAS）や欧州連合（EU）など地域機構による活動の多面的な分析[37]、やや遅れて発達し始めた国連による民主化支援活動の考察[38]、デモクラシーの擁護の活動の分析[39]、ガバナンスに重点を置いた民主化支援の考察[40]、民主化支援の効果・実績の評価方法の検討[41]など多彩な考察が進められた。民主化支援の泰斗といえるような研究者も現れるようになり、たとえば、民主化支援の実務で長いキャリアを積み現在アメリカを代表する論客であるカロザーズ（Thomas Carothers）、アフリカの民主化をはじめとして広く民主化の比較研究を手掛け、一時期はイラク戦争後の連合国暫定当局（CPA）のシニア・アドバイザーも務めたダイアモンド、アメリカ以外ではイギリス・ウォーリック大学で民主化支援について幅広く研究を進めてきたバーネルなどがいる[42]。

　このような研究の一定の進展にもかかわらず、現在の民主化支援研究は次のような問題を抱えているように思われる。第1に、民主化支援に関する専門的な研究は、その研究対象自体の性質のために、その必要性に比して遅れている。民主化支援活動は国内政治と国際政治の境界線上にあるために、比較政治学でも国際政治学でも民主化支援に関する研究は注目を集めてこなかった[43]。確かに

比較政治学では、先述のように、民主化の国際的側面に注目が集まるようになったが、焦点はあくまで各国の民主化であり、民主化支援活動は埋没しがちであった。他方、国際政治学では、民主化支援活動自体よりも、個々のアクター、特にアメリカの外交戦略やアイデンティティと民主化支援の結びつきに注意が引かれていった[44]。ほかにも民主化支援に関連した活動の考察は、国際法や開発、援助の実務など多岐に分散して行われてきた。このような学問分野や学問／実務による分断が、民主化支援活動の発達を阻害してきた。

　第2に、民主化支援の定義があいまいであるため、平和構築、選挙、人権、ガバナンス、市民社会など個別の分野では活発に研究がなされているにもかかわらず、それらを横断した民主化支援活動としての総合的な研究は限られる結果となっている[45]。また、軍事的占領や政治的コンディショナリティ、外交的手段、技術的支援といった注目する手段に沿った形での研究の分断も生じている[46]。第3に、民主化支援研究はアメリカが行う民主化支援活動に考察が偏り、バランスを欠く傾向がみられる[47]。アメリカがデモクラシー・民主化を支援の前面に押し出し、それに対して欧州などではガバナンスや人権、開発といった名目で支援が行われることがその原因のひとつである[48]。

　第4に、既存の民主化支援研究では、民主化支援のもつ「政治性」が正面から分析されてこなかった。ここで、政治性をアクターの自己利益追求とそれによって生じるアクター間の権力闘争とすると、これまでの民主化支援研究では、ややもすると、民主化支援と支援を行う国家アクターの国益追求や資本主義の拡大が結び付けられて過度にその政治性が強調されるか[49]、逆に開発援助の枠内の非政治的で技術的な活動のみに考察対象が限定されるか[50]、という両極端の傾向がみられた。この傾向は、開発援助機関のように各アクターのマンデート（権限）自体の制約に加えて、イラク戦争でアメリカが民主化を目的として掲げて注目を浴びたことでいっそう強められた。他方で、民主化支援が対象国内の政治過程に及ぼす影響は十分には顧みられることがなかった[51]。

　第5に、これまでの研究では、国際的なレベルでの民主化を支援するための活動、言い換えると民主化支援活動自体の「国際的」側面は十分には分析されてこなかった。多くの研究では、個々のアクターが対象国に実施する民主化支

援活動が主な研究対象とされ、ある国家の民主化をめぐる国際アクター間の協調・対立や、デモクラシーの国際規範形成のように民主化に影響を及ぼす国際的要因へのアクターの働きかけといった活動は、民主化支援の考察の視野の外に置かれてきた。しかし、先述の「民主化への課題」や国連開発計画（UNDP）の2002年度の人間開発報告書でも指摘されたように、現代のデモクラシー・民主化にとって、国際的な民主化支援活動や、グローバル化など国際的な構造的要因およびそれを生み出す国際的な意思決定といった国際的要因は無視できない影響を及ぼすものである。[52] また、民主化支援活動の実効性や正当性も、特定の国家の民主化および民主化支援をめぐる国際アクター間の対立・協調から影響を受ける。各国の民主化や民主化支援活動にとって好ましい国際環境になるように、他の国際アクターに働きかけたりする活動も、広い意味で民主化を支援する活動として分析対象とする必要がある。

　以上のような理由のために、国際的に民主化支援の考察は未発達なままである。日本国内では、第7章でみるように、政府による民主化支援活動自体が目立たないために、より研究が進んでいない状態に留め置かれている。[53] そこで、本書は、国際的な民主化支援活動について、その全体像を含めた現状を明らかにするとともに、その課題と今後のあり方を総合的に研究するための土台作りを目的とする。その際には、先の既存の研究の問題を踏まえて、次の点が重視される。

　第1に、国際関係論（国際政治学）に軸足を置きつつも、多様な学問分野を総合して民主化支援活動を分析するように試みる。それによって、国際的な民主化支援体制全体の発達の状況を明らかにする。第2に、一定の枠組みを構築することで民主化支援の多様性・多義性を捉えつつ、民主化に関連した活動を広く分析の対象とする。第3に、アメリカに限らず、政府や国際機構、市民社会といった多様なアクターによる活動を視野に入れて考察する。

　第4に、本書は民主化支援の政治的な性質に向き合い、むしろその政治性の中身を明らかにすることを試みる。そもそも、民主化自体が対象国内の権力関係に大きな変化をもたらす政治変動であり、民主化支援も多かれ少なかれその変動に手を貸す行為である。[54] 民主化支援活動のあり方を考えるためには、国内

アクターの利害関係の状況と生じる影響を考慮する必要がある。そのような総合的で、ある意味、「政治的な戦略」こそが、今後の民主化支援には求められよう。その点で、本書は、特に「実効性」と「(民主的)正当性」という観点に注目することで、今後の民主化支援活動のあり方を考える。

第5に、上記の政治的な性質への注目には、民主化および民主化支援をめぐる国際政治も含まれる。すなわち、民主化支援をめぐる対象国と国際アクターの関係、ある国の民主化支援をめぐる国際アクターの間の協調と対立、国際的なレベルでの民主化支援体制構築へ向けた取り組み、国際的な構造的要因およびそれを生み出す国際的な意思決定への働きかけといったものも視野に入れて考察が進められる。

4　民主化支援と国際関係

上述のように民主化支援と国際関係(国際政治)は強く結びついている。各国間の関係や国際機構の活動、グローバルな市民社会の発達などの国際関係は、国際的な民主化支援活動の発達や実行に影響を及ぼす。同時に、民主化の国際的な進展が国家間の平和をもたらすように、民主化支援活動が国際関係全般に影響を与えることもある。しかし、民主化支援と国際関係の関係については、国際関係自体の性質をどう捉えるかによって、いろいろな見方が存在する。そこで、ここでは、民主化支援の国際関係における位置づけ、各アクターの支援の動機、国際的な民主化支援体制の発達の要因、ある国家の民主化をめぐる国際政治の態様について、国際関係の諸理論を手がかりにまとめておきたい。

それらは、大きく、現実主義、自由主義、構造主義(マルクス主義)、構成主義の4つの見方に整理することができる。それぞれ、①民主化支援活動の国際関係全体における役割と位置づけ、②各アクターが民主化を推進する(あるいは妨害する)動機と特定の民主化支援活動の選択の理由、③他の国際アクターとの協調・対立の要因、④民主化支援に対する対象国の受容・反発の要因について、特定の見解を有する。

まず、現実主義的な見方では、①主権国家の上位の権威が存在しないアナー

キーな国際関係では、主権国家が自らの利益の増進と生存のために権力政治を行わざるをえない。そこでは、民主化支援も、あくまで各国家が国益を維持し増大するための手段に過ぎない。②そのため、各国家がどの程度、またどのように民主化を国際的に推進するかは、その国家が描く外交戦略や関係諸国との権力関係による。特に安全保障などほかの国益の実現のために、民主化の目的自体が妥協させられることもありうる[57]。③他国とどのように協調・対立するかも同様である。そこでは、自国の利益追求から、他国による民主化支援活動に反対することもありうる。④このようなメカニズムで実施される民主化支援活動に対して、対象国がそれにどう対応するかも、関与する国家との国際的な権力関係に左右される。

　自由主義的な見方では、①国際関係はやはりアナーキーであるものの、国際公共益を提供・維持するために国際協力が進み、継続的な協力のために国際制度が次第に発達する。国家間の平和や経済発展をもたらす各国の民主化も、そのような国際公共益のひとつである[58]。②民主化支援を含めた国際協力活動では、国家だけでなく国際機構やNGOなど非国家アクターも重要な役割を担う。それらのアクターが、民主化支援のためにどのようなアプローチをとるかは、対象となる国の状況を踏まえた費用対効果の合理的計算で決まる。多くの場合、費用対効果の高い、国際機構などを通じた集団的な手段が好まれる。また、民主化支援活動が決定・実施される過程では、支援側の内部過程も重要である。③結局、各アクターは民主化支援のために次第に協調し、国際的な制度が発達する。④対象国の対応では、次第に進む経済的な相互依存関係から国際協調が重んじられる。また国内の政治過程も重要となる。

　構造主義(マルクス主義)的な見方では、①国際関係は国際的な経済構造によって規定されており、主たるアクターは経済階級である。国家も階級の利益を実現するための道具に過ぎない。その中で、デモクラシーを推進する国際的な活動は、民主化が不平等な経済構造の変革手段となりうる場合もあるものの、基本的に国際的な資本階級が自由市場経済を維持し拡大するための手段である[59]。②どのような民主化支援活動がどのように実施されるかは、国際経済の状況を踏まえて、経済利益を追求する資本階級およびその支配下にある国家の戦略に

よる。基本的には、所有権保護の法制度整備など自由市場と経済活動に必要な自由を保障・促進するように支援の優先順位は組み立てられる。[60]③国際的な連携や対立は、国境を超えた資本階級の利害関係に左右される。④対象国がそれにどう対応するかも、国内の資本階級と国際的な経済関係との結びつきによる。この点、対象国が国際経済に統合されているほど、先進国による民主化支援活動は受け入れられやすいと考えられる。

構成主義（社会学）的な見方では、①国際関係におけるアクターの選好は所与のものではなく、社会的および歴史的に構築されかつ変化するものである。各アクターの行動は、国際社会において生成・変化する価値や規範の影響を受ける。その価値や規範には民主化支援にかかわるものも含まれる。②そのため、各アクターがどのような民主化支援活動を採用するかは、国際社会および国内社会における価値や規範の変化、それに影響されたアクターの選好の変化やアイデンティティによる。この点、民主的な価値を「ナショナル・アイデンティティ」とする国家や、加盟国に民主国家が多い国際機構は、民主化支援活動に積極的となる。[61]他方、東南アジア諸国連合（ASEAN）のように、内政不干渉の原則といった国際規範を強く内部化しているアクターは、デモクラシーの推進に消極的となりやすい。[62]③国際的な協調や対立についても、各アクターが抱く価値観やアイデンティティの共通性で変化する。この共通性は、アクター間の相互作用や国際機構やネットワークでの活動を通じた「社会化（socialization）」によっても変化する。[63]④対象国の対応も、その国内・国際社会に由来するアイデンティティや受容された価値や規範によって変化する。

これらの各見方は、いずれが正しいというよりも、それぞれが国際関係における民主化支援の役割や性質の各側面を示しているといえよう。

5　本書の組み立て

本書は、これまで研究されること自体が限られてきた国際的な民主化支援活動について、過去の実績を踏まえつつ総合的に研究する。本書の組み立ては次のとおりである。この序章では、世界各国の民主化および民主化支援活動が現

在の国際関係に置かれた状況を概観した。続いて、第1章では、民主化支援活動をいくつかの基準から分類し、活動全体を概観する。第2章では、民主化支援活動の発達と変遷の歴史を概観する。第3章では、民主化支援の民主化に対する効果の評価を含めて、民主化と民主化支援活動の関係を考察する。第4章では、デモクラシーおよびガバナンスの状態の評価の方法について検討する。

　第5章では、国連システムのなかで唯一「デモクラシー」の名を冠する機関として2005年に設立された国連民主主義基金（UNDEF）の活動に焦点を合わせながら、国連の民主化支援体制の現状と課題を考察する。第6章では、民主化および民主化支援の最近の研究成果と結びつける形で、国連を中心とした平和活動における民主化支援を検証する。第7章では、日本の民主化支援活動の歴史と実践を分析し、その特徴を明らかにすることを試みる。終章では、本書での考察を振り返るとともに、「正当性」と「実効性」の観点から民主化支援の課題を改めて考える。

1）国連機関等での式典の様子について、次の国連事務総長の報告書を参照。United Nations, Support by the United Nations system of the efforts of Governments to promote and consolidate new or restored democracies, Report of the Secretary-General, U.N.Doc.A/64/372, 2009, paras. 10-25.
2）英語の democracy には、イデオロギーとしての「民主主義」、政治体制としての「民主主義体制」、国家としての「民主主義国家」といった意味がある。本書では、基本的に文意に沿って「民主主義」に「体制」「国家」をつけて使用し、一般的な意味での用法の場合は「デモクラシー」を使用する。ただし、「自由民主主義」のように日本語である程度定着している場合や「国際民主主義デー」のようにデモクラシーでは語感がそぐわない場合は、民主主義を使用する。デモクラシーの概念については次を参照。拙稿「デモクラシーの概念の整理―グローバル・デモクラシーに向けて―」『六甲台論集―国際協力研究編―』（神戸大学）第2号、2001年、131-161頁。
3）Huntington, Samuel P., *The Third Wave: Democratization in the Late Twentieth Century*, Norman: University of Oklahoma Press, 1991. ハンチントンによると、民主化の第三の波の始まりは1974年のポルトガルの民主化である。
4）Fukuyama, Francis, *The end of history and the last man*, New York: Free Press, Toronto: Maxwell Macmillan Canada, 1992.
5）Diamond, Larry, *The Spirit of Democracy: The Struggle to Build Free Societies throughout the World*, New York: Times Books, 2008, Appendix Table 2.
6）現時点では、「革命」といわれるような大きな政治変動を伴う民主化ではなく、「根本的な変革でも単なる政変でもない、それなりに広い社会層の直接行動によって行われる政権

交代」とする見方が一般的である。宇山智彦・前田弘毅・藤森信吉「グルジア・ウクライナ・クルグスタン三国「革命」比較」藤森信吉・前田弘毅・宇山智彦編『「民主化革命」とは何だったのか：グルジア、ウクライナ、クルグスタン』北海道大学スラブ研究センター、2006年、85頁。同書に所収の他の論考や、次の論文および同号に掲載の論考も参照。Stewart, Susan, "Democracy Promotion before and after the 'Colour Revolutions'," *Democratization*, Vol.16, No.4, 2009, pp.645-680.

7) Adesnik, David, and Michael McFaul, "Engaging Autocratic Allies to Promote Democracy," *The Washington Quarterly*, 29:2, 2006, pp.7-26.

8) United Nations, Agenda for Democratization, Report of the Secretary-General, U.N. Doc.A/51/761, 20 December 1996.

9) Åslund, Anders and Michael McFaul (eds.), *Revolution in Orange: The Origins of Ukraine's Democratic Breakthrough*, Washington, D.C.: Carnegie Endowment for International Peace, 2006.

10) Molutsi, Patrick D., "The Evaluation of Democracy Support Programmes: An Agenda for Future Debate," in Peter Burnell (ed.), *Evaluating Democracy Support: Methods and Experiences*, Stockholm: International IDEA and Swedish International Development Cooperation Agency (SIDA), 2007, p.219.

11) Diamond, *The Spirit of Democracy, op.cit.* Diamond, Larry, "The Democratic Rollback: The Resurgence of the Predatory State," *Foreign Affairs*, March/April 2008.

12) Puddington, Arch, "The 2007 Freedom House Survey: Is the Tide Turning?" *Journal of Democracy*, Vol.19, No.2, 2008, p.64.

13) Puddington, Arch, "The 2008 Freedom House Survey: A Third Year of Decline," *Journal of Democracy*, Vol.20, No.2, 2009, p.95.

14) Magen, Amichai, *Evaluating External Influence on Democratic Development: Transition*, CCDDRL Working Papers, Stanford: Center on Democracy, Development, and The Rule of Law (CDDRL), 2009, p.4.

15) Puddington, 2009, *op.cit.*, pp.95 and 99.

16) Magen, *op.cit.*, p.4.

17) Diamond, *The Spirit of Democracy, op.cit.* 恒川惠市『比較政治―中南米』日本放送出版協会、2008年。

18) 外務省、「グルジアにおける非常事態について」、2008年11月、[http://www.mofa.go.jp/mofaj/press/danwa/19/dga_1108.html]2009/11/11。ほかに次を参照。前田弘毅「グルジアのバラ革命―「革命」にみる連続性」藤森・前田・宇山、前掲書、1-21頁。

19) 日本国際問題研究所編『湾岸アラブと民主主義―イラク戦争後の眺望』日本評論社、2006年。

20) Carothers, Thomas," The Backlash against Democracy Promotion," *Foreign Affairs*, Vol.35, No.2, March/April 2006, pp.55-68.

21) Fukuyama, Francis and Michael McFaul, "Should Democracy Be Promoted or Demoted?" *The Washington Quarterly*, Vol.31, No.1, 2007, pp.23-45.

22) ロバート・ケーガン著、和泉裕子訳『民主国家VS専制国家―激突の時代が始まる』徳間書店、2009年。望ましい民主的な世界秩序（＝「グローバル・デモクラシー」）のあり

方をめぐる争いという観点から、国連の民主化支援活動および国連改革を分析したものとして次を参照。拙著『国際連合と民主化―民主的世界秩序をめぐって』法律文化社、2004年。

23) Hegre, Håvard, Tanja Ellingsen, Scott Gates, and Nils Petter Gleditsch, "Toward a Democratic Civil Peace? Democracy, Political Change, and Civil War, 1816-1992," *American Political Science Review*, Vol.95, No.1, 2001, pp.33-48. Bruce Russett with the collaboration of William Antholis et al., *Grasping the Democratic Peace: Principles for a Post-Cold War World*, Princeton, N.J. : Princeton University Press, 1993. UNDP, *Human Development Report 2002: Deepening Democracy in a Fragmented World*, New York: Published for the United Nations Development Programme by Oxford University Press.

24) European Union, *The EU Approach to Democracy Promotion in External Relations Food for Thought*, 2006 [http://www.democracyagenda.org]2009/4/23, pp.1 and 3. See also, Burnell, Peter, *Does International Democracy Promotion Work?* Discussion Paper, Deutsches Institut für Entwicklungspolitik (German Development Institute), 2007, p.1.

25) Burnell, *Does International Democracy Promotion Work?*, *op.cit.*, p.4. 次も参照。Burnell, Peter, "From Evaluating Democracy Assistance to Appraising Democracy Promotion," *Political Studies*, Vol.56, 2008, p.420.

26) Rakner, Lise, Aina Rocha Menocal and Verena Fritz, *Democratization's Third Wave and the Challenges of Democratic Deepening: Assessing International Democracy Assistance and Lessons Learned*, London: Overseas Development Institute, 2007, p.48。

27) これは拙著、前掲書、70頁の定義を修正したものである。

28) 同上、第1章参照。

29) Fox, Gregory and Brad R. Roth (eds.), *Democratic Governance and International Law*, Cambridge: Cambridge University Press, 2000. Franck, Thomas M., "The Emerging Right to Democratic Governance," *American Journal of International Law*, Vol.86, No.1, 1992, pp.46-91. 桐山孝信『民主主義の国際法』有斐閣、2001年。

30) 注29の文献および国連人権委員会決議1999/53、2002/46参照。

31) Huntington, *op.cit.* Pridham, Geoffrey (ed.), *Encouraging Democracy: The International Context of Regime Transition in Southern Europe*, London: Leicester University Press, 1991. Whitehead, Laurence (ed.), *The International Dimensions of Democratization: Europe and the Americas*, Oxford: Oxford University Press, 1996.

32) Carothers, Thomas, *Aiding Democracy Abroad: The Learning Curve*, Washington, D. C.: Carnegie Endowment for International Peace, 1999.

33) Kumar, Krishna (ed.) *Postconflict Elections, Democratization, and International Assistance*, London: Lynne Rienner Publishers, 1998.

34) Cox, Michael G. John Ikenberry and Takashi Inoguchi (eds.), *American Democracy Promotion: Impulses, Strategies, and Impacts*, Oxford: Oxford University Press, 2000 (猪口孝訳『アメリカによる民主主義の推進―なぜその理念にこだわるのか』ミネルヴァ書房、2006年).

35) Burnell, Peter (ed.), *Democracy Assistance: International Co-operation for Democratization*, London: Frank Cass, 2000.

36) Schraeder, Peter J.(ed.), *Exporting Democracy: Rhetoric vs. Reality*, Boulder: L. Rienner Publishers, 2002.
37) Cooper, Andrew F. and Thomas Legler, *Intervention Without Intervening? :The OAS Defense and Promotion of Democracy in Americas*, New York: Palgrave McMilan, 2006. Youngs, Richard, *The European Union and the Promotion of Democracy*. Oxford: Oxford University Press, 2001.
38) Newman, Edward and Roland Rich (eds.), *The UN Role in Promoting Democracy: Between Ideals and Reality*, Tokyo : United Nations University Press, 2004. 拙著、前掲書。
39) Halperin, Morton H. and Mirna Galic (eds.), *Protecting Democracy: International Responses*, Lanham: Lexington Books, 2005.
40) UNDP, *op.cit*. 国際協力事業団（JICA）『民主的な国づくりへの支援に向けて—ガバナンス強化を中心に—』調査研究報告書、国際協力事業団、2002年3月。
41) National Research Council, *Improving Democracy Assistance: Building Knowledge through Evaluations and Research*, Washington, DC: The National Academies Press, 2008.
42) 彼らの代表的な著書、編著書としては次のようなものがある。Carothers, Thomas, *Critical Mission: Essays on Democracy Promotion*, Washington, D.C.: Carnegie Endowment for International Peace, 2004. Diamond, *The Spirit of Democracy, op.cit.* Burnell, 2000, *op.cit.*
43) Carothers, 2004, *op.cit.*, p.2.
44) Cox et.al., *op.cit*. Nau, Henry R., *At Home Abroad: Identity and Power in American Foreign Policy*, Ithaca: Cornell University Press, 2002（村田晃嗣ほか訳『アメリカの対外関与—アイデンティティとパワー』有斐閣、2005年）．
45) たとえば、平和構築における民主化支援については次を参照。Jarstad, Anna K. and Timothy D. Sisk (eds.), *From War to Democracy: Dilemmas of Peacebuilding*, Cambridge: Cambridge University Press, 2008.
46) たとえば、軍事的な占領に注目したものとして次を参照。Coyne, Chiristopher J., *After War: The Political Economy of Exporting Democracy*, Stanford, California: Stanford University Press, 2008.
47) Magen, *op.cit.*, pp.16-18. McFaul, Michael, Amichai Magen, and Kathryn Stoner-Weiss. *Evaluating International Influences on Democratic Transitions: Concept Paper*, Feeman Spogli Institute for International Studies (FSI), Stanford University, 2008, [http://fsi.stanford.edu/research/evaluating_international_influences_on_democratic_development/] 2008/12/21, pp.7-10.
48) Carothers, Thomas, "Democracy Assistance: Political vs. Developmental?" *Journal of Democracy*, Vol.20, No.1, 2009, pp.5-19. Youngs, Richard (ed.) *Survey of European Democracy Promotion Politics* 2000-2006, FRIDE, 2006. Youngs, Richard, "What Has Europe Been Doing?" *Journal of Democracy*, Vol.19, No.2, 2008, pp.160-169.
49) たとえば次を参照。Cox et.al, *op.cit.*
50) たとえば次を参照。Burnell, Peter (ed.), *Evaluating Democracy Support: Methods and Experiences*, International IDEA and Swedish International Development Cooperation Agency (SIDA): Stockholm, 2007.

51) Diamond, *The Spirit of Democracy, op.cit.*, p.315.
52) Boutros-Ghali, *op.cit.* UNDP, *op.cit.* ほかにも次の資料を参照。Diamond, *The Spirit of Democracy*, ch.5. Grugel, Jean, *Democratization: A Critical Introduction*, Basingstoke: Palgrave, 2002（仲野修訳『グローバル時代の民主化―その光と影』法律文化社、2006年), ch. 6.
53) 日本における民主化支援研究として、岩崎正洋「民主化支援と国際関係」『国際政治』第125号、2000年、121-146頁（次に所収、岩崎正洋『政治発展と民主化の比較政治学』東海大学出版会、2006年、113-137頁)。下村恭民「『民主化支援』の混迷」『アジ研ワールド・トレンド』No.101、2004年、16-19頁。拙著、前掲書。民主化支援の中でガバナンスに注目したものとして、国際協力事業団、前掲書、選挙に注目したものとして、橋本敬市「国際社会による民主化支援の質的変換―選挙支援の位置づけに関する考察」『国際協力研究』Vol.22, No.1、2006年、32-39頁参照。
54) Rakner et.al., *op.cit.*, p.48.
55) Burnell, Peter, "Political Strategies of External Support for Democratization," *Foreign Policy Analysis*, Vol.1, 2005, pp.361-384.
56) 国際関係の主要な理論について、山田高敬・大矢根聡編著『グローバル社会の国際関係論』夕斐閣、2006年参照。以下に所収の諸論文も参照。Cox et.al., *op.cit.*
57) Peter J. Schraeder, "Making the World Safe for Democracy," in Schraeder, *op.cit.*, pp.224-233.
58) Russett et al., *op.cit.*
59) Barry Gills, Joel Rocamora, and Richard Wilson eds., *Low Intensity Democracy: Political Power In the New World Order*, London; Boulder, Colo.: Pluto Press, 1993.
60) 法整備支援をめぐる議論を参照。香川孝三・金子由芳編著『法整備支援論―制度構築の国際協力入門』ミネルヴァ書房、2007年、第1章。
61) Nau, *op.cit.* Jon C. Pevehouse, *Democracy from Above: Regional Organizations and Democratization*, Cambridge: Cambridge University Press, 2005, pp.46-47.
62) Amitav Acharya, *Constructing a Security Community in Southeast Asia: ASEAN and the Problem of Regional Order*, London and New York: Routledge, 2001.
63) McDonagh, Ecaterina, "Is Democracy Promotion Effective in Moldova? The Impact of European Institutions on Development of Civil and Political Rights in Moldova," *Democratization*, Vol.15, No.1, 2008, pp.142-161. Pevehouse, *op.cit.*

第1章　民主化支援の分類

1　はじめに

　前章でみたように、民主化支援に関する体系的な研究は、研究テーマ自体が国内政治と国際政治の境界線上にあることやその実践志向もあって、長らく未発達な状態にとどまっていた。それが今世紀に入ると、支援の実践が蓄積されたことや、ブッシュ Jr. 政権が民主化の推進をその外交政策の最重要課題の一つに掲げて注目を集めたことによって、民主化支援に関する包括的な研究が国際的に発展し始めた。しかし、それらの研究では、アメリカ外交とのつながりやガバナンス支援など民主化支援の特定の側面に偏る傾向がみられ、民主化支援活動全体がどのような状況にあるのか明らかにした考察は十分に進んでいるとはいえない。そこで本章では、総合的な民主化支援研究の足がかりとするために、これまで民主化支援に類した名のもとに雑多にくくられてきた活動について整理し、同時に現況の概観を試みる。

　前章で示したように、本書では強制的手段や外交的手段を含む広義の民主化支援の定義を採用している。そのように民主化支援を広く捉えた場合、民主化を推進することを目的とした多くの活動が含まれる。次にその中身をどう分類するかが課題となる。分類を用いることによって、各アクターによる民主化支援の特徴や民主化支援の傾向を理解することができるようになる。たとえば、カロザーズは、各アクターによるデモクラシー支援を、「デモクラシーの価値」「デモクラシーの概念」「民主化の概念」「デモクラシー支援の方法」の次元で比較し、政治過程や制度に直接支援する「政治中心アプローチ」と、デモクラシー・民主化を社会経済的な視点から副次的かつ広く捉える「発展中心

(developmental) アプローチ」が存在することを明らかにした。前者はアメリカ、後者は欧州の支援の特徴としている。しかし、カロザーズを含めたこれまでの分類は、特定の主張を反映した恣意的な点がみられるものも多く、また、それらの分類を総合した考察もほとんど存在しない。

　本章では、まず、いくつかの分類基準ごとに民主化支援活動を分類し、活動の内容と最近の傾向をみる。このような分類を行うことで、次章のように民主化支援活動の歴史的変遷と現在の特徴、各アクターによって行われる支援活動の特徴を捉えることができるようになる。

2　民主化支援のアクター

　ここではまず、よりオーソドックスに民主化支援を実施する「アクター」によって分類する。アクターは、大きく「公的」なアクターと「私的」なアクターに分類できる。ここでいう「公的」なアクターとは、主に各国政府およびその二国間援助機関である。また、国連などの政府間国際機構も含まれよう。「私的」なアクターには、民主化に関連した援助活動を行うNGOや財団、民間基金、民間コンサルタント会社などが該当する。さらに、アクターは「国家的」なアクターと「国際的」なアクターに分類することができる。ここでいう国家的なアクターには、各国の援助機関や特定の国家に拠点を置いた財団やNGOなどが該当する。国際的なアクターには、政府間国際機構や国際NGOが含まれる。これら「公的―私的」と「国家的―国際的」の分類を組み合わせた4つのカテゴリーで、民主化支援のアクターは分類することができる。それぞれのカテゴリーで、アクターが帯びる正当性の性質や採りうる手段が変わってくる。次にそれぞれについて代表的なアクターを取り上げてみていきたい。

1　「公的―国家的」アクター

　「公的―国家的」アクターは、各国政府およびその援助機関が該当する。特に西側先進諸国が中心的なアクターである。西側先進諸国の多くが、外交的な手段の行使および開発援助機関による援助、民間基金の創設を通じて民主化支援

を行っている。近年では、インドや東欧諸国など民主化支援に力を入れ始めている政府も次第に増えつつある。民主化支援のアクターとしての政府は、財政面などで優れていたり、その民主化の経験を生かすことができたりなどの長所があるが、国益への配慮で支援内容や対象国の選別が影響を受けたり、逆に対象国からは政治的な意図を疑われることもある。

　このカテゴリーで代表的なアクターであるアメリカ政府は、ウィルソン（Woodrow Wilson）大統領の時代より安全保障や国益と結びつけながら、建国当初より世界においてデモクラシーを擁護し促進することに熱心であった。まず、アメリカ政府は、1983年のグレナダ侵攻や2003年のイラク戦争など、民主化を少なくとも表向きは目的とした軍事介入を繰り返し行ってきた。また、国際的な民主化支援体制作りにも積極的である。たとえば、次章でみるように、2000年にはアメリカがイニシアティヴをとって「民主主義諸国の共同体へ向けて」と題される国際会議がワルシャワで開催され、それに続く「民主主義諸国の共同体（Community of Democracies）」の運動も主導している。

　同時にアメリカは、二国間援助機関である米国開発庁（USAID）を通じて、「デモクラシー・ガバナンス・プログラム」（以下、DGプログラム）と銘打たれたプログラムを設け、先進国政府の中で最も大規模の民主化に関する援助を行ってきた。1990年から2005年まで累計で約85億ドルが同プログラムに費やされ、2008年も15億ドルの予算が要求された。USAIDは、法の支配と人権の尊重の強化、より真正で競争的な選挙と政治過程の促進、政治的に活動的な市民社会のいっそうの発展、より透明で責任あるガバナンスの4つの主目的に沿う形でプログラムが形成され、それぞれ制度構築や人材育成といった事業が実施されている。それらの事業は、USAIDのデモクラシー・ガバナンス事務所によって立案され、多くの場合、民間会社やNGOとの契約や助成を通じて実施される。しかし、このように多様なアメリカ政府のデモクラシー推進政策に対しては、次章でみるように、特にブッシュJr.政権末期になると、その「二重基準」や強引な手段から、反発も膨らんでいった。

　ほかの西側先進諸国も、外交的な手段および開発援助機関による支援、民間基金の創設などを通じて民主化支援を行っている。第7章で詳しく述べるよう

に、たとえば日本は、政府開発援助（ODA）大綱にもとづくODAの政治的コンディショナリティや国際協力機構(JICA)によるガバナンスを中心にした技術支援、1992年制定の「国際連合平和維持活動等に対する協力に関する法律」(国際平和協力法) に基づく国際選挙監視団への協力などを実施してきた。ただし、民主化を目的とした国内基金の設立・支援は行っていない。また、スウェーデン国際開発協力庁 (SIDA) は、民主的ガバナンス局 (DDG) を中心に、アフリカなど30カ国でNGOと協力しながら、デモクラシー、人権、政治参加、法の支配に焦点を合わせた支援事業を行っている。[10] 民主化関連の支援は年々増額しており、2007年度はそのODAの24％にあたる4億ユーロが費やされた。[11]

ただし、西側先進諸国が、必ずしもデモクラシーや民主化を前面に押し出した支援を行っているとは限らない。日本や欧州諸国の政府の多くは、むしろガバナンスの名のもとで民主化関連の支援を行っている。[12] たとえば、イギリスは、国際開発庁 (DFID) を通じて、2005年から06年にかけてODAの7％にあたる5億ユーロを、ガバナンス分野として海外事業に配分した。[13] なお、それとは別に、イギリス政府は、民間の基金である「ウェストミンスター民主主義基金」へ資金提供を行っている。

2 「公的―国際的」アクター

代表的な「公的―国際的」アクターは政府間国際機構である。現在、国連のようなグローバルな国際機構をはじめ、米州機構 (OAS)、アフリカ連合 (AU)、欧州連合 (EU)、欧州安全保障協力機構 (OSCE) など多くの地域的国際機構が民主化支援を実施している。国際機構による民主化支援の場合、内政干渉の疑いや国益への配慮による影響が少ないとされるため、政府に比べて正当性が高くみられる傾向にある。ただし、国際機構の場合、支援対象が自らの加盟国の場合もあれば、加盟国以外の国家の場合もある。

たとえば、OASは、2001年9月に採択された「汎米州民主主義憲章 (Inter-American Democratic Charter)」などに基づいて、包括的な民主化を推進し、民主主義体制を擁護するための活動を行っている。OASの民主化支援活動は、まず、1991年に採択された「代議制民主主義」と題される総会決議1080および

汎米州民主主義憲章に基づく民主化を脅かす状況への対応がある。それは、事務総長による常設理事会の招集と、理事会による情勢の判断と外交努力が行われ、それが失敗の場合、理事会による特別総会の招集、資格の停止という過程を経る。また、1990年6月にはデモクラシー促進ユニット（UPD）が設立され、その後デモクラシー促進局（DPD）に再編され、現在では政務事務局（Secretariat for Political Affairs）にある国家の近代化とグッド・ガバナンス（State Modernization and Good Governance）局、選挙協力と監視（Electoral Cooperation and Observation）局、持続可能なデモクラシーと特別使節団（Sustainable Democracy and Special Missions）局に分けられている。それらの部局を通じて、OASは、選挙監視団の派遣から、民主的制度の構築、市民社会の育成まで幅広く支援を行っている[14]。そこでは、先住民族やより脆弱な集団を各種活動の意思決定過程に巻き込むことが試みられているように、参加型のデモクラシーといった民主化の深化を目指す支援も存在する[15]。

EUの民主化支援活動は、冷戦終結以降になり急速に発達した。コンディショナリティ、各種援助、外交手段、選挙監視などが組み合わされた多彩な民主化支援が、加盟国ならびに域外国に行われている[16]。まず、加盟国に対しては、1997年10月に採択されたアムステルダム条約以降、デモクラシーを損なう行為に対して、欧州議会の同意を得た上で、欧州理事会での3分の2の特定多数決でメンバーシップや権利が停止される可能性が定められた[17]。2001年2月に採択されたニース条約では、デモクラシーの原則に違反する危険性が生じた段階で対応することを定めた予防手続きが同7条に新たに加えられた。加盟候補国に対しては、1993年に人権や法制度、経済状況とともに民主主義体制が加盟基準（＝「コペンハーゲン基準」）として採択され、EU加盟を希望する国家の基準達成の進捗状況が評価され、改善の要求と必要な支援が行われている[18]。

EUの域外の諸国に対しては、対外援助としてガバナンスとデモクラシーのための支援が欧州委員会を中心に実施されている[19]。デモクラシーへの支援として、欧州委員会は、パートナー政府に対して開発政策へのデモクラシーや人権の統合などを働きかける「政治対話」および、開発手段への「デモクラシーの原理の主流化」、「財政・技術支援」を行っている。財政・技術支援については、

自由で公正、透明な選挙過程、議会の制度的・組織的能力の強化、独立した職業的なメディアの促進、真正で多元的な政治システム、以上4つの鍵となる分野に焦点を合わせている[20]。また、域外諸国に対して年平均10あまりの選挙監視団の派遣や40カ国への選挙支援活動が実施されている[21]。これらの活動のための予算の多くは、1994年以来「デモクラシーと人権のための欧州イニシアティヴ」(EIDHR) から供出されている。同予算は、2000年の約1億ユーロから2007年の約1.35億ユーロまで増えており、対外援助の2％弱を占めている[22]。ただし、デモクラシーとの関連が強いガバナンスや経済・制度改革への支援を含めると、2006年には14億ユーロで、対外援助の18％を占めることになる[23]。

さらに、EUは開発援助に関して域外諸国とパートナーシップ協定を結んでおり、そこでは対話が重視される一方で、民主化に関するコンディショナリティが織り込まれている。たとえば、2000年6月に締結されたアフリカ・カリブ・太平洋諸国 (ACP) への援助に関するコトヌゥ協定では、デモクラシーの尊重を参加国の義務とし、その義務を特別な場合を除いて満たし損ねたときは、EUとの協議が求められ、協議の拒否ないし協議の結論が受け入れられないものであったときには資格停止など「適切な措置」が採られる[24]。EUはこのように多彩な民主化支援活動を実施しているものの、他方で、EU内のアクター間の調整不足や政策としての一貫性のなさが指摘されている[25]。

欧州諸国56カ国が加盟するOSCEは、デモクラシーを構成するあるいはその基礎となるものとして、法の支配、人権の尊重、自由選挙の定期的実施、政党結成の自由、メディアへの公平なアクセス、民主的価値の教育を保障することを、加盟国に対して求めている[26]。OSCEによる民主化支援活動は、主に民主制度・人権事務所 (ODIHR) によって担われている。ODIHRは、選挙の監視と改善のための支援、法の支配の強化のための支援、OSCEのコミットメントに沿った立法への支援とレビュー、そのほかデモクラシーや人権の制度発展のための支援や各種会議の開催を実施している。また、ODIHRの補助のもとで、年1回「人的側面の履行に関する会議」(Human Dimension Implementation Meeting, HDIM) が開催されており、そこでは人権や法の支配、デモクラシーといったいわゆる「人的側面」へのコミットメントの各国の実現状況が全加盟国によって

評価される。

　さらに、OSCEでは選挙監視活動に力が入れられており、選挙活動からメディアの利用までを含めた長期的な監視が実施されている。選挙監視団の派遣手続きは、ODIHRに対する参加国の招待、必要調査使節団の派遣、選挙監視使節団（長期、短期）の派遣、常任理事会への選挙の報告の作成という過程を経る[27]。選挙過程に疑義があった場合は、政府に対して改善勧告がなされる[28]。また、1997年のコペンハーゲン外相理事会以来、メディアの自由に関するOSCE代表が設けられて、メディアの自由の状況の監督および改善のための支援が行われている。ただし、OSCEは、人権のコミットメントを強制執行したり、懲罰的手段を実行する方法を欠いている[29]。

　アフリカの大半の国家が加盟するAUは、そのAU制定法（Constitutive Act）で、民主的な諸原理と制度、人民の参加およびグッド・ガバナンスの促進をその目標に掲げている（3条）。制定法では、非立憲的制度を通じて政権を奪取した場合には対話を促し、それでも解決しない場合は機構への参加が停止される可能性が明記されている（30条）。さらには、2004年に活動を始めた平和・安全保障理事会によって民主化を目的（の一部）として軍事介入を含めた制裁が行われる可能性もある[30]。2007年1月には、民主的に選出された政権による反民主的な活動という事態も想定するなど制定法の規定をより強化するものとして、アジスアベバで「デモクラシー、選挙、ガバナンスに関するアフリカ憲章（African Charter for Democracy, Election and Governance）」が採択された。ただし、2009年9月現在、未発効である。

　また、AUでは、デモクラシー・選挙支援ユニット（DEAU）が2006年に設立され、選挙に関連した分野を中心とした技術支援が行われている[31]。さらに、AUは、選挙監視団の派遣を行っており、加盟国からの要請に基づいて事務総長の判断によって実施される[32]。ほかにも、AUでは、自らの発展のための開発計画をまとめたものとして「アフリカ開発のための新しいパートナーシップ」（NEPAD）が2001年7月のルサカにおける首脳会議で採択され（同年10月に改称）、そこでは従来以上に積極的に自助努力を強調し、その一環として健全な民主主義体制およびガバナンスの実現が謳われた[33]。具体的な進捗状況の審査のため

に、「アフリカン・ピア・レビュー・メカニズム（アフリカ相互審査メカニズム）」（APRM）が設けられ、第4章にもあるように、デモクラシーとガバナンスに関する分野について、任意の加盟国を対象に、自己評価と他加盟国の評価チームによる実地審査および参加国首脳による相互評価が行われる。

民主化支援を専門とする特異な国際機構として国際民主化選挙支援機構(International Institute for Democracy and Electoral Assistance, 以下、IDEA) がある[34]。IDEA は、1995年に北欧諸国やインド、ウルグアイなど一部政府が、汎アメリカ人権機関といった国際 NGO と協働して創設したものである。現在では、国連とも協力しつつ、広範な民主化支援活動を行っている。IDEA の活動は、持続的な選挙の実施のための支援から、政党の育成、女性の政治参加の促進、地方レベルの民主制度の構築まで多岐にわたる[35]。その方法は、主として、それら民主制度に関わる情報や知識の収集と提供が中心である。選挙監視や資金の提供といった活動は原則として行われない。活動の例としては、第4章で詳細にみるように、IDEA は「デモクラシーの状態（State of Democracy）」プロジェクトを通じて、各国国民が自ら、自国の民主制度の機能を測定できるようにすることを試みている。

3 「私的―国家的」アクター

「私的―国家的」アクターには、一国を基盤としている日本のインターバンドなど NGO や米国民主主義基金(NED)など民間基金、コンラット・アデナウアー財団（KAS）など政党系財団、そのほか組織、個人が含まれる。国家との直接的なつながりがない分、対象国に受け入れられやすい反面、制裁や圧力が困難など採りうる手段には限界がある。

例として、1983年に設立された米国民主主義基金（NED）は、共和党系の共和党国際研究所（IRI）や民主党系の米国民主党国際研究所（NDI）、労働組合系の米国国際労働連帯センター（ACILS）、経済界系の国際民間企業センター（CIPE）といった国際援助機関に資金を提供する。それら機関は、移行前の権威主義体制の国家を含めて、選挙支援や制度構築、市民社会の強化、市場改革、自由なメディア、人権の推進などを目的として、さらに現地の市民団体への支

援や事業への助成を行う。アメリカ政府がNEDを設立した背景には、非政府機関であることによって、対象国の内政干渉への警戒を解くという目的があったとされる[36]。NEDは、基本的には、長期的に国内の構造的・環境的要因を民主化に適したものに変えていくことを主たる目的としているが、場合によっては、権威主義体制下の反政府勢力など特定のアクターへの意図的な支援を行うこともある[37]。

ドイツでは、政府からの資金提供を受けた政治財団（Stiftungen）が長年にわたり活発に民主化支援活動を行ってきた[38]。政治財団は、政府より資金を受け取りつつ、政党などの育成を支援する。政治財団は、ドイツ国内の主要政党ごとに設けられている。たとえば、キリスト教民主同盟（CDU）とつながりのあるコンラット・アデナウアー財団（KAS）、社会民主党（SPD）とつながりのあるフリードリヒ・エーベルト財団（FES）がある。1990年代半ばには、政治財団全体は、対外援助の4％相当を受け取るようになり、ここ10年は毎年1.5億ユーロを受け取っている。現在の政治財団による支援は、経済協力開発省が定めた援助の公式のマンデートに基づき、自らの主張に近い政党への支援のほか、人権などに関する市民教育や市民団体の育成に重点が置かれている。

民主化支援に携わる各国のNGOなど市民社会の団体については、活動自体の難しさや政治的な関与を嫌う傾向から、開発などの分野に比べてそもそも数が限られている。民主化支援に携わるNGOは、対象国の民主化に関わる国内NGOや個人への支援、国際選挙監視団への参加、デモクラシー関連の価値に関する教育などの活動を行っている。たとえば、日本のNGOのインターバンドは、東ティモールなどアジア諸国の紛争後の平和再建過程における選挙監視活動に参加している[39]。また、アメリカの大富豪ソロス（George Soros）が創設したNGO、オープン・ソサイエティ機関は、グルジアに起きたいわゆる「バラ革命」で一定の役割を果たした現地の反政府系青年団体クマラ（Kmara）を援助したように、東欧・(旧)CIS諸国をはじめ世界中で民主化運動・団体への支援を行っている[40]。

4 「私的―国際的」アクター

「私的―国際的」アクターに該当する組織として、民主化支援を目的とした国際 NGO や、NGO の国際的なネットワークがある。国際 NGO や NGO のネットワークは、各国や国際機構に民主化を促進する国際体制をつくるよう働きかけたり、特定の国家の民主化を進めるよう国際的なアドボカシーを展開したり、お互いの民主化（支援）に関する情報の交換や、民主化途上にある国家の政府および NGO への助言や援助の提供を行ったりする。[41] それらの国際 NGO や NGO ネットワーク、先述の国別 NGO を含めた市民社会による支援は、政府や国際機構による「上からの民主化支援」に対し、「下からの民主化支援」ともいわれる。[42] 強制的手段をもたないなどその採りうる手段にはやはり限界があるものの、機動力や情報の共有を通じて民主化に対して一定の影響力を行使することができる。

国際 NGO の例として、選挙システムのための国際財団（International Foundation for Electoral Systems, IFES）は、1987年以来、自由で公正な選挙に関する研究、国際的なアドボカシー活動、政府や議員、市民への選挙や立法、政治参加などに関する専門的な助言の提供、市民教育、市民社会組織の育成などを行っている。[43] NGO のネットワークとして、バンコクに拠点を置く、アジア自由選挙支援ネットワーク（ANFREL）は、上述のインターバンドといった国際的な活動を行う各国の NGO や被援助国内の NGO と協力して、人権教育や国内監視員の育成、自身による選挙監視活動を実施している。[44] 支援対象は、東ティモールといった紛争後の最初の自由選挙からバングラディッシュの定着期の選挙まで幅広い。ほかにも、「国連デモクラシー・コーカスのためのキャンペーン」は、フリーダムハウスなどの調整のもとに多数の国際 NGO が集まり、デモクラシーの価値を支持する各国政府による国連デモクラシー・コーカスの強化へ向けて、加盟国への働きかけや同コーカスとの共同活動を行っている。[45]

3　民主化支援のレベル——国内レベルと国際レベル

　そもそも民主化には国内的要因と国際的要因が存在する。それらに対応する形で、民主化支援活動も、特定の国家での民主化の国内的要因に対して働きかける国内レベルの活動と、民主化の国際的要因に向けられる国際レベルの活動とがある。

　第3章で詳述するが、民主化の国内的要因について、マクフォール（Michael McFaul）らは次のように例示している。まず、長期的で構造的な要因として、1、専制国家（autocracy）のタイプや過去の試み、2、経済発展のレベルや経済の構造、3、支配的な階級構造、4、政府が強力か弱いかなどを挙げている。次に、短期的で突然の要因として、1、既存の寡頭制の弱体化、2、体制変換を推し進める組織化された反体制派の存在の有無、3、移行でだれが勝つのか負けるのかを挙げている。先述の多様なアクターによる民主化支援活動の多くは、このような特定の国家の特定の国内的な要因に影響を与えることで、民主化をよりよい方向へと向ける試みである。

　「第三の波」以降の民主化の過程では、民主化支援活動や国際規範および情報の感染、経済のグローバル化といった国際的な要因が強い影響をもつようになった。そのため、民主化を進めるためには、国際的要因に対する国際レベルでの働きかけが不可欠であるという認識が強まっている。国際的な要因に対して行われる活動、すなわち国際的な民主化支援体制作りへの貢献や、経済のグローバル化のような国際的な構造的要因を好ましい方向へ導くアドボカシー活動も広い意味での民主化支援活動といえよう。国際的な民主化支援体制の発達については次章で、民主化支援活動以外の国際的な要因への働きかけについては第4章で詳述する。

4　民主化支援の内容

1　民主化支援の「分野」

　民主化支援の内容については、まず、単純に支援対象の「分野」ごとに分ける方法がある。民主化支援の主な分野としては、選挙、政府機構（あるいは狭義のガバナンス）、人権、法の支配、政党、メディア、ジェンダー、少数民族など社会的弱者、市民社会、経済開発が挙げられる。[49] 上記の分野は、さらに細かい分野に分かれる。たとえば、選挙に関する支援は、選挙監視活動と選挙機関の強化などの技術的な支援に分けられる。[50] ただし、民主化支援の明確な合意された分野分けは存在せず、どのように分野を区切るのか、どの分野に重点が置かれるかはアクターごとに異なる。あるアクターにとっては含まれる分野が、別のアクターでは民主化支援の枠外に置かれることさえある。その内容や区分には、そのアクターの民主化支援へのアプローチや特徴、さらにはその背後にある外交戦略や組織利益が反映される。そのために、たとえば政党への支援は、対象国から内政干渉への警戒を招きかねないため、多くの援助機関で限られたものとなっている。[51]

　また、分野ごとの支援の金額の割合や事業の数、アクターの数は、民主化支援全体の傾向を示すものである。経済協力開発機構（OECD）の開発援助委員会（DAC）は、先進国政府並びに経済開発援助機関によるODAのうち、民主化・ガバナンス支援に関わりのあるものを、統計で「政府と市民社会（Government and Civil Society）」セクターとしてまとめている。同セクターの各細目別の金額およびセクターにおける割合の変化をまとめたものが**表1-1**である。

　その表によると、経済開発政策に関わる援助から、次第に政府と行政など狭義のガバナンスに関わる支援へと重点がシフトしつつあるのがわかる。また、割合としては顕著な増加はみられないが、市民社会や選挙、人権、情報の自由といった分野への支援は、金額面では増加傾向にある。ただし、同統計はあくまで各援助機関が申告する開発援助の分類に基づいており、統計に表れていない分野があることにも留意が必要である。

表1-1 1995年から2007年までの細目別援助の支払い金額

(単位は100万米ドル、小数点以下四捨五入。下段はその年のセクター総額に占めるパーセンテージ。)

		「政府と市民社会」セクターの各細目								
		経済開発政策・計画	公共財政管理	立法・司法の発展	政府と行政	市民社会の強化	選挙	人権	情報の自由な流通	女性の平等組織と制度	合計
実施年	1995	1337 (47.9)	85 (3.0)	47 (2.1)	758 (34.6)	355 (16.2)	37 (1.7)	79 (3.6)	4 (0.2)	89 (4.1)	2791 (100)
	1996	1093 (43.4)	215 (8.5)	119 (4.7)	607 (24.1)	317 (12.6)	38 (1.5)	113 (4.5)	19 (0.8)	88 (3.5)	2521 (100)
	1997	727 (34.1)	170 (8.0)	92 (4.3)	534 (25.0)	331 (15.5)	80 (3.7)	111 (5.2)	8 (0.4)	81 (3.8)	2134 (100)
	1998	1099 (40.9)	225 (8.4)	133 (5.0)	460 (17.1)	495 (18.4)	45 (1.7)	150 (5.6)	24 (0.9)	53 (2.0)	2684 (100)
	1999	889 (27.1)	287 (8.8)	238 (7.3)	801 (24.4)	612 (18.7)	124 (3.8)	229 (7.0)	19 (0.6)	81 (2.5)	3280 (100)
	2000	1241 (34.7)	184 (5.2)	311 (8.7)	837 (23.4)	523 (14.6)	75 (2.1)	284 (8.0)	32 (0.9)	85 (2.4)	3572 (100)
	2001	1234 (32.2)	192 (5.0)	384 (10.0)	621 (16.2)	890 (23.2)	71 (1.9)	323 (8.4)	35 (0.9)	78 (2.0)	3828 (100)
	2002	664 (16.1)	333 (8.1)	317 (7.7)	1381 (33.4)	781 (18.9)	72 (1.7)	406 (9.8)	57 (1.4)	119 (2.9)	4130 (100)
	2003	1285 (21.5)	366 (6.1)	532 (8.9)	2117 (35.4)	802 (13.4)	118 (2.0)	514 (8.6)	152 (2.5)	98 (1.6)	5984 (100)
	2004	2235 (21.0)	377 (3.5)	1570 (14.7)	4179 (39.2)	1147 (10.8)	426 (4.0)	535 (5.0)	72 (0.7)	118 (1.1)	10659 (100)
	2005	2145 (20.7)	390 (3.8)	981 (9.5)	4028 (38.9)	1265 (12.2)	546 (5.3)	712 (6.9)	74 (0.7)	208 (2.0)	10349 (100)
	2006	3157 (29.6)	690 6.5	835 (7.8)	2983 (28.0)	1533 (14.4)	308 (2.9)	768 (7.2)	160 (1.5)	215 (2.0)	10649 (100)
	2007	2349 (18.8)	931 7.5	1699 (13.6)	4136 (33.2)	1514 (12.1)	459 (3.7)	758 (6.1)	273 (2.2)	350 (2.8)	12469 (100)

出所: OECD Database, DAC Credit Reporting System,
[http://stats.oecd.org/Index.aspx?DatasetCode=CRSNEW] を元に筆者作成

2 民主化支援の「介入の強度」(=アプローチ)

　民主化支援に関係する伝統的な分類として、ホワイトヘッドによる民主化への国際的な影響の形態の分類がある。彼は、制裁の可能性に支えられた明確な政策を通じて民主化が促される「支配（control）」、国際勢力と国内勢力の間の相互交流を通じて民主化が進められていく「合意（consent）」、近隣諸国の民主化の情報が浸透するなど非強制的で意図せざるチャンネルを通じて民主化が促される「感染（contagion）」の３つに分類した。同じ著書でシュミッター（Philippe Schmitter）は、上の分類に、政治改革を援助の条件にする「コンディショナリティ（conditionality）」を追加した。[53]

　このホワイトヘッドの分類は、いわば対象国の主権に対する民主化支援の「介入の強度」を基準にしている。同様に、マクフォールらは「介入の射程（spectrum of intervention）」として、民主化の「外的要因」（＝国際的要因）を分類し、A「軍事的あるいは植民地的占領」、B「準軍事的介入」、C「隠密の軍事的介入」、D「（経済的、政治的、外交的）制裁」、E「民主的コンディショナリティ」、F「リンケージ、統合、収斂」、G「監督と報告」、H「デモクラシー財政・技術支援」、I「外交、規範的圧力、説得」、J「民主的例示、感染、学習」の順に列挙している。[54] 同様に、バーネルも、関係性の射程あるいはグラデーションとしてパワーを展開するアプローチを提示した。すなわち、「ソフトパワー」の端にあるデモクラシー支援や説得、ほかの非強制的な形態の影響などから、外交圧力や政治的コンディショナリティ、制裁の脅しを経て、そして強制力の行使を含む「ハードパワー」の端まで偏在するとした。[55]

　このグラデーションを「アプローチ」としていくつかのカテゴリーにまとめると、消極的な政府に民主化を押し付ける「強制（coercion）」、民主化を受け入れるよう説く「説得（persuasion）」、あくまで相手政府の要求に応じた民主化支援のみ行う「合意（consent）」の３つのアプローチに分けることができよう。まず、強制アプローチには、先のマクフォールの例示でいえば、軍事的あるいは植民地的占領、準軍事的介入、隠密の軍事的介入、制裁、民主的コンディショナリティ、リンケージ、統合、収斂が相当する。

　説得アプローチには、監督と報告、外交、規範的圧力、説得といった活動が

含まれる。また、政治的自由化を求める効果的な圧力を行使するために、体制との密接な紐帯を利用する、アデスニク（David Adesnik）とマクフォールがいう「関与（engagement）」もここに含まれよう。[56] 本書では民主化支援を意図的な具体的行為としているので、先のマクフォールらの民主的例示、感染、学習は直接にはこの分類には含まれない。しかし、OSCEやEU、OASで実際生じているように、国際会合での接触などを通じて意図的にエリートをデモクラシーの規範へ晒すことで、その「社会化」を図り民主化を促す手法は、説得と合意の中間に位置するアプローチといえよう。[57]

　マクフォールらの順序とは入れ替わるが、政府との合意の有無という点から、先のデモクラシー財政・技術支援は合意アプローチに該当する。また、序章で挙げた狭義の民主化支援も、基本的に対象政府の容認を前提とする点で、合意に基づく支援に含めることができよう。

　また、この分類は、結果的な支援側と対象側の明示的な同意の有無よりも、活動が開始される前段階での両者の関係性によって判断される。たとえば、シュミッターのいうコンディショナリティは、形式としては関係当事者間の合意に基づくものの、ドナーの実際の優位を考えると、半ば強制的な活動といえる。また同じ内容の活動でも、対象国が説得されて支援を受け入れる場合と自ら進んで支援を要求する場合とでは、介入の強度の観点からは性質が異なる。たとえば、嫌がる政府を国際アクターが説得した結果として選挙監視が要請された場合、それは説得アプローチに属する活動である。このように実際の支援活動は、上のアプローチに明確に分類できるわけではない。それでも、介入の強度によって当該活動が民主化に及ぼす影響やその決定に求められる正当性が異なってくる。

3　民主化の「促進」と「擁護」

　複雑な民主化支援活動を理解するためには、働きかける対象や採用された手段だけでなく、支援側が民主化の過程において何を目的としているかという点からも把握する必要がある。たとえば、ある国際アクターが上述の合意アプローチを用いる際、近年のルーマニアのように民主化が比較的順調に進みつつ

ある国家を支援する場合と、今世紀のロシアのように制度的には民主的であるものの権威主義化の傾向を示しつつある国家に働きかける場合とでは、活動の内容やその正当性の要件が異なってくる。

　これまでの民主化支援活動の研究の多くは、民主化が進展している状況を後押しすることを目的とする活動に焦点が合わせられてきた。それが最近では、いわゆる「非自由主義的民主主義体制（illiberal democracy）」の増加という民主化の後退現象の拡大を背景に、いかに民主化を擁護するかに研究の関心が集まりつつある[58]。しかし、民主化の後退局面への国際的な対応は、その内容や求められる正当性の要件が通常の民主化支援とは異なる。そこで、国際的な民主化支援活動を、民主化の過程の方向性から、民主化の「促進（promotion/advance）」と「擁護（protection/defense）」に分類して考察することが必要となる。

　民主化の促進と擁護は原則として対になるものである。民主化の過程を単線的に考えると、目標である民主主義体制の定着へ後押しするのが「促進」であり、進んだ段階から後退することを防ぐのが「擁護」である。もちろん、実際の民主化の過程では逆行や逸脱も頻繁に生じ、民主化の進展や後退を見極めることは難しい[59]。そのため、民主化支援活動を民主化の促進と擁護のどちらに該当するか明確に分類することが困難な事例もある。たとえば、ミャンマーについて、1990年に民主選挙の結果が軍事政権によって否定された段階では、選挙結果を受け入れるよう軍事政権に働きかけることは民主化の擁護といえた。しかし、その後、長期にわたり軍事政権が支配を続けてきた今、ミャンマーに民主化を求める活動はむしろ民主化の促進活動といえよう。

　また、同一の活動が促進と擁護の両側面をもつ場合もある。たとえば国際的な選挙監視活動は、選挙の正当性を高める点で民主化を後押しする促進活動であるが、政府による不正の可能性が事前に指摘されている場合には民主化の後退を防ぐ擁護にもなりうる。次に、これらの点を留意しながら、**表1-2**のように先述の介入の強度から導いたアプローチと組み合わせて、民主化の促進と擁護の内容についてみていきたい。

(1) **民主化の「促進」**　民主化の促進の具体的な目標は、第3章でみるよう

表1-2　民主化支援活動の分類と活動例

	強制アプローチ	説得アプローチ	合意アプローチ
民主化の「促進」	・軍事介入 ・経済制裁 ・各種援助の停止 ・民主化勢力への支援 ・国際機構の加盟条件化 ・開発援助の政治的コンディショナリティのポジティヴ・リンケージ	・政府特使の派遣、国際機構による使節団の派遣、国際会議、民間チャンネルなどの利用を通じた対話 ・国際会合での接触などを通じたエリートのデモクラシーの規範への「社会化」。	・開発援助 ・選挙支援や各種法改正のための助言 ・選挙機関の育成 ・政府のガバナンス能力の構築への援助 ・司法の強化への援助 ・文民統制に基づく軍隊・警察の育成援助 ・デモクラシー教育への支援
民主化の「擁護」	・軍事介入 ・経済制裁 ・各種援助の停止 ・外交制裁 ・政権の不承認や亡命政府の承認 ・国際機構のメンバーシップの停止 ・開発援助の政治的コンディショナリティのネガティヴ・リンケージ	・使節団や特使を派遣するなどの外交手段を通じた政府との対話や反政府勢力との仲介	・選挙監視活動 ・「デモクラシー条項」など民主政権転覆や民主政治の侵食の際の国際的手続きの事前の締結 ・民主化の後退を防ぐ予防メカニズムの制度化

出所：筆者作成

に、移行期や定着期といった民主化の段階によって異なる。まず民主化の移行期の準備・決定段階では、民主主義体制への移行が始まるように支援を行う。民主化の移行期の選挙実施段階では、自由で公正な選挙の実施を支援する。民主化の定着期では、特に民主政治のルールが政治体制の中で定着するように支援を実施する。ただし、この定着段階では、エリートの意思に加えて経済発展や政治文化など多くの要因が関わるため、どの要因を重視して支援を行うべきかについては議論がある。

　これらの目標を実現するための支援のアプローチは、上で挙げた介入の強度による分類、すなわち強制、説得、合意の各アプローチに分けることができる。

なお、活動を実施するアクターについては、個別の政府やNGOによる場合もあれば、国際機構やNGOのネットワークを通じた集団的な場合もある。

強制アプローチによる民主化の促進には、たとえば民主主義体制への移行を開始しない権威主義体制に対する、個別あるいは集団的な軍事介入や経済制裁、各種援助の停止や中断、外交制裁などがある。また、民主化を支持する勢力への秘密裏の支援も含まれる。さらに、ドナー優位の状況で事前に取り決めを結んで、民主化の前向きな動きを評価して更なる援助を供与する、開発援助への政治的コンディショナリティの「ポジティヴ・リンケージ」がある。それは、民主化をためらう、あるいは逆行すると援助を減額・停止する「ネガティヴ・リンケージ」と組み合わされることで、半強制的な促進の手段となる[60]。同様に、EUのように民主主義体制を国際機構の加盟の条件にすることも、現在のEU加盟を目指すトルコのように民主化の圧力になる場合はここに含みうる。

次に、説得アプローチによる民主化の促進活動では、政府特使の派遣やそのほかの外交ルートを通じた接触、国際機構による使節団の派遣、国際会議、民間チャンネルなどを通じて、民主化を進めるよう対象国政府が説得される。民主主義体制への移行前あるいは中断状態にある国家に対しては、移行を開始あるいは再開するよう政府を説得したり、民主化支持勢力との対話を促したり、あるいは言論や結社の自由化など民主化につながる政治改革を政府に促したりする。民主化の定着期にある国家に対しては、さらなる改革を行うよう政府を説得したり、野党の育成や市民教育など民主化に貢献する援助を政府が認めるよう説いたりする活動が含まれる。また、EUが行っているように、人権やガバナンスなどについて具体的な改善へ向けて対象国政府と対話を行うこともなされる[61]。国際会合での接触などを通じて意図的にエリートのデモクラシーの規範への「社会化」を図る活動も基本的にここに含まれよう。

最後に、合意アプローチによる民主化の促進では、基本的に相手政府が要求あるいは容認する支援のみが行われる。この場合の支援は多様に存在する。たとえば民主化の兆候がみられない移行期の準備段階では、日本政府が天安門事件後の中国への円借款再開の理由の一つとしたように、経済発展は民主化を促

すという観点から提供される開発援助も民主化支援として含めることができるかもしれない。[62]また、先述のUSAIDが重点を置いているように、政府の容認のもとで、市民団体など将来民主化を支える勢力となりうる団体へ支援を行うことも含まれる。移行期の選挙実施段階でも、選挙支援や各種法改正のための助言、市民教育などが政府の求めに応じて実施されている。定着期でも、相手国政府の要請に応じて、選挙機関の育成から政府のガバナンス能力の構築、司法の強化、文民統制に基づく軍隊や警察の育成、デモクラシー教育などが行われている。[63]

(2) 民主化の「擁護」　次に、民主化の擁護は、民主化の現段階からの後退を防ぐための支援である。民主化の後退といえる事態には、軍事クーデターなど非立憲的で短期的な手段による民主化の中断と、民主的に選出された政権が次第に権威主義化し民主的政治過程を侵害していく、長期的な民主政治の「侵食(erosion)」とがある。[64]また、政権による意図的な選挙での不正も民主化の後退であるが、それには選挙結果の操作や不容認など短期的な事態と、選挙法の改正による対立候補の排除や野党によるメディアの利用の制限など長期的な事態とがある。[65]他にも侵食には、反政府的なメディアの抑圧や野党に対する嫌がらせ、労働組合活動の制限、特定の人々や集団の教育へのアクセス制限などが挙げられる。[66]

これら民主化の後退のうち、侵食は主に民主化の定着期に問題となることが多い。しかし、短期的で劇的な後退については民主化のさまざまな段階で起きうる。たとえば民主化の移行期の準備・決定段階で、民主主義体制への移行を約束した政権がそれを反故にしたり、約束した政権に対して反民主化勢力がクーデターを起こしたりすることがある。また、移行期の選挙実施段階で、現政権が選挙を操作する場合や、1990年のミャンマーのように、現政権や反政府勢力が選挙結果を容認しない場合が考えられる。そのような場合にも、民主化の擁護は必要となる。全体的に、長期的な侵食よりも、選挙の不正やクーデターなど劇的な危機に国際的な注目が偏る傾向がある。[67]

民主化の擁護の方法も、促進活動と同様、大きく強制、説得、合意の各アプローチに分けることができる。それらは、各アクター個別の行動の場合もあれ

ば、国際機構などを通じた集団的な行動の場合もある。まず、強制アプローチによる民主化の擁護としては、1994年のハイチ軍事政権に対して国連が行ったような軍事介入から、政府関係者の海外資産の凍結など経済制裁、開発援助や軍事援助など各種援助の停止・中断、政府関係者の往来の禁止などの外交制裁、先述の AU の制定法にあるような国際機構のメンバーシップの停止などがある[68]。最近では、一般国民を巻き込まない特定の関係者を対象にした、いわゆる「スマートな制裁」が注目を集めている[69]。また、アメリカ政府がミャンマー（ビルマ）に対して行っているような非立憲的な手段で政権に就いた政権の不承認や、亡命した民主的政権の承認の継続がある。開発援助の政治的コンディショナリティの「ネガティヴ・リンケージ」は、援助を停止する条件が事前の合意で定められてはいるものの、多くの場合ドナー国に主導権があるため、民主化擁護の半ば強制的な活動である[70]。ただし、強制アプローチによる擁護の場合は、その国際社会および対象国内へ向けた正当性をどのように確保するかが大きな課題となる。

　説得アプローチによる擁護としては、クーデターなどで民主的政権が転覆した際に、使節団や特使を派遣するといった外交的手段で当該勢力と対話を行い、政権を回復させる方法がある。現政権による民主政治の侵食の場合、2000年のペルーのフジモリ政権の不正選挙に対する OAS の対応のように、使節団を派遣して政府と野党勢力を対話のテーブルにつかせて政治改革を促す場合がある[71]。また、強制アプローチと説得アプローチが組み合わされることも多い。たとえば、2009年3月に現職のラヴァルマナナ（Marc Ravalomanana）大統領が政治的混乱の中で辞職したマダガスカルの政変に対し、AU は非立憲的な政権交代と認定して、メンバーシップの停止と、6カ月以内に解決しない場合には制裁を含む措置を採ることを決定した。結局、同年8月には AU および南部アフリカ開発共同体（SADC）を含む国際コンタクトグループの仲介で民主主義体制の回復を目指すマプト政治合意が成立した[72]。さらに、ASEAN によるミャンマーへのいわゆる「建設的関与（constructive engagement）」政策のように、外交関係を深め経済協力を進めつつ、相手政府との対話を通じて改革を促す、説得と合意のアプローチを組み合わせた方法もある[73]。

合意アプローチによる擁護としては、まず、当該政府の要請に基づいて行われる選挙監視活動がある。また、事前に、民主的政権の転覆や政権による民主政治の侵食の際の国際的な手続きを締結することも挙げられる。たとえば、先述したように、AUの制定法やEUのニース条約、OASの米州民主主義憲章といった条約・憲章には、現在、民主的政権の非立憲的な転覆の際の対応手続きを定めた、いわゆる「デモクラシー条項（democracy clause）」が設けられている。[74] さらに、政府との合意に基づいて、民主化の後退を防ぐ予防メカニズムを構築することもここに含まれる。たとえば、先述のように、AUのNEPADには、任意の加盟国で相互に民主化の進展を監視・評価するAPRMが設けられている。また、クーデターへの関与を明確に違法化するなどの民主化の後退を予防する国内法制度作りに援助を与えることもここに含まれる。[75]

5　小　括

本章では、多様な民主化支援活動を分類することを試みた。まず、（広義の）民主化支援活動を行うアクターについて、「公的―私的」および「国家的―国際的」の区分の組み合わせによる4つのカテゴリーがあることを示した。それぞれ、採りうる民主化支援の手段や正当性で相違がある。次に、民主化支援には、特定の国家に向けられる国内レベルものだけではなく、国際的な民主化支援体制の形成への貢献や民主化の国際的な要因への対処を含めた国際レベルの活動があることを示した。その上で、民主化支援の内容について、民主化支援の「分野」、民主化支援の「介入の強度」、民主化の「促進」と「擁護」といった分類ごとに概観した。

　これらの分類を組み合わせることで、個々のアクターの民主化支援活動の特徴および国際的な民主化支援体制全体の傾向と変化を把握することが容易になる。すなわち、あるアクターによる民主化支援活動の特性は、そのアクター自体の性質、支援活動内容の重点分野、民主化の促進と擁護の目的に応じた活動の状況、支援の際に採られるアプローチ、国際的な民主化支援体制を含めた民主化の国際的な要因への対応、それぞれをみることでよりよく理解できよう。国

際的な民主化支援体制全体の傾向を捉える際には、支援にかかわるアクターの変化、支援分野の区分と分野ごとの比重の傾向、採られる民主化支援のアプローチの介入の強度の動向、民主化の促進と擁護の活動の制度化の状況を分析することが有効である。さらには、民主化の擁護のため制裁など、特定の活動の実効性と正当性の向上に必要な要件を考察する際にも先の分類は意義がある。そこで次章では、それらの点に注意しながら、民主化支援活動の歴史的な展開を考察する。

1) Carothers, Thomas, "Democracy Assistance: Political vs. Developmental?" *Journal of Democracy*, Vol.20, No.1, 2009, pp.5-19.
2)「公的―私的」「国家的―国際的」の分類について次を参照。岩崎正洋「民主化支援と国際関係」『国際政治』第125号、2000年、121-146頁。ただし、政府から助成を受けて活動するNGO (=いわゆる疑似NGO、QUANGO) であるNEDや政府とNGOの両者が参加するIDEAの扱いなど、本書での用法や振り分けは必ずしも同論文とは一致していない。
3) 以下については、拙著『国際連合と民主化―民主的世界秩序をめぐって』法律文化社、2004年、第3章も参照。
4) 西側諸国の民主化を目的とした民間基金については次も参照。菅原秀『もうひとつの国際貢献』リベルタ出版、2003年、第6章を参照。欧州諸国の民主化支援の現況については次を参照。Youngs, Richard (ed.), *Survey of European Democracy Promotion Politics 2000-2006*, FRIDE, 2006. Youngs, Richard, "What Has Europe Been Doing? *Journal of Democracy*," Vol.19, No.2, 2008, pp.160-169.
5) Democracy Coalition Project, *Defending Democracy: A Global Survey of Foreign Policy Trends 1992-2002*, Democracy Coalition Project, 2002, [http://www.demcoalition.org/pdf/defending_democracy.pdf] 2009/9/25.
6) 大津留(北川)智恵子・大芝亮編著『アメリカが語る民主主義―その普遍性、特異性、相互浸透性―』ミネルヴァ書房、2000年。
7) Coyne, Chiristopher J., *After War: The Political Economy of Exporting Democracy*, Stanford, California: Stanford University Press, 2008.
8) USAIDによる民主化支援については、同HPの次のサイトを参照。[http://www.usaid.go v/our_work/democracy_and_governance/]. ほかにも次を参照。Azpuru, Dinorah, Steven E. Finkel, Aníbal Pérez-Liñan, Mitchell A.Seligson, "What Has the United States Been Doing?" *Journal of Democracy*, Vol.19, No.2, 2008, pp.150-159.
9) National Research Council, *Improving Democracy Assistance: Building Knowledge through Evaluations and Research*, Washington, DC: The National Academies Press, 2008, p.1
10) Stuvland, Aaron, "Profiles of Key Democracy and Good Governance NGOs/Agencies," *Development*, 50 (1), 2007, p.131.
11) Youngs, 2008, *op.cit.*, p.161

12) *Ibid.*, pp.165-166.
13) *Ibid.*, p.161. DFID の HP の次のサイトを参照。[http://www.dfid.gov.uk/Global-Issues/How-we-fight-Poverty/Government/Good-Governance/]. DFID, Governance, Development and Democratic Politics: DFID's Work in Building More Effective States, 2006. [http://www.dfid.gov.uk/Documents/publications/governance.pdf]2009/9/26.
14) OAS の政務事務局の HP を参照。[http://www.oas.org/sap/english/default.asp]。
15) 例えば、1999年に採択された OAS 総会決議「参加型デモクラシー」(AG/RES.1684 (XXIX-O/99)) を参照。
16) Smith, Karen E., *European Union Foreign Policy in a Changing World, Second edition*. Cambridge, U.K.: Polity, 2008, ch.6.
17) アムステルダム条約および2001年に調印されたニース条約のデモクラシー原則については、山本直「EU と民主主義原則―EU 条約 7 条をめぐって―」『同志社法学』53巻 6 号、2002年、614-644頁参照。
18) 2000年版『加盟進捗状況報告書』の邦訳について、*europe*, winter 2001, 14-15頁参照。
19) EU の次のサイトを参照。[http://ec.europa.eu/europeaid/what/governance-democracy/index_en.htm]。
20) EU の次のサイトを参照。[http://ec.europa.eu/europeaid/what/governance-democracy/democracy/index_en.htm]。
21) EU の次のサイトを参照。[http://ec.europa.eu/europeaid/where/worldwide/electoral-support/index_en.htm]。
22) Youngs, 2008, *op.cit.*, p.162. EIDHR の活動については次の HP を参照。[http://ec.europa.eu/europeaid/where/worldwide/eidhr/index_en.htm]。
23) *Ibid.*, p.162.
24) コトヌゥ協定によるものも含めた過去に採られた強制的な措置については、次を参照。Smith, *op.cit.*, Appendix 2.
25) *Ibid.*, ch.6.
26) OSCE, OSCE Human Dimension Commitments, 2001, p.79-81.
27) 宮脇昇「民主的平和と民主化支援―民主制度・人権事務所を中心に」吉川元編『予防外交』三嶺書房、2000年、78頁。
28) リトアニアの例について次を参照。宮脇昇「エストニア・ラトヴィアにおける予防外交」吉川編、前掲書、234頁。
29) Diamond, Larry, *The Spirit of Democracy: The Struggle to Build Free Societies throughout the World*, New York: Times Books, 2008, p.146.
30) African Union, Protocol Relating to the Establishment of the Peace and Security Council, 9 July 2002.
31) 同ユニットのサイト参照。[http://www.africa-union.org/root/AU/AUC/Departments/PA/ELECTION_UNIT/AU_Election_Unit.htm]。
32) OAU/AU Declaration on the Principles Governing Democratic Elections in Africa, AHG/Decl.1 (XXXVIII), ch.V.
33) New Partnership for Africa's Development (NEPAD), Declaration on Democracy, Political, Economic and Corporate Governance, July 2001. 大林稔編『アフリカの挑戦―

NEPAD（アフリカ開発のための新パートナーシップ）』昭和堂、2003年も参照。
34）IDEAのHP参照。[http://www.idea.int/]。なお、IDEAの日本語名について、「国際民主化選挙支援機構」が公式訳という菅原の言及に準拠している。菅原、前掲書、166頁。
35) See, International Institute for Democracy and Electoral Assistance, Work in Progress, December 2001, [http://www.idea.int/ideas_work/WIP_December_2001.pdf] 2001/10/01.
36）NEDなどの活動について、菅原、前掲書、参照。
37) Beissinger, Mark R., "Promoting Democracy: Is Exporting Revolution a Constructive Strategy?" *Dissent*, Winter 2006.
38) 以下、次を参照。Mair, Stefan, "Germany's Stiftungen and Democracy Assistance: Comparative Advantages, New Challenges", n Peter Burnell (ed.), *Democracy Assistance: International Co-operation for Democratization*, London: Frank Cass, pp.128-149.
39）インターバンドのHP参照。[http://www2.gpl.com/users/interband/]。その活動の様子として、首藤信彦、松浦香恵『国際選挙監視とNGO』岩波書店、2000年も参照。
40) Ishkanian, Armine, "Democracy Promotion and Civil Society," in Martin Albrow, Helmut Anheier, Marlies Glasius, Monroe E Price, Mary Kaldor (eds.) *Global Civil Society 2007/8*, London: Sage, 2007, pp.74-75. オープン・ソサイエティ機関についてはそのHP参照。[http:// www.soros.org/].
41) 次も参照。Grugel, Jean, *Democratization: A Critical Introduction*, Basingstoke: Palgrave, 2002（仲野修訳『グローバル時代の民主化―その光と影』法律文化社、2006年）, ch.6.
42) *Ibid*.
43）IFESのHPを参照。[http://www.ifes.org/].
44）ANFRELのHP参照。[http://www.forumasia.org/anfrel/].
45）同キャンペーンのHPを参照。[http://www.democracycaucus.net/html/home.html].
46) McFaul, Michael, Amichai Magen, and Kathryn Stoner-Weiss, *Evaluating International Influences on Democratic Transitions: Research Guide for Case Study Authors*, Feeman Spogli Institute for International Studies (FSI), Stanford University, 2008, [http://fsi.stanford. edu/research/evaluating_international_influences_on_democratic_development/] 2008/12/ 21.
47) Diamond, *op.cit*. Grugel, *op.cit*. Sørensen, Eva and Jacob Torfing (eds.), *Theories of Democratic Network Governance*, Basingstoke [England]; New York: Palgrave Macmillian, 2007. UNDP, *Human Development Report 2002: Deepening Democracy in a Fragmented World*, New York: Published for the United Nations Development Programme by Oxford University Press, 2002.
48) Democracy Coalition Project, *op.cit*. UNDP, *op.cit*.
49) Rakner, Lise, Aina Rocha Menocal and Verena Fritz, *Democratization's Third Wave and the Challenges of Democratic Deepening: Assessing International Democracy Assistance and Lessons Learned*, London: Overseas Development Institute, 2007, p.23.
50) *Ibid.*, p.28.
51) Carothers, Thomas, *Confronting the Weakest Link: Aiding Political Parties in New Democracies*, Washington, D.C.: Carnegie Endowment for International Peace, 2006.

52) Whitehead, Laurence, "Three International Dimensions of Democratization," in Laurence Whitehead (ed.), *The International Dimensions of Democratization: Europe and the Americas*, Oxford: Oxford University Press, 1996, pp.1-25.
53) Schmitter, Philippe C., "The Influence of the International Context upon the Choice of National Institutions and Politics in Neo-Democracies," in Whitehead, *op.cit.*, pp.28-31.
54) 次の文献も参照。McFaul et.al., *op.cit.* Diamond, *op.cit.*, ch.5. 下村も、相手国の主権への介入の度合いの低い順から、(技術協力、知的支援など) 直接支援、政治的コンディショナリティ、民主化運動への支援、選挙への働き掛け、経済制裁、軍事行動を挙げている。下村恭民「『民主化支援』の混迷」『アジ研ワールド・トレンド』No.101、2004年、16-19頁。
55) Burnell, Peter, *Does International Democracy Promotion Work?* Discussion Paper, Deutsches Institut für Entwicklungspolitik (German Development Institute), p.2.
56) Adesnik, David, and Michael McFaul, "Engaging Autocratic Allies to Promote Democracy," *The Washington Quarterly*, 29:2, 2006, pp.7-26.
57) McDonagh, Ecaterina, "Is Democracy Promotion Effective in Moldova? The Impact of European Institutions on Development of Civil and Political Rights in Moldova," *Democratization*, Vol.15, No.1, 2008, pp.142-161. Pevehouse, Jon C., *Democracy from Above: Regional Organizations and Democratization*, Cambridge: Cambridge University Press, 2005.
58) 非自由主義的民主主義体制について次を参照。Zakaria, Fareed, *The Furure Of Freedom: Illiberal Democracy at Home and Abroad*, New York and London: W.W.Norton, 2003. 民主化の擁護に関連した活動の研究について次を参照。Halperin, Morton H. and Mirna Galic (eds.), *Protecting Democracy: International Responses*, Lanham: Lexington Books, 2005. Piccone, Ted and Richard Youngs (eds.), *Strategies for Democratic Change: Assessing the Global Response*, Washington: Democracy Coalition Project, 2006.
59) Schedler, Andreas, "What is Democratic Consolidation?" *Journal of Democracy*, Vol.9, No.2, 1998, pp.91-107.
60) 下村恭民、中川淳司、齊藤淳『ODA大綱の政治経済学―運用と援助理念』有斐閣、1999年、110頁。
61) Commission of the European Communities, Governance in the European Consensus on Development: Towards a harmonized approach within the European Union, COM (2006) 421.
62) 『朝日新聞』1990年7月11日夕刊。
63) 国際協力事業団 (JICA)『民主的な国づくりへの支援に向けて―ガバナンス強化を中心に―』調査研究報告書、国際協力事業団、2002年3月参照。
64) Galic, Mirna and Morton H. Halperin, "Introduction," in Halperin and Galic, *op.cit.*, p.2.
65) 選挙による不正について次を参照。Schedler, Andreas (ed.), *Electoral Authoritarianism: The Dynamics of Unfree Competition*, Boulder, Colo.: Lynne Rienner, 2006.
66) Brimmer, Esther, "Vigilance: Recognizing the Erosion of democracy," in Halperin and Galic, *op.cit.*, pp.238-239.

67) Wallensteen, Peter, "International Responses to Crises of Democratization in War-torn Societies," in Anna K. Jarstad and Timothy D. Sisk (eds.), *From War to Democracy: Dilemmas of Peacebuilding*, Cambridge: Cambridge University Press, 2008, pp.213-238.
68) Sampford, Charles, and Margaret Palmer, "The Theory of Collective Response," in Halperin and Galic, *op.cit.*, pp.39-40.
69) Wallensteen, *op.cit.*
70) 下村ほか、前掲書、110頁。
71) Cooper, Andrew F. and Thomas Legler, *Intervention Without Intervening? :The OAS Defense and Promotion of Democracy in Americas*, New York: Palgrave McMilan, 2006, pp.62-83.
72) Allen, John and Michael Tantoh, "Madagascar: African Union Suspends New Govt Over 'Coup'", [http://allafrica.com/stories/printable/200903200757.html]. 外務省、「マダガスカル情勢について」、2009年8月、[http://www.mofa.go.jp/mofaj/press/danwa/21/dga_0813.html] 2009/9/18。
73) Buszynski, Leszek, "Thailand and Myanmar: the perils of 'constructive engagement'," *The Pacific Review*, Vol.11, No.2, 1998, pp.290-305.
74) Piccone, Theodore J., "International Mechanisms for Protecting Democracy," in Halperin and Galic, *op.cit.*, pp.101-126.
75) Piccone, Theodore J., *Regime Change by the Book: Constitutional Tools to Preserve Democracy*, Washington: Democracy Coalition Project, 2005.

第2章　民主化支援の歴史

1　はじめに

　現在、民主化支援活動は、各国の民主化に大きな影響を与えると同時に、国際政治の重要な争点の一つとなっている。しかしながら、序章で指摘したように、本格的な民主化支援活動が冷戦終結より20年近く行われてきたにもかかわらず、民主化支援活動の発展と変遷に関する分析は今なお限られている。そこで、本章では、冷戦終結以降の国際的な民主化支援活動の歴史的な変遷を、国際政治全体の流れと結び付けつつ検証する。

　それによって、本章は、第1に、現在の国際的な民主化支援活動の発達の程度とそれが向かいつつある方向を明らかにしたい。特に民主化の擁護への国際的な関心の高まりを示す。分析の過程では、分析枠組みとして、第1章でまとめた民主化支援活動の諸分類を用いる。すなわち、国際的な民主化支援体制全体の動向を捉えるために、支援にかかわる「アクター」の顔ぶれの変化、支援の「分野」の変化、民主化支援の「介入の強度」が異なるアプローチ（「強制」「説得」「合意」の各アプローチ）の実践動向、民主化の「促進」と「擁護」の活動の制度化の状況に注目する。

　第2に、国際的な民主化支援活動の発達と変化をもたらしてきた要因について一定の示唆を導き出す。その際に、本章では、序章でまとめた国際関係論の諸理論を手がかりにして、どのように民主化支援活動が形成され変化するのかを考察する。改めて整理すると、まず現実主義的な見方では、民主化支援活動はあくまでも国益を維持し増大するための手段であり、主要国の外交戦略や国家間の権力関係によって変化する。特に、冷戦後の国際関係ではアメリカの影

響の大きさが予測される。自由主義的な見方では、国家間の平和や経済発展をもたらす国家の民主化は国際公共益のひとつである。それを支援する制度は需要と必要な費用に応じて発達する。そのために、二国間よりも費用対効果の高い国際機構など多国間の制度が発達することが予測される。

　構造主義（マルクス主義）的な見方では、先進国による民主化支援活動は、基本的に国際的な自由市場経済を維持し拡大する手段とみなされる。民主化支援活動の形成と変化は、グローバル化のような国際的な経済構造の変化と、それ踏まえて利益を追求する資本階級およびその支配下にある国家の戦略によってもたらされる。構成主義（社会学）的な見方では、民主化支援の制度や活動の変化は、国際社会における価値や規範の変化、それに影響されたアクターの選好の変化によってもたらされる。民主的な価値をナショナル・アイデンティティとする民主主義国が加盟国に多い国際機構ほど、民主化支援に熱心に取り組むと考えられる。これらの見方が指摘する変化の要因に注意を払いながら、次に、冷戦終結前後からの急速な民主化支援活動の発展についてみていく。

2　冷戦終結後の民主化支援活動の急速な発達

　冷戦時代、デモクラシーの内容自体が争われる中で、西側民主主義諸国による民主化支援活動はスペインやポルトガルへの間接的な関与を除いて目立たなかった[1]。そのなかで、例外的にアメリカは民主化支援に積極的であり、1983年にはレーガン政権のもとで米国民主主義基金（NED）が創設された[2]。アメリカはNEDを通じて政党系のNGOに資金を提供し、選挙監視活動や野党勢力の支援、市民教育など民主化を促進する活動を行うようになった。NGOの形態を採ることで内政干渉という非難を避けつつ、政府の外交方針に沿った援助を行う狙いがあったとされる[3]。当初の支援は、1980年代に（再）民主化が始まった中南米諸国に重点が置かれた。同時期には、1983年のグレナダへの軍事介入など、民主化支援の名のもとに軍事介入や反政府勢力への軍事援助が行われた[4]。これらアメリカによる民主化支援活動はそもそも反共産主義を契機としたものであり、また中南米がアメリカの「裏庭」として利害関係上重要であることも

アメリカが同地域への関与に積極的な理由であった[5]。

1980年代後半になると、経済的な苦境とソ連支配の緩和の中で、東欧諸国で政治と経済の自由化が始まった。同時に、フィリピンや韓国などでも民主化が進み、民主化の「第三の波」(ハンチントン)といわれる状況が世界に現れた。1989年には冷戦が終結し、西側の自由民主主義体制の勝利が「歴史の終わり」(フクヤマ)として国際社会で広く賛美されることとなる。それにあわせて、西側先進諸国は民主化を支援する活動を活発化させた。1990年7月のヒューストンのG7先進国首脳会議の政治宣言では、西側先進諸国は国際的に民主化を支援することを約束した[6]。実際、アメリカは、1989年に「東欧デモクラシー支援法」(SEED)を採択するなど、米国国際開発庁(USAID)やNEDを通じた民主化の促進活動を拡大した。ただし、アメリカのような目的が明確で包括的でかつ制度化された民主化支援活動は、依然として例外的であった。ほかの西側先進諸国は、民主化支援を目的とする民間基金やNGOの設立支援、カンボジアなど国連平和維持活動下での選挙への協力、地域的な国際機構による民主化支援活動の支持といった活動を個別に実施することを好んだ[7]。

ほかにも西側先進諸国は、半強制的なアプローチである開発援助の政治的コンディショナリティを活用した[8]。たとえば日本は、1992年にODA大綱を閣議決定し、ODAの供与の際に発展途上国における人権・民主化の促進と市場志向型経済導入の努力などを考慮に入れることを決定した。以後、日本は、ODA大綱を一種の政治的コンディショナリティとして運用するようになった[9]。たとえば、民主化を進めるモンゴルへは1991年にODAを強化し、同年クーデターが発生したハイチへはODA提供を停止した。ただし、日本はODA大綱の運用に際して、それを機械的に適用せず、日本との二国間関係などの「総合的判断」に基づいて運用し、極力「友好的説得」を行う方針も明確にしている[10]。このように西側先進諸国による開発援助で政治的コンディショナリティが活用されるようになった背景には、デモクラシーに関する国際規範の正当性の向上や、西側先進諸国の経済的優位、ドナー国内での国際援助の新たな根拠の必要、経済開発におけるガバナンスへの注目などがあった[11]。

東欧を含む欧州では、地域的な民主化支援制度が発達した。欧州安全保障協

力会議（CSCE）（95年に欧州安全保障協力機構（OSCE）に改称）は1990年7月にコペンハーゲン文書を採択し、法の支配、人権の尊重、自由選挙の定期的実施、政党結成の自由、メディアへの公平なアクセス、民主的価値の教育を各加盟国が保障することで合意した。また、東欧諸国で始まった自由選挙を監視・支援するために自由選挙事務所が設けられた。1992年1月のプラハ外相会議で同事務所は、民主制度・人権事務所（ODIHR）に改編され、活動内容が拡大された。その後OSCEはODIHRを中心に、積極的に選挙監視団を派遣し、民主化に関する各加盟国の改革状況を監視して民主化の後退を予防しつつ、民主化の促進のための各種支援を実施するようになった。また旧共産主義諸国の体制移行を支援するために1991年に設立された欧州復興開発銀行（EBRD）は、OSCEと連携しながら、その融資に政治的コンディショナリティを付与した。

また、1992年のEC/EUの閣僚理事会では、新たに締結される中東欧諸国との協定すべてにおいて、人権およびデモクラシー、市場経済原理が尊重されないときにその停止を認める条項を含むべきことが決定された。1993年には、人権や法制度、経済状況とともに民主主義体制を加盟基準とする、いわゆる「コペンハーゲン基準」が欧州理事会で採択された。EUはまた、1994年に東欧も含めた民主化と人権への支援に関わる予算を「デモクラシーと人権のための欧州イニシアティヴ」（EIDHR）として一本化した。そこには人権教育、女性の人権の促進と保護、デモクラシーと法の支配の促進、NGOへの支援、民主主義体制への移行と選挙過程への支援が含まれた。

このように欧州では、CSCE/OSCEとEC/EU、EBRD、さらに欧州審議会を通じて、「民主化・人権レジーム」ともいわれる民主化に関する国際規範の形成と民主化支援活動の制度化が進んだ。この欧州での発達の背景には、東欧での民主化の定着によって地域の安全保障を高めようとする西欧諸国の思惑と、民主化を進めることで、経済的繁栄をもたらすEC/EU加盟を目指す東欧諸国の狙いがあった。そこでは、民主化の「促進」に焦点が合わせられ、開発援助の政治的コンディショナリティは用いられたものの、合意アプローチが中心であった。

1980年代前半に民主化が始まった中南米では、一足先に民主化支援の地域的

なメカニズムが発達した。まず、1985年に採択された米州機構（OAS）憲章改正のためのカルタヘナ議定書では、デモクラシーの推進が機構の目的の一つと明記された。その後、1989年にパナマでノリエガ（Manuel Noriega）将軍が大統領選挙の結果を無視した事態に対して、OASとして解決できずに結果アメリカの軍事介入を招いた。それを契機に具体的な民主化支援の制度が発達することとなった[17]。まず1990年6月には、「デモクラシー促進ユニット」（UPD）が設立され、合意アプローチによる民主化の促進活動が行われるようになった[18]。また、同年より本格的な選挙監視使節団が派遣され始めた。

さらに1991年のOASの総会では民主化の擁護が制度化された。すなわち「代議制民主主義」と題される決議1080が採択され、臨時の外相会議や特別総会の開催など、民主的な政治過程および民主的政府による正当な権力行使が阻害されたときの対応が定められた。しかしアメリカが主張した経済制裁など強制アプローチの導入については、国家主権の侵害を懸念するメキシコやブラジルの反対によって採用されなかった[19]。1992年には憲章を改正するワシントン議定書が採択され、民主的政府が非合法的に転覆された加盟国の参加資格が、決議1080に沿って開催された特別総会によって一時停止されうることが規定された。採択後、同手続きは、1991年のハイチ、92年のペルー、93年のグアテマラ、96年のパラグアイと相次いで発動された。しかしいずれの事態でも強制的な措置より対話が重んじられ、アメリカによる干渉を警戒し国家主権を尊重するOASの「古い多国間主義」の強さを示した[20]。

1990年代前半、東欧よりやや遅れて民主化が始まったアフリカでは、依然として政治体制は多様であり、地域的な民主化支援の制度化は進まなかった。しかし、冷戦終結によってさらに強まった政治的・経済的優位を背景に、欧米諸国やその支配下にある国際機構によって、半強制アプローチを含めた民主化支援活動が行われた[21]。たとえばケニアのモイ（Daniel Moi）政権は、冷戦が終結に向かう中で、西側諸国から民主化圧力を強く受けるようになり、内政不干渉の原則を盾に抵抗してきた。しかし、1991年11月のパリクラブの会合で援助ドナー諸国が複数政党制の選挙が行われない限り政府間ローンを提供しないことを決めると、モイはその直後に複数政党制への移行を決定した[22]。ほかにも、

1993年6月の大統領選挙が軍事政権によって無効にされたナイジェリアや94年7月に民主的政権が軍事クーデターで打倒されたガンビアに対して、西側先進諸国は開発援助を停止し圧力を加えた。[23] しかし、アフリカに伝統的な権益を有するフランスの態度が一貫しないように、欧米諸国による民主化支援の実践には外交関係や国益への配慮も垣間見られた。[24]

　このように、1990年代前半までの国際的な民主化支援活動は、冷戦終結と民主化の波を受けた西側の先進民主主義国主導で展開された。他方で、同時期のアジア地域では、民主化支援活動は複雑な状況をみせた。アフリカに負けず劣らず多様な政治体制を有するアジアでも、1986年のフィリピンをはじめ、88年韓国、90年モンゴルと民主化が進んだ。しかし、中国では1989年6月の天安門事件で民主化運動が弾圧され、またミャンマー（ビルマ）では90年5月の選挙結果が軍事政権によって無視されるという事態が生じた。それらの事態に対して欧米諸国は長期的な経済制裁など強制アプローチで臨んだ。ただし、ODAや貿易で両国との関係が深い日本は、1990年7月のヒューストンG7首脳会議で他国を説得して中国へのODA再開に踏み切るなど、民主化支援として説得および合意アプローチを重視する姿勢をみせた。[25]

　さらに1990年代前半より、マレーシアのマハティール (Mahathir bin Mohamad) やシンガポールのリークワンユー (Lee Kuan Yew) など東南アジア諸国連合 (ASEAN) の有力指導者を中心に、強制アプローチを含む欧米の民主化支援に対する反発が高まった。彼らは、欧米諸国が推進する欧米流のデモクラシーに対して、個人の自由よりも集団を重視する「アジア的価値」に基づく「アジア的デモクラシー」を声高に主張した。[26] この主張の背景には、1980年代から90年代前半にかけて欧米で経済が停滞する中、アジア諸国では権威主義的な「開発体制」によって高度経済成長が進んだ状況がある。[27] このアジア諸国の姿勢は、特にミャンマーの民主化問題をめぐる欧米との対応の違いにも現れた。[28] すなわち、経済制裁など強制アプローチを継続する欧米諸国に対し、ASEAN諸国は、対話と経済協力を継続して説得アプローチと合意アプローチを組み合わせる「建設的関与」による解決を目指した。[29] アプローチの違いは1997年7月のミャンマーのASEAN加盟問題をめぐって先鋭化し、11月に予定されていたASEAN-

EU合同協力会議が無期延期となった[30]。他方で日本は、ミャンマーの民主化問題では、1998年ラングーン国際空港修繕のために援助を再開するなど、欧米諸国と異なりASEANとともに引き続き説得と合意のアプローチを継続した[31]。1997年7月のカンボジアにおける政変の際も、経済援助の停止を検討する欧米諸国に対して、日本はASEANとともに説得アプローチによる事態の収拾を目指した[32]。

　普遍的な国際機構である国連では、1990年代前半の段階では民主化支援活動の制度化は遅れていた[33]。国連は、1989年のニカラグアを皮切りに、紛争が終結した国へ平和維持活動の一環として選挙支援活動を開始した。また、1992年に事務局内に選挙支援ユニット（現、選挙支援部）が設けられるなど選挙支援活動が一般化・制度化された。しかし、この時期の選挙支援活動は、民主化支援として明確に位置づけられたものではなかった。選挙支援以外の分野の民主化支援活動の発達は、特定の政治体制の押し付けを恐れる加盟国が依然多いために進まなかった[34]。1994年には、91年のクーデター以後軍事政権が支配するハイチに対して、安全保障理事会（以下、安保理）によって民主的に選ばれたアリスティド（Jean-Bertrand Aristide）政権を回復させるため軍事介入が容認された。しかし、この強制アプローチは、アメリカへの難民の流出など国際的な影響が及ぶ中での例外的な措置であった[35]。

　それでも1990年代半ばには、国連でも次第に包括的な民主化支援への機運が高まっていった。1994年7月マナグアで発展途上国を中心に74ヶ国が集まり、第2回「新興および復興民主主義諸国国際会議」（ICNRD-2）が開催された。採択された行動計画では、民主化を促進するために、自由で公正な選挙へのいっそうのコミットメントや、民主主義体制の統治能力の強化といった活動の各国による実施と国際協力が織り込まれた。それを受けて、国連総会では決議49/30が採択され、翌年8月には事務総長の報告書が提出された。報告書は、デモクラシー自体の定義は依然避けつつも、民主化を「ある権威主義的な社会が、代表機関への定期的選挙（中略）といったメカニズムを通じて、次第に参加的なものになっていく過程」と具体的に定義した[36]。続いて報告書は、「デモクラシーの文化」「選挙支援」「デモクラシーのための制度の構築」のためにUNDP

など国連が行ってきた既存の活動をまとめた[37]。以後、上記の国際会議はほぼ3年おきに開催され、それを受けて事務総長の報告書と総会決議が定期的にだされることとなり、国連の過程に取り込まれた。1996年12月には、任期終了間近のブトロス＝ガリ事務総長が、「民主化への課題」を発表し、国連システムによる民主化支援活動の発達を訴えた[38]。しかし、選挙支援の分野以外では、国連として民主化を促進・擁護する具体的な制度の発達は依然進まなかった。しかも、各国間の経済的な不平等の是正や世界銀行など国際経済機構での先進国偏重の是正など、マナグアの会議で多くの途上国が要求し、また「民主化への課題」でも取り上げられた「国際レベルの民主化」は国連総会では扱われなかった[39]。

3　1990年代後半からの民主化支援活動の発達と変化

　1990年代後半に入ると、多くの国家で制度面での民主主義体制への移行が進むと、民主化の「擁護」に注目が集まっていった。中南米では、1990年代以降、多くの国で民主化の定着がみられる一方で、政権の転覆や現政権の権威主義化も目立った[40]。その中で引き続き民主化の擁護のための制度が発達していった。1994年12月のマイアミでの第1回米州諸国首脳会議では、米州諸国が「民主的諸社会の共同体」であることが宣言され、民主化支援のための行動計画が採択された。それを受けて、1995年6月OAS事務総長はUPDの活動を拡大し、幹部調整官事務所、民主的制度構築、選挙技術支援などに支援を行うようになった。このOASの民主化支援活動の拡大の背景には、「デモクラシーの拡大」戦略に力を入れるアメリカのクリントン（Bill Clinton）政権の影響も少なからずみられた[41]。

　このような制度化にもかかわらず、2000年、現職のフジモリ大統領が3選を果たしたペルーの大統領選挙ではさまざまな不正が指摘された。OASの選挙監視団も4月の第1回投票での不正を指摘したが、選挙の延期の要請をフジモリが拒絶したため、5月の決選投票ではOASは監視を拒絶した[42]。6月のOAS総会では監視団の報告をもとに対応が協議されたが、メキシコやブラジルがクーデターのような本来想定された事態ではないと反対し、決議1080は援用さ

れなかった。かわりに総会決議によりペルーへ特別使節団の派遣が決定され、フジモリ政権に野党と対話しデモクラシー強化を目的とした改革を行うよう説得を行った。このペルーの事態を踏まえて、2001年4月のケベックシティーでの第3回米州諸国首脳会議は、民主的秩序の非立憲的な変更および妨害が生じた国家の政府が以後米州諸国首脳会議の過程へ参加することを禁じる決定を新たに行った。

さらに「汎米州民主主義憲章」が同年9月のペルーにおけるOAS特別総会で採択された。同憲章は、これまでの民主化の支援に関する宣言や決議の内容を集約するとともに、民主的な政治過程が危険な状態にあるときには、当該加盟国は事務総長や常任理事会に支援を要請でき（17条）、逆に事務総長と常任理事会は当該政府の合意の下に状況の分析のために訪問等を行うことができるとした(18条)。汎米州民主主義憲章は、デモクラシーの本質的要素を定義し、ペルーの事態のようなそれまで想定されてこなかった、民主的に選ばれた政府による民主政治の侵食という事態に対するOASの行動を正当化することで、決議1080に付随するギャップを埋めることを試みたものである。このように、米州では「米州民主主義レジーム」ともいいうる包括的な民主化支援の制度化が進んだ。

EUにおいても、1990年代後半には、東欧への拡大に備えて強制アプローチも含む民主化の擁護のメカニズムが発達した。1997年10月に採択されたアムステルダム条約では、デモクラシーを加盟国の共通の原則とし（6条1項）、それを損なう行為に対しては、欧州議会の同意を得た上で、欧州理事会での3分の2の特定多数決でメンバーシップや権利が停止される可能性が定められた（7条）。2001年2月に採択されたニース条約では、デモクラシーの原則に違反する危険性が生じた段階で対応するため、加盟国の3分の1ないし欧州議会、あるいは欧州委員会の提案により理事会が調査・勧告をなしうる予防手続きが加えられた。

EU現加盟国やその加盟候補の国で民主主義体制の定着が進む一方で、1990年代半ば以降、EU加盟の可能性が低く他方でロシアとの関係が深い（旧）CIS諸国を中心に、政府の権威主義化や不正選挙が目立つようになった。その中で

OSCEの1997年の常任理事会はODIHRの再編成を行った。特に選挙監視活動について、従来の短期的なものから、選挙活動からメディアの利用状況まで含めた長期的な監視へと重点が移されるようになり、結果が議長国議長と常任理事会に報告されることになった。[49] 選挙過程に疑義があった場合、政府に対して改善勧告がなされる。選挙監視の実施自体は加盟国との合意によるものの、OSCEによる長期的な選挙監視活動による不正の指摘は、結果的に、2003年11月グルジアの「バラ革命」、04年12月ウクライナの「オレンジ革命」、05年2～3月のキルギスでの「チューリップ革命」と続く、いわゆる「民主化ドミノ」あるいは「カラー革命」を引き起こす一因となった。[50] 他方で、強制的な手段をもたないOSCEの活動に限界もみられた。ベラルーシでは、2004年10月下院選挙と憲法改正の国民投票および06年3月の大統領選挙でルカシェンコ政権による不正がOSCEなど国際選挙監視団より指摘された。[51] しかし、周辺諸国の政変からの「学習」を踏まえて、野党勢力の徹底的な弾圧や欧米の民主化支援NGOの活動禁止、ロシアへの接近などを実施することにより、選挙後も政治変動の兆候はほとんどみられなかった。[52]

　現在のアフリカ連合（AU）の前身であるアフリカ統一機構（OAU）においても、1990年代後半になると民主化支援制度が発達し、加盟国でクーデターが頻発する中で民主化の擁護の制度化が進んだ。まず1997年のハラレでの首脳会議では、シエラレオネでのクーデターに対して非難が行われた。[53] 1999年のアルジェでの首脳会議では、以後非合法に政権を奪取した指導者の参加を認めない決定が行われた。[54] 2000年には「政府の立憲的変更に対するOAUの対応の枠組みに関する宣言」（ロメ宣言）が採択され、非立憲的変更とみなされる事態が具体的に列挙され、その対応手続きが定められた。[55] すなわち、民主的政府の打倒や現政権が選挙後勝利した政党に権力を譲らないといった事態が発生したとき、その後最大6ヵ月間秩序回復に向けて事務総長による対話と働きかけが行われ、その間当該政府のメンバーシップは停止される。6ヵ月を過ぎても回復されない場合、当該関係者のビザの発給停止、政府間コンタクトの制限、通商制限といった制裁が実行される可能性がある。

　また、2002年7月にOAUはAUに発展したが、第1章でもふれたように、

AU制定法には、非立憲的に政権を奪取した場合に機構への参加が停止される可能性が明記された（30条）。同年6月には、AU平和・安全保障理事会（PSC）を設立するプロトコルが採択され[56]、その目標には民主的実践の促進と強化が含まれた（1条f）。また、平和維持活動の実施などのほかに、ロメ宣言にあるような非立憲的な政府の変更に対して制裁を実施する権限も与えられた（7条g）。実際に、1999年4月の軍事クーデター以来混乱が続いていたコモロ連合に対して、PSCは平和維持活動を展開して2006-7年の選挙の実施を支援し、08年3月には反政府的な地方勢力に対して政府軍を応援して軍事介入を行うなど積極的な関与を行った[57]。

ほかにも、2001年7月のルサカにおける首脳会議では、経済発展のために健全なデモクラシーおよびガバナンスの実現が謳われ、「アフリカ開発のための新しいパートナーシップ」（NEPAD）（同年10月に改称）が採択された。そこでは具体的な民主化の進捗状況の審査のために、「アフリカン・ピア・レビュー・メカニズム」（APRM）が設けられ、任意の加盟国に対しデモクラシーおよびガバナンスに関する評価がなされることになった[58]。

同時期のEUでは、1999年4月に理事会で規則975/1999が採択され、民主化促進の活動として、法の支配から文民と軍の機能の分離までのより広範な分野の支援活動をEU委員会が行う明確な法的根拠が与えられた[59]。1995年には、人権やデモクラシー、市場経済原理が尊重されないときに開発援助の停止を認める、いわゆる「デモクラシー条項（democracy clause）」をすべての第三国と締結する援助協定に含むことを決定した[60]。それを受けて2000年6月に締結されたアフリカ・カリブ・太平洋諸国（ACP）への援助に関するコトヌゥ協定では、人権、グッド・ガバナンスとともに、デモクラシーの尊重が参加国の義務とされ（9条2項）、その義務を満たし損ね協議を経ても改善がみられないときには、資格停止を含めた「適切な措置」が採られることが定められた（96条2項）。実際に2002年2月、ジンバブエの大統領選挙の過程でEUの選挙監視団が政府によって国外退去させられた事態に対し、この協定に基づいて開発援助が原則停止され、さらに閣僚理事会は資産の凍結などの制裁を決定した。しかし同選挙では、当時のOAUが透明で自由、公正であると評価するなど国際的な対応が

分裂した。それは、植民地の経験からくる内政不干渉の要求と、欧米とは違う社会構造を背景とした独自の「アフリカ型デモクラシー」を求める意識がアフリカ諸国の中で依然強いことを示している。

アジア地域では、1997年からのアジア通貨危機で経済成長が鈍化して以降、ASEAN諸国のミャンマーへの対応に変化がみられるようになった。通貨危機の最中の1998年7月の閣僚会議では、タイのスリン・ピチュワン（Surin Pitsuwan）外相が、地域に影響を与える国内政策について他のASEAN諸国が積極的に助言を行うべきとする「柔軟関与（flexible engagement）」政策を提案した。しかし、フィリピンを除くASEAN諸国の反対を受け、結局、内政不干渉の原則により忠実な「促進された相互作用（enhanced interaction）」政策が採用されるにとどまった。それでも2003年6月のASEAN閣僚会議では、初めてミャンマーに民主化を促す決議が出されるなど、従来の内政不干渉の姿勢に変化がみられるようになった。また、2006年後半からミャンマーがASEAN議長国に就任する予定だったが、欧米諸国の反対を受けASEANはミャンマーに辞退するよう働きかけ、結局2005年7月にミャンマーは辞退した。しかし、以後、民主化指導者のアウンサンスーチー（Aung San Suu Kyi）の解放問題など、ASEANから距離を置き中国との関係を強化するミャンマーの民主化に対するASEANの働きかけは功を奏していない。また、内政不干渉の原則は強く、2006年9月のタイのクーデターでもASEANは目立った対応をみせなかった。

1990年代後半以降は、グローバルな国際機構でも民主化の「擁護」への関心が高まった。英連邦（The Commonwealth）では、1991年にハラレ宣言が採択され、民主的価値と制度の促進が誓われた。1995年には「ハラレ宣言に関するミルブルック英連邦行動計画」が採択され、制度構築支援や選挙支援、法の支配などを強化することが決められた。そこでは同時に、ハラレ宣言の原則への違反、特に民主的に選出された政府の転覆の際の対応手続きも定められた。すなわち、民主主義体制の回復のための仲介や交渉が実施され、閣僚レベルの会合への出席資格が停止され、2年以内に進展がない場合はすべての英連邦の会合への出席と技術援助の停止が実施され、さらには政府間の接触の制限、通商制限、メンバーシップの停止などが検討される場合もあるというものである。侵

害の程度の評価や上記手段の推奨は、事務局長が召集する新設された英連邦閣僚行動グループ（CMAG）によって行われる。この手続きは、1997年ナイジェリアのアバチャ（Sani Abacha）軍事政権、00年のフィジーにおけるクーデターのほか、00年以降のジンバブエのムガベ政権に対しても適用された[67]。ただし、ジンバブエのメンバーシップの停止に関しては、支持するイギリスやオーストラリアなど先進諸国と対話を重んじるナイジェリアなどアフリカ諸国との間で意見が分かれた[68]。結局、英連邦は英連邦評議会へのジンバブエの1年間の出席停止を決定し、対してジンバブエは自ら英連邦を脱退した[69]。

国連でも急速にデモクラシーに関する国際規範の形成が進んだ[70]。1999年4月には、国連人権委員会で「デモクラシーへの権利」決議1999/57、00年には同「デモクラシーの促進と強化・定着」決議2000/47と総会決議55/96、02年には人権委員会で「デモクラシーを促進し定着させる更なる手段」決議2002/46が相次いで採択された。それらの決議を通じて、人権の尊重、法の支配、定期的な自由で公正な選挙の実施、政党と政治組織の多元的なシステム、権力の分立、自由で独立した多元的なメディアなど民主主義体制の要素が明確になっていった。また2002年度のUNDPの人間開発報告書では民主的ガバナンスが特集され、持続的な人間開発における国家レベルおよびグローバル・レベルでのデモクラシーの必要性とその連関が強調された[71]。さらに国連は、2005年10月にOSCEや国際民主化選挙支援機構（International IDEA）などとともに国際的な選挙監視に関する行動規範を作成し合意した[72]。

しかし、国際規範の形成に比べると、国連による民主化の促進活動の発達は緩やかであった。選挙支援以外の支援活動について、2001年にはUNDPが、従来のガバナンスへの支援の延長に「民主的ガバナンス」への支援枠組みを形成した[73]。そのほかにも各専門機関・プログラムが引き続き民主化関連の支援を行った[74]。それらの支援は加盟国の要請に応じて提供される。またコソボや東ティモール、アフガニスタンなど暫定統治型の平和維持活動では、安保理決議に応じて民主化を促進する包括的な支援が行われた[75]。しかし、国連による民主化の促進活動には統一されたプログラムはなく、事務局の選挙支援部による選挙支援活動と、UNDPを中心としたガバナンス支援に重点が置かれてきた。第

5章で詳細にみるように、国連民主主義基金（UNDEF）が2005年に設立され、市民社会への支援を中心に民主化支援を開始した。それでも、民主化支援の統一されたプログラムや中心機関が存在しない状況には大きな変化はみられない。

また、国連による民主化の擁護に関しては、ミャンマーや1997年のカンボジアの政変、2000年のフィジーでのクーデターと、事務総長の特別代表の派遣など説得アプローチを中心に実施されてきた。しかし、擁護の制度化については、事務総長の報告書の中でOAU/AUの「デモクラシー条項」が言及されることはあっても、依然進まないままであった。このように慎重な理由には、加盟国間で依然としての政治体制が多様であり、内政干渉への警戒が強いことが挙げられる。それは、2000年にキューバや中国の提唱で、欧米諸国の強い反対にもかかわらず、内政不干渉の原則の維持を主張する「民主的で平等な国際秩序への権利の促進」決議2000/62が人権委員会と総会で採択され、以後も同種の決議の採択が繰り返されるようになったことにも表れている。

このような国連の状況を尻目に、アメリカが中心となり、2000年6月に「民主主義諸国の共同体へ向けて（Toward a Community of Democracies）」と呼ばれる国際会議が107ヶ国の外相を集めてワルシャワで開かれた。同会議ではワルシャワ宣言が採択され、核となる民主的原則と実践が確認されるとともに、協力してデモクラシーの促進と強化を行うことが誓われた。同時に、立憲的に選出された政府の転覆などデモクラシーへの脅威を緩和し抵抗することに協力することが決められた。また常設の事務局機能を担うものとして「民主主義諸国の共同体評議会」（CCD）がワシントンに設けられた。2002年11月には、ソウルで第2回の閣僚会議が開催され「ソウル行動計画」が採択された。同行動計画は、民主化の擁護のために、デモクラシーの危機を監視するシステムの発達、既存の地域的、国際的手段やデモクラシー条項の促進、周旋活動の提供などを挙げた。また立憲的ルールを現在破壊している国家やデモクラシーの本質的要素を継続的に侵食している国家を「民主主義諸国の共同体」（CD）に含めないことも明記した。2005年4月には第3回閣僚会議がサンティアゴで開催され、CDと国連との結びつきの強化、デモクラシーの促進と脅威への対応のため

OASの汎米州民主主義憲章のようなメカニズムの経験を交換していくことなどが約束された。[79]

4　民主化支援への「バックラッシュ（反動）」

これまでみてきたように、1990年代半ば以降の民主化支援活動は主として国際機構など多国間の枠組みを通じて発達してきた。その背景には、民主化支援に積極的なアメリカの後押しが、多少の変化はあっても常に存在した。2001年に入ってブッシュ Jr. 政権が誕生し、9.11同時多発テロが起きると、アメリカのデモクラシー推進自体が改めて国際的な注目を浴びるようになった。

アメリカは、先述の「カラー革命」でもみられたように、クリントン政権時代から野党勢力を支援する米国 NGO を後援することで、各国の民主化の促進と擁護を図ってきた。[80] さらに、2001年ジンバブエ、03年ミャンマー、04年ベラルーシと、資産凍結などの制裁措置も含めた強制アプローチで民主化を促進する法律を国別に制定してきた。[81] また、9.11同時多発テロ以降は特に、中東地域の民主化にも力を入れるようになった。2004年6月のシーアイランドG8首脳会議では、中東での民主化促進を目指す「拡大中東・北アフリカ構想」を提唱し、それに基づいて中東諸国を集めて民主化を含めた諸改革について話し合う「未来のためのフォーラム」を主導した。[82] さらに、2005年から始まった第二期ブッシュ Jr. 政権は、1月のライス（Condoleezza Rice）国務長官による就任直前の上院公聴会での演説でも示されたように、いっそう積極的なデモクラシーの推進を目標に掲げた。[83]

しかし他方で、自国の戦略的利益によって対応を変える「二重基準」や強まる単独行動主義のために、ブッシュ Jr. 政権のもとでの民主化支援活動は国際社会の批判を浴びるようになった。[84] たとえば、2002年4月には、反米的な姿勢を続けるチャベス（Hugo Chávez）政権に起きた軍事クーデターに対して、ほかのOAS諸国と対照的に暫定政権を一時的に支持し、批判を浴びた。[85] また、2003年3月にアメリカ主導で強引に行われたイラク戦争では、大量破壊兵器に代わって民主化が目的として掲げられるようになり、イラク戦争自体への国際的な反

対もあり、アメリカのデモクラシー推進外交自体の真の意図がいっそう疑われるようになった。[86] ウズベキスタンにおいては、2005年3月に政府が反政府デモへ強硬な鎮圧を行った事態に対して、アメリカが対テロ戦争における協力関係から批判に消極的であることが指摘された。[87]

このようなアメリカによる強引かつ一貫性を欠いたデモクラシーの推進に対して、2000年代後半以降、「バックラッシュ（反動）」ともいわれる国際的な反発が顕在化した。バックラッシュという言葉を最初に用いたカロザーズ自身は、その言葉で、9.11同時多発テロ以降のアメリカによる強引な民主化推進に対する反発を特に表現している。[88] しかし、アメリカのデモクラシーの推進政策への反発は、アメリカのみならず民主化支援活動全般の国際的な正当性を傷つける結果となった。[89]

具体的には、まず、民主化支援に対して国内外で積極的に抵抗し、「生き残り」を図る政権が出現するようになった。民主化支援活動への対策として、結社の権利とNGOを設立する自由の制限、登録の妨害と法的地位の否定、国外からの資金受け取りと国内での資金集めの制限、恣意的な権力の行使を通じた継続的な脅迫、政治的活動の制限、NGOの内部運営への恣意的な介入、政府機関によるハラスメント、「並行した」あるいは代用NGOの設立、市民社会の活動に対するハラスメントや刑事訴追、国外追放の実施などが行われている。[90] プーチン政権以降のロシアやムガベ政権下のジンバブウェ、チャベス政権下のベネズエラ、軍事政権下のミャンマーなど世界各国で民主化支援に対する反発がみられる。

また、中国とロシア、中央アジア四カ国で作られる上海協力機構（SCO）のように、内政不干渉の原則を前面に押し出して、デモクラシーを推進しようとする欧米諸国に対抗する国際的な連携が顕在化した。[91] 2006年6月に開かれたSCOの首脳会議では、その共同宣言で「政治・社会体制や価値観の違いが他国の内政に干渉する口実とされるべきではなく、社会発展のモデルは『輸出』できない」として、アメリカを中心とする民主化支援活動への警戒が表明された。[92]

さらに、国際的な民主化支援の体制づくりにも停滞の傾向がみられるようになった。たとえば、2007年11月のバマコでの会議でそれまでに比べ参加する政

府代表の格が大きく低下したように、アメリカのブッシュ Jr. 政権が掲げるデモクラシー推進政策の停滞とともに、CD の運動自体に陰りがみられ始めた[93]。

また、AU では、2007年1月にはアジスアベバで「デモクラシー、選挙、ガバナンスに関するアフリカ憲章」が採択された。同憲章は、民主的に選出された政権による反民主的な活動への対処の可能性を定める（23条）など、汎米州民主主義憲章に刺激を受けて作成されたといわれる[94]。しかし、内容面では前進したものの、署名は依然として進んでいない[95]。その背景には、アフリカの指導者たちの政治的な意思の欠如が指摘されている[96]。また、民主化への AU 加盟国間の意思のずれが存在している。たとえば、2008年8月にはモーリタニアで軍事クーデターが発生し、05年8月の軍事クーデター後の民主的選挙（07年3月）で誕生したアブダライ（Sidi Qnid Cheikh Abdallahi）大統領が拘束された。対して、AU は即座に非難してメンバーシップを停止し、2009年2月には制裁を発動した。しかし、3月には、軍事政権を事実上容認して制裁を解除しようとする姿勢のカダフィ（Muammal Al Gathafi）AU 議長と反対する他の加盟国の間で不協和音が生じたとされる[97]。制裁は結果的に継続されることとなった[98]。

ASEAN では、2007年11月に、シンガポールで開催された ASEAN 首脳会議で「ASEAN 憲章」が採択された。憲章第1章の「組織の目的と原則」ではデモクラシーおよびグッド・ガバナンス、法の支配、人権と基本的自由が強化、向上されるべきものとして明記された。同14条では、それを進めるために「ASEAN 人権機関（ASEAN Human Rights Body）」の設置も規定された。しかし、ASEAN による民主化支援については、インドネシアやフィリピンといったデモクラシーや人権の推進に積極的な加盟国と、ミャンマーやベトナム、カンボジアなど内政不干渉の原則の維持を求める加盟国との間で主張が分かれており、依然未発達なままである。ASEAN 憲章にある加盟国の義務の規定をめぐっても対立がみられ、憲章の提言書を作成した「賢人会議」の案には存在した、違法かつ非民主主義的な政体の変更に関連した記述は結局織り込まれなかった[99]。また、当初の提言書にあったような、憲章違反に対して、メンバーを追放したり、資格を停止したりする制裁条項も含まれなかった[100]。2009年2月にASEAN 首脳会議に提出された「ASEAN 政治・安全保障共同体の青写真」で

は、セミナーやワークショップを通じた「対話」による民主的価値の共有や民主的制度の強化を目指す「セミナー外交」方式が提案された。結局、憲章に規定された「人権機構」については、同年7月のASEAN外相会議で「ASEAN政府間人権委員会（ASEAN Intergovernmental Commission on Human Rights）」として発足することが合意された。しかし、同委員会は、強制力を持たない諮問機関にすぎず、全加盟国の代表によるコンセンサスによって意思決定が行われるものとなっている。

一連の民主化支援へのバックラッシュの発端を作ったアメリカでは、2009年1月のオバマ（Barack Obama）政権誕生を契機として、それまでのアメリカのデモクラシー推進政策を転換するさまざまな提案が行われている。戦略国際研究センター（CSIS）は、主だった40名余りの識者とのインタビューの結果として、ブッシュJr.政権時代の強制的なイメージが付きまとう「デモクラシー推進（democracy promotion）」から、内発的な過程をアメリカが助ける「デモクラシー支援（democracy support）」へと転換するよう提案している。そこでは、デモクラシーは依然としてアメリカ外交にとってコアとなる原理ではあるものの、グアンタナモ基地問題などを解決してアメリカ自身が民主主義体制のモデルたること、信頼を再構築すること、内発的な要求に応じた政治支援を向上すること、市民が求めるものを民主的政府が提供できるように経済支援を活用すること、友好的であれ敵対的であれ専制国家にも外交手段や民主化勢力への支援など関与していくことが主張された。ほかに、共和党国際研究所（IRI）と米国民主党国際研究所（NDI）による共同の提案が2008年の大統領選挙期間中になされた。そこでは、体制転換はデモクラシーの推進の目的ではないとしたうえで、アメリカが民主化支援活動を引き続き継続するように提唱されている。

バックラッシュに対処して新しい民主化支援の方向性を示すそのほかの動きとしては、2005年に121カ国および国際援助機関が集まったハイレベル・フォーラムで採択された「援助の実効性に関するパリ宣言（Paris Declaration on Aid Effectiveness）」がある。同宣言は、国際援助の際に考慮されるべき基本原則として、「国家のオーナーシップ（national ownership）」、援助内容と対象国の政策との「調整（alignment）」、ドナー間の「調和化（harmonization）」、「成果主義（results）」、

「相互のアカウンタビリティ（mutual accountability）」を掲げた。対象となるのは開発援助の枠組みの中での民主化支援であり、主として本書でいう狭義の民主化支援に相当する活動に限定されるが、同宣言を踏まえて、各援助機関はその援助方針を変更していった。たとえば、EU の対外援助を担う EU 委員会は、このパリ宣言を踏まえて、民主的ガバナンスに対するアプローチとして、政治的側面のみならず経済、社会、文化、環境的側面を考慮することや、改革の過程におけるパートナー国のオーナーシップや対話の重視、透明で参加型のガバナンス評価の実施などを基本的な方針として打ち出した。[106]

5　小　括

　以上、全体的な民主化支援活動の変遷をまとめると次のようになる。1990年代前半には、冷戦の西側の勝利により自由民主主義体制が国際的な規範となる状況の中、西側先進民主主義諸国の主導で民主化支援活動の発達が始まった。特に、1980年代より民主化が始まった中南米と、冷戦終結で急速に東欧の民主化が進んだ欧州で、民主化支援の地域的な制度化が進んだ。中南米では民主化の後退を防ぐ「擁護」が早くも課題となった。しかし、アメリカの干渉への歴史的な警戒心が残る中で、強制アプローチの導入には多くの中南米諸国が慎重であった。欧州では、「欧州入り」を目指す東欧諸国自身の積極的な民主化努力のために、開発援助の政治的コンディショナリティは用いられたものの、合意アプローチを軸にした「促進」の活動が発達した。いずれも西側先進諸国の民主化支援活動は、経済の市場化と結び付けられたものであった。アフリカやアジアでは、欧米諸国による経済援助の政治的コンディショナリティなど（半）強制的なアプローチを含めた積極的な民主化支援がなされたが、経済力に自信を持ちつつあったアジア諸国からの反発もみられた。

　1990年代の中盤以降になると、先進諸国だけでなく、新たに民主化された国々も加わって民主化支援活動の発達を促した。米州と欧州に加えて、新たにアフリカでも地域的な民主化支援の制度化が進んだ。また国連や英連邦といったグローバルな国際機構でも民主化支援活動が発達していった。また、支援の

分野も選挙のみならず、ガバナンスや市民社会構築など多様化していった。ま
たEUやOAS、AU、英連邦などでは、新たに民主化された国の後退を防ぐ
「擁護」の活動の制度化が進み、メンバーシップの停止など一定の強制アプロー
チも織り込まれた。さらに米州では、米州民主主義憲章で民主化の「侵食」の
事態にも対応する動きがみられた。しかし同時に、ミャンマーの民主化をめぐ
るASEAN諸国や中国と欧米諸国のアプローチの違い、2000年のペルーの事態
への対処をめぐるOAS加盟国内での対立、02年のジンバブエでの大統領選挙
に対するOAUとEUの評価の相違、国連での擁護活動の未発達など、諸国間
および国際機構内外で民主化支援へのアプローチの違いが顕在化した。また、
民主化支援活動の発達状況の地域的な「格差」が明らかになった。欧州、米州、
アフリカで民主化支援制度が発達する一方で、アジアや中東では集団的な民主
化支援活動全体の発達が遅れている。

　今世紀に入りしばらくすると、アメリカのブッシュJr.政権による強引なデ
モクラシーの推進によって、民主化支援全体へのバックラッシュが生じた。そ
こでは、ミャンマーやジンバブエ、ベラルーシのように「生き残り」を図る国
や、SOCのように民主化支援に反発する諸国の国際的連携、AUやASEANに
おけるように民主化支援体制構築の行き詰まりや路線対立もみられるように
なった。現在、アメリカで民主化支援政策の見直しが行われる一方で、2005年
の援助の実効性に関するパリ宣言を踏まえて対象国のオーナーシップの重視な
どの新しい方針が民主化支援にも採用されつつある。

　次に民主化支援の内容やアプローチの変遷についてみると、まず民主化の
「促進」の活動では、選挙支援の重視からガバナンスや市民社会、政治文化を
含めた幅広い支援へ向かっていった。促進のアプローチについては、現行の支
援制度をみる限り、依然として合意アプローチに基づく支援が中心であり、強
制アプローチはむしろ例外的である。民主化の「擁護」については、クーデター
など短期的な政権転覆への対応から、長期的な民主的政治過程の侵食への対
応、さらにその予防へと重点が変化しつつある。そのアプローチについては、
当初開発援助への政治的コンディショナリティを中心とした半強制アプローチ
が目立ったが、次第に集団的な説得アプローチや強制アプローチの制度化が進

んでいった。

　このような国際的な民主化支援活動の変遷の要因について、現実主義的な見方から予測されるほどにはアメリカの影響は大きくなかったといえる。米州のように圧倒的な影響力を持つ地域でも、アメリカは中南米諸国の内政干渉を恐れる諸国の声に配慮せざるをえなかった。他方で、東欧への EU 拡大を睨んだ欧州での地域的な民主化支援制度の発達のように、この見方が指摘するとおりに、安全保障などの国益への配慮が民主化支援制度の発達を促した面もある。逆に、アメリカの対テロ戦争のように、ほかの国益への配慮の影響が先進諸国による民主化支援の実践の一貫性に悪影響を及ぼし、活動全体の正当性の低下を招く事態も生じた。また、内政への関与に慎重な中国の影響力の増大を含めた国際的な権力関係の変化が、国連などでの民主化支援活動の発達や支援のアプローチの選択に影響を与えた。

　次に、自由主義的な見方から予測されるとおり、デモクラシーが国際公共益としての正当性を高めるにつれて、国際機構など集団的な民主化支援活動は急速に発達した。しかし、今世紀に入っても、国際的な民主化支援活動ではアメリカを筆頭とする先進国の二国間の民主化支援活動が大きな比重を占めている。また、国連などグローバルなレベルでは欧州や米州の地域レベルと比べて民主化支援制度の発達が遅れている。

　構造主義（マルクス主義）的な見方が主張するとおり、冷戦終結後の東欧をはじめ、民主化支援活動は経済の自由化への支援と並行して行われた。しかし、2002年4月の自由主義経済に批判的なベネズエラのチャベス政権へのクーデターに対して、大半のOAS諸国が非難したように、経済的なつながりとは関係なく、民主化そのものが尊重されて国際的な活動が行われた事例もみられる。それは、構成主義（社会学）的な見方が指摘する、デモクラシーや民主化の国際的な規範が各国の行動に影響を与え、それが民主化支援活動の発達をもたらすという想定を支持する。しかし上述したように権力関係など他の要因も民主化支援活動の形成に影響を及ぼしていた。

　以上の本章での検証からは、民主化支援活動の形成・変化に働く要因として、国家間の権力関係、国際協力を促す共通の利益の存在、国際社会の経済構造、

国際社会で広まっている価値・規範、それぞれが複合的に働いているということができよう。

1) Powell, Charles, "International Aspects of Democratization: The Case of Spain", in Laurence Whitehead (ed.), *The International Dimensions of Democratization: Europe and the Americas*, Oxford: Oxford University Press, 1996, pp.285-314.
2) NED について、菅原秀『もうひとつの国際貢献』リベルタ出版、2003年、第4章参照。
3) 大津留（北川）千恵子「米国の民主化支援における QUANGO の役割」『国際政治』第119号、1998年、127-141頁。
4) 上村直樹「冷戦期からポスト冷戦期のラテンアメリカ政策」五味俊樹・滝田賢治編『現代アメリカ外交の転換過程』南窓社、1999年、159-180頁。
5) Cooper, Andrew F. and Thomas Legler, *Intervention without Intervening? :The OAS Defense and Promotion of Democracy in Americas*, New York: Palgrave McMilan, 2006, pp.8-9.
6) 菅原、前掲書、138-147頁。
7) 各国の民主化支援基金について、菅原、前掲書、第6章参照。
8) 各国の開発援助の政治的コンディショナリティについて、下村恭民、中川淳司、齊藤淳『ODA 大綱の政治経済学──運用と援助理念』有斐閣、1999年、30-33頁参照。
9) 下村ほか、前掲書、参照。
10) 外務省『外交青書（1995年版）』、36-37頁。
11) 下村ほか、前掲書、3-41頁。増島建「民主化支援と援助─DAC（開発援助委員会）における議論から─」『アジア経済』第36巻第3号、1995年、58-59頁。
12) 吉川元『ヨーロッパ安全保障協力会議（CSCE）：人権の国際化から民主化支援への発展過程の考察』三嶺書房、1994年。
13) 宮脇昇「民主的平和と民主化支援─民主制度・人権事務所を中心に」吉川元編『予防外交』三嶺書房、2000年、71頁。
14) Youngs, Richard, *The European Union and the Promotion of Democracy*, Oxford: Oxford University Press, 2001, p.35. 実際に採られた強制的措置の事例一覧については次を参照。Smith, Karen E., *European Union Foreign Policy in a Changing World, Second edition*, Cambridge, U.K.: Polity, 2008, Appendix 2.
15) 栗栖薫子「欧州における人権・民主主義レジームと紛争予防」吉川編、前掲書、123-147頁。
16) Youngs, *op.cit.*, p.11.
17) Cooper and Legler, *op.cit.*, p.25.
18) Perina, Rubén M., "The Role of the Organization of American States", in Halperin, Morton H. and Mirna Galic (eds.), *Protecting Democracy: International Responses*, Lanham: Lexington Books, 2005, pp.143-146.
19) Pevehouse, Jon C., *Democracy from Above: Regional Organizations and Democratization*, Cambridge: Cambridge University Press, 2005, pp.55-56.
20) Cooper and Legler, *op.cit.*, pp.27-29.

21) 青木一能「アフリカ諸国の民主化とその課題」『国際問題』No.460、1998年、2-20頁。
22) Heilman, Bruce and Laurean Ndumbaro., "International Context" in Paul J. Kaiser and F. Wafula Okumu (eds.), *Democratic Transitions in East Africa*, Aldershot, Hants: Ashgate, 2004, pp.149-150.
23) Gude, Ken, "Case Studies in Collective Responses" in Halperin and Galic, *op.cit.*, pp.64-66.
24) 増島建「民主化と援助—政治的コンディショナリティーをめぐるフランスの事例からの教訓」『平和研究』第24号、1999年、43-53頁。
25) 星野英一「経済制裁の作法：1990年代の対ミャンマー制裁と日米関係」『政策科学・国際関係論集』（琉球大学）第7号、2004年、51-102頁。
26) 猪口孝「アジア型民主主義？」猪口孝、エドワード・ニューマン、ジョン・キーン編、猪口孝監訳『現代民主主義の変容—政治学のフロンティア』有斐閣、1999年、124-136頁。Neher, Claek. D. "Asian Style Democracy", *Asian Survey*, Vol.34, No.11, 1994, pp.949-961.F
27) 岩崎育夫「開発体制の起源・展開・変容—東・東南アジアを中心に」東京大学社会科学研究所『20世紀システム4 開発主義』東京大学出版会、1998年、115-146頁。
28) See Koichi Sugiura, "Changing ASEAN and Different Views of Global Democracy with a Focus on Myanmar", *International Public Policy Studies*, Vol.10, No.2, 2006, pp.139-162.
29) Buszynski, Leszek, "Thailand and Myanmar: the perils of 'constructive engagement'", *The Pacific Review*, Vol.11, No.2, 1998, pp.290-305.
30) Möller, Kay, "Cambodia and Burma: The ASEAN Way Ends Here", *Asian Survey*, Vol.38, No.12, 1998, p.1094.
31) Steinberg, David I., *Burma, the state of Myanmar*, Washington, D.C.: Georgetown University Press, 2001, p.257.
32) 『産経新聞』1997年7月29日夕刊。
33) 以下の国連に関する記述について、拙著『国際連合と民主化—民主的世界秩序をめぐって』法律文化社、2004年、第4章およ第5章参照。
34) Boutros-Ghali, Boutros, *Unvanquished: a U.S.-U.N. saga*, New York: Random House, 1999, pp.318-320
35) 二宮正人「国連の対ハイチ政策に関する一考察」『外交時報』No.1306、1994年、47-59頁。
36) United Nations, Support by the United Nations system of the efforts of Governments to promote and consolidate new or restored democracies, Report of the Secretary-General, U.N.Doc.A/50/332 and Corr.1, paraa.1 and 5.
37) *Ibid.*, paras.11-120.
38) United Nations, Agenda for Democratization, Report of the Secretary-General, U.N. Doc.A/51/761, 20 December 1996.
39) *Ibid.*, paras.61-115.
40) O'Donnell, Guillermo, "Delegative Democracy", *Journal of Democracy*, Vol.5, No.1, 1994, pp.55-69.
41) 星野俊也「クリントン政権の国連政策」『国際問題』No.443、1997年、57頁。
42) McClintock, Cynthia, "The OAS in Peru: Room for Improvement", *Journal of Democracy*, Vol.12, No.4, 2001, p.137.

43) Cooper and Legler, *op.cit.*, 64-65.
44) 以下も参照、Piccone, Theodore J. "International Mechanisms for Protecting Democracy", in Halperin and Galic, *op.cit.*, pp.105-106. Perina, *op.cit.*, p.139.
45) Diamond, Larry, *The Spirit of Democracy: The Struggle to Build Free Societies throughout the World*, New York: Times Books, 2008, p.146.
46) Perina, *op.cit.*, p.128.
47) Piccone, *op,cit.*, pp.116-118.
48) 山本直「EUと民主主義原則―EU条約7条をめぐって―」『同志社法学』53巻6号、2002年、614-644頁も参照。
49) 宮脇、前掲論文、97頁。
50) 遠藤義雄「キルギスタンのチューリップ革命」『海外事情』53巻5号、2005年、17-26頁。藤森信吉「『オレンジ革命』への道―ウクライナ民主化15年」『国際問題』No.544、2005年、47-54頁。前田弘毅「グルジア「バラ革命」―元祖民主革命が成就するまで」『国際問題』No.544、2005年、55-62頁参照。
51) 服部倫卓「ベラルーシは独裁の孤塁を守れるのか」『海外事情』53巻5号、2005年、42-46頁。外務省「ベラルーシ共和国大統領選挙について」2006年3月22日、[http://www.mofa.go.jp/mofaj/press/danwa/18/dga_0322.html]。
52) 服部、前掲論文、48-49頁。袴田茂樹「政変ドミノ後のCIS諸国の動向」『国際問題』No.544、2005年、8頁。
53) Piccone, *op.cit.*, p.118.
54) United Nations, Support by the United Nations system of the efforts of Governments to promote and consolidate new or restored democracies, Report of the Secretary-General, U.N.Doc. A/56/499, 2001, para.29.
55) Piccone, *op.cit.*, pp.118-119.
56) African Union, Protocol Relating to the Establishment of the Peace and Security Council, 9 July 2002.
57) 高林敏之「AUのコモロ・アンジュアン島軍事制圧作戦の背景―地域安全保障機構としての威信を賭けて」『アフリカレポート』No.47、2008年、15-19頁。
58) 大林稔編『アフリカの挑戦―NEPAD（アフリカ開発のための新パートナーシップ）』昭和堂、2003年。
59) 次も参照。Crawford, Gordon, "European Union Development Co-operation and the Promotion of Democracy", in Peter Burnell (ed.), *Democracy Assistance: International Co-operation for Democratization*, London: Frank Cass, pp. 100-101.
60) Youngs, *op.cit.*, pp.34-35.
61) Dorman, Sara Rich, "'Make Sure They Count Nicely This Time' The Politics of Election Observing in Zimbabwe', *Commonwealth and Comparative Politics*, Vol.43, No.1, 2005. Piccone, Ted and Richard Youngs (eds.), *Strategies for Democratic Change: Assessing the Global Response*, Washington: Democracy Coalition Project, 2006, pp.186-189.
62) Piccone and Youngs, *ibid.*, pp.193-194.
63) ミャンマーの民主化をめぐる国際的な動きについて、次を参照。*Ibid.* ch.1. Sugiura, *op.cit.* 参照。

64) Acharya, Amitav, "Southeast Asia's Democratic Moment", *Asian Survey*, Vol.39, No.3, 1999, p.429. Haacke, Jürgen, "The concept of flexible engagement and the practice of enhanced interaction: intramural challenges to the 'ASEAN way'", *The Pacific Review*, Vol.12, No.4, 1999, pp.581-611.
65) 『産経新聞』2005年7月27日。
66) The Commonwealth, The Millbrook Commonwealth Action Programme on the Harare Declaration 1995, [http://www.thecommonwealth.org/Templates/Internal.asp?NodeID=34458].
67) Piccone, *op.cit.*, pp.109-113.
68) Gude, *op.cit.*, p.87.
69) 外務省HP、[http://www.mofa.go.jp/mofaj/area/zimbabwe/data.html] 参照。
70) 以下、拙著、前掲書、第5章参照。
71) UNDP, *Human Development Report* 2002: *Deepening Democracy in a Fragmented World*, New York: Published for the United Nations Development Programme by Oxford University Press, 2002.
72) Declaration of Principles for International Election Observation and Code of Conducts for International Election Observers, Commemorated October 27, 2005, at the United Nations, New York.
73) UNDP, *UNDP Thematic Trust Fund: Democratic Governance*, 2001, [http://www.undp.org/trustfunds]2001/11/18.
74) 次を参照。United Nations, Support by the United Nations system of the efforts of Governments to promote and consolidate new or restored democracies, Report of the Secretary-General, U.N.Doc.A/58/392, 26 September 2003, Part III.
75) アフガニスタンについて、川端清隆『アフガニスタン―国連平和活動と地域紛争』みすず書房、2002年参照。
76) United Nations, 2001, *op.cit.*, para.29.
77) 会議のホームページ、[http://www.democracyconference.org] 参照。See, [http://www.ccd21.org/conferences/ministerial].
78) Soul Plan of Action "Democracy: Investing for Peace and Prosperity", November 12, 2002.
79) The Community of Democracies 2005 Santiago Ministerial Commitment "Cooperating for Democracy", CD/April 30, 2005.
80) たとえばウクライナの「オレンジ革命」へのアメリカのNGOを通じた支援について、Statement of Ron Paul, M.D., Member of Congress, on "Ukraine's Election: Next Steps", at House International Relations Committee, 7 December, 2004, [http://wwwa.house.gov/international_relations/108/paul20704.htm] 参照。
81) Zimbabwe Democracy and Economic Recovery Act of 2001; Burmese Freedom and Democracy Act of 2003; Belarus Democracy Act of 2004.
82) 2005年11月バーレーンにおける第2回フォーラムのHP参照。[http://www.mofa.gov.bh/FutureForum/e/index.asp].
83) 同演説について次を参照。[http://www.state.gov/secretary/rm/2005/40991.htm]. ブッシュJr.政権のデモクラシー推進の政策に影響を与えた著書として次を参照。ナタン・

シャランスキー著、藤井清美訳『なぜ、民主主義を世界に広めるのか――圧政とテロに打ち勝つ「自由」の力』ダイヤモンド社、2005年。
84) Carothers, Thomas, "Promoting Democracy and Fighting Terror", 2003, in Thomas Carothers, *Critical Mission: Essays on Democracy Promotion*, Washington, D.C.: Carnegie Endowment for International Peace, 2004, pp.63-74..
85) Smith, Peter H., *Democracy in Latin America: Change in Comparative Perspective*, New York, N.Y.: Oxford University Press, 2005, pp.132-133.
86) Fukuyama, Francis and Michael McFaul, "Should Democracy Be Promoted or Demoted?" *The Washington Quarterly*, Vol.31, No.1, 2007, pp.23-45.
87) 袴田、前掲論文、12頁
88) Carothers, Thomas, "The Backlash against Democracy Promotion," *Foreign Affairs*, Vol.35, No.2, March/April 2006, pp.55-68.
89) Carothers, Thomas, "A Quarter-Century of Promoting Democracy," *Journal of Democracy*, Vol.18, No.4, 2007, p.114. Carothers, 2006, *op.cit*.
90) Carl Gershman and Michael Allen, "The Assault on Democracy Assistance," *Journal of Democracy*, Vol.17, No.2, 2006, pp.40-46. ロシアによる「カラー革命」の「感染」(contagion)を避けるための対策について次を参照。Ambrosio, Thomas, "Insulting Russia from a Colour Revolution: How the Kremlin Resisits Regional Democratic Trends," *Democratization*, Vol.14, No.2, 2007, pp.232-252.
91) ただし、ケーガンのようにSCOを専制主義陣営の連帯と捉える見方から、岩下らのように地域的な連携としてみる見方までさまざまである。ロバート・ケーガン著、和泉裕子訳『民主国家VS専制国家――激突の時代が始まる』徳間書店、2009年。岩下明裕編『上海協力機構――日米欧とのパートナーシップは可能か』科学研究費基盤研究（A）「ユーラシア秩序の新形成――中国・ロシアとその隣接地域の相互作用」（平成18-21年度）報告書、北海道大学スラブ研究センター、2007年。
92) The Declaration on the Fifth Anniversary of the Shanghai Cooperation Organization, Shanghai, June 15, 2006.
93) The Radical Party, "A Brief Note about the Community of Democracies," December 1, 2007.
94) McMahone, Edward R., "The African Charter on Democracy, Elections and Governance: A Positive Step on a Long Path," AfriMAP, [http://www.afrimap.org/english/images/paper/ACDEG&IADC_McMahon.pdf] 2009/8/30, pp.3-4.
95) 2008年7月段階で17カ国であり、批准は0カ国である。次のサイトを参照。[http://www.eisa.org.za/EISA/aucharter.htm]2009/9/18.
96) McMahon, ibid., p.5. そのほか、「非常事態」の濫用に対する規定の欠如など内容面での批判については、次を参照。Saungweme, Sekai, "A Critical Look at the Charter on Democracy, Elections and Governance in Africa," AfriMAP, [http://www.afrimap.org/english/images/paper/ACDEG_Saungweme.pdf] 2009/8/30.
97) AFP, "African Union suspends Mauritania following coup," August 9, 2008, [http://afp.google.com/article/ALeqM5jq9CwRW5Kx_AuB4RsIknPAk40f3w]2009/9/18. AFP, "African Union maintains sanctions on Mauritania," March 24, 2009, [http://www.france

24.com/en/20090325-african-union-defies-gaddafi-maintains-sanctions-mauritania-]2009/9/18.

98）なお、軍事政権によって計画された2009年6月の大統領選挙は反政府勢力のボイコットで一度延期されたものの、AUなどの仲介により合意が成立し7月に実施された。結果的に軍事クーデターの首謀者のアジズ将軍が当選した。外務省「モーリタニア情勢について」、2009年6月28日、[http://www.mofa.go.jp/mofaj/press/danwa/21/dga_0629.html] 2009/9/18。外務省「モーリタニア・イスラム共和国の大統領選挙について」、2009年7月31日、[http://www.mofa.go.jp/mofaj/press/danwa/21/dga_0731.html] 2009/9/19。

99）鈴木早苗「ASEAN憲章の策定―第13回首脳会議における憲章署名までの道のり」『アジ研ワールド・トレンド』150号、2008年3月、43-50頁。

100）Diamond, op.cit., p.152. 鈴木、2008年、前掲論文。

101）鈴木早苗「ASEANは東南アジアに民主主義をもたらすか？」『アジ研ワールド・トレンド』166号、2009年7月、30-37頁。

102）ASEAN, Terms of Reference of ASEAN Intergovernmental Commission on Human Rights, [http://www.aseansec.org/Doc-TOR-AHRB.pdf] 2009/9/30.

103）Lennon, Alexander T. J., "Democracy in U.S. Security Strategy: From Promotion to Support," *CSIS Policy Brief*, March 2009.

104）Better World Campaign, International Republican Institute (IRI) and National Democratic Institute for International Affairs (NDI), *New Directions for Democracy Promotion*, 2008, [http://www.ndi.org/files/2344_newdirections_engpdf_07242008.pdf].

105）同宣言の国際協力開発銀行（JBIC）による仮訳について次のサイトを参照。[http://www.oecd.org/dataoecd/12/48/36477834.pdf].

106）Commission of the European Communities, Governance in the European Consensus on Development: Towards a harmonized approach within the European Union, COM (2006) 421.

第3章　民主化と民主化支援

1　はじめに

　序章でも述べたように、冷戦が終結して2009年でちょうど20年を迎える。冷戦終結を機に大きく発達した民主化支援が、実際に各国の民主化にどれくらい貢献してきたのか、また貢献しうるものなのか改めて考える時期であるといえよう。従来、民主化とは本質的に内発的な過程とされてきた。しかし、1980年代後半以降の民主化の「第三の波」を受けた研究では、民主化の国際的要因の重要性が次第に指摘されるようになった。[1] その国際的要因には民主化支援活動も含まれる。しかし、民主化支援を含む国際的要因に注目したものは、今なお少ない。さらに、民主化支援はどのような過程を経て民主化に影響を与えるのかとなると、体系的に考察した研究は未発達なのが現状である。[2]

　民主化支援研究全体の現状については序章でまとめているが、ここで民主化と民主化支援の関係に関する考察が未発達である原因を整理すると、次の点が指摘できる。[3] 第1に、民主化の国内過程と国際過程のつながりに関する知見がいまだ十分ではない。その背景には、比較政治学が国内過程を重視して国際過程を軽視し、他方で国際関係論は国際的要因や国際社会に及ぼす影響にばかり注目していることが挙げられる。民主化支援の実践でも、いわゆる国内的な社会的・構造的文脈への配慮が欠けた「画一的（one-size-fits-all）」なアプローチで支援が実行されてきた。[4] 第2に、国際的要因に関する既存の考察は、叙述的かあるいは単に批判的であり、「サプライサイド」である個々の支援アクター、特にアメリカの動機や戦略、手段に焦点を合わせる傾向にあった。それが、国内アクターと国際アクターの相互作用や国際アクター間の協調・対立に関する

体系的な考察を阻害してきた。

　第3に、民主化の国際的側面に関する既存の研究は、地理上ならびに時系列上の分断に悩まされてきた。すなわち、1970、80年代の研究は特に南欧ならびにラテンアメリカの経験に基づいたものであり、90年代の考察は特に中東欧の経験に影響されたものであった。このことが研究の蓄積を整合性のないちぐはぐなものとさせる遠因となってきた。第4に、既存の研究には事例の選択で偏向がみられる。成功事例が強調される傾向があり、失敗した事例やかえって民主化にマイナスの効果をもたらした事例については、十分には分析されてこなかった。そこには、成功をアピールする必要のある民主化支援の「産業」としての政治経済学が反映されている。

　そこで本章では、このような研究の現状を認識したうえで、民主化支援は民主化の過程にどのように影響を与えるのかという民主化と民主化支援の関係を、これまでの民主化（支援）に関する研究を踏まえて改めて考察する。すなわち、①民主化の過程および要因における民主化支援の「位置づけ」、②民主化支援が民主化に影響を与える「経路」、③実際に影響を与える（与えてきた）「程度（あるいは実績）」を検討する。これらの作業の際には、（それ自体が国際的要因でもある）民主化支援活動と民主化の諸要因（国内的、国際的）とを具体的に結びつけ、また特定の民主化支援アクターや対象地域だけに偏らずに、現行の民主化支援全般を踏まえることに留意する。また、繰り返すように、ここで扱う民主化支援活動は、強制的な手段や外交的な手段も含む、広義の民主化支援である。もちろん、上の研究テーマは本章のみで完結しうるものではなく、本章の作業はより本格的な考察のための予備的なものである。

　本章では、まず民主化の過程について整理する。次に、民主化の「経路」として、民主化の各段階に働く要因に対して、各種の民主化支援がどのように対応・作用しているのかをまとめる。続いて、それまでの考察を踏まえた上で、民主化支援の実績評価についての方法論および既存の評価を検討する。

2　民主化の過程

　これまで民主化支援は民主化に働く国際的要因の一つとして単純に考えられてきた。しかし、実際に民主化支援が民主化の過程に作用する経路やもたらす効果は複雑である。たとえば、市民社会組織の能力構築への支援は、市民が民主化を求める組織的な基盤を育成し、最終的に民主化を求める反体制勢力の形成に貢献するかもしれない。しかし、(旧) CIS 諸国での「カラー革命」後のロシアやベラルーシのように、そのことが内政干渉を恐れる権威主義的な政府の過度の警戒を招き、かえって民主化を停滞させるかもしれない。また、国家自体がグローバル化にさらされ「変容」を強いられるなかで、民主化の要因を国際的なものと国内的なものに明確に区分することは、無意味ではないものの、困難になりつつある。このような複雑な民主化と民主化支援の因果関係が、そもそも民主化支援は本質的に「政治的」な行為であり成功で報われる保証がないとも言われる原因の一つである。そこで、まず最新の民主化研究を踏まえて、複雑な民主化の過程とその要因を改めて整理する。

1　民主化の段階と目標

　1980年代以降の民主化研究では、民主化の過程を大きく「移行 (transition)」と「定着 (consolidation)」の段階に分類するのが一般的である。「移行」とは、「1つの政治体制と他の政治体制の合間 (interval)」であり、民主主義体制への「移行」とは、権威主義体制から政治体制が民主的なものへと転換することである。移行の段階では、非民主的体制内部の穏健派と強硬派への分裂、体制側と反体制勢力との交渉や憲法の改正、軍の政治への介入の停止などを経て、自由で公正な選挙の実施が行われる。この移行の段階は、さらに、長期にわたる政治闘争が行われる「準備段階 (preparatory phase)」、各勢力間で民主化への合意や協定ができる「決定段階 (decision phase)」に分けられる。政治体制が民主的なものへと移行したかどうかを測る基準は、最初の自由で公正な競合的選挙の実施とするのが一般的である。

民主主義体制の「定着」とは、もっとも単純な意味では、移行が完了した後で権威主義体制への逆戻りの可能性がなくなった状態である[12]。そのためには、デモクラシーのルールが「社会的、制度的、心理的生活において深くルーティン化され、内在化されること」が必要である[13]。民主化研究では一般的にこの定着の完了が民主化のゴールとされる。しかし、民主主義体制の定着は、移行に比べて到達点が明確でない。そのため、定着したかどうかを測る基準はいくつか提案されている。その一つに、定期的に自由で公正な競合的選挙が実施され、民主的な手続きに従って平和的に政権交代が行われているかどうかをみるというものがある[14]。しかし、この基準では、2009年までの日本のように政権交代がほとんど行われない場合、定着しているか判断できない。そこで、重要な政治的勢力の間で、民主的な基本的政治枠組みについて広く合意が成立しているかが重要となる[15]。政権交代が行われなくとも、主要野党が競合的な選挙に参加し続け、国民の間でも民主主義体制そのものの変革を目指す大規模な運動が存在していないことが確認されなければならない。

　以上、民主化の過程をまとめると、権威主義体制→（移行の準備段階）→（移行の決定段階）→（自由で公正な選挙の実施）→民主主義体制→（定着期）→（民主的な手続きに基づく政権交代の継続）→定着の完了となる。しかし、このような単線的な民主化の過程のモデルに対して、最近の民主化研究では、実際の民主化の経験を踏まえてさまざまな異論や修正がなされている。

　第1に、そもそも民主化のゴールはどこか、言い換えると民主化とはどこからどこまでの過程かをめぐって、いまだに決着がついていない。たとえばダール（Robert Dahl）は、移行と定着に加えて、「深化」の段階を加えている[16]。深化とは、民主主義体制においデモクラシーの理想がいっそう実現されることである。深化が課題となっている諸国は、主としていわゆる先進民主主義諸国である。たとえば、社会保障が充実し所得が実質的に平等になることなどが深化に含まれる[17]。デモクラシーや民主化はそもそも理念上「終わりのない過程」であるとするラディカル・デモクラシーの主張も深化を目指す考え方である[18]。

　第2に、政治体制の区分に関して、従来のように「非民主的（権威主義的）」か「民主的」かという二分法ではなく、最も進んだ自由民主主義体制から最も

閉鎖的な権威主義体制までの広いグラデーションあるいはスペクトラムで捉える見方が支持されつつある。[19]そこから、現在、政治体制のサブカテゴリーの設定が盛んである。たとえばシェドラー(Andreas Schedler)らは民主主義体制と独裁体制の中間にある「選挙権威主義体制(electoral authoritarianism)」の概念を提示している。[20]この背景には、多くの国家で、選挙民主主義体制としての体裁は整えているがデモクラシーの「実」を欠いている現状がある。[21]実際、序章でもふれたように、NGOのフリーダムハウスによると、2008年に選挙民主主義体制と分類された119カ国のうち、89カ国だけが「自由」とされた。[22]

第3に、民主化が世界的に急速に進んだ1990年代初頭に広がった、単線的かつ楽観的に民主化を捉える「移行パラダイム」(カロザーズ)から、民主化は逆行や停滞を伴う複雑なものであるという認識へと変化しつつある。[23]先述のように、民主的選挙が行われた民主国家が権威主義体制へと逆戻りする、あるいは、形式的に選挙は実施されたものの人権が侵害されるなど実質的には民主化が停滞・逆行しているといった現象が各国で指摘されている。[24]あるいは、1990年代以降のタイのように、民主主義体制への移行と権威主義体制へ逆行、さらに再移行と同じ過程を繰り返す事例もみられる。ただし、どのような基準で民主化の程度を測るのかについて、明確な合意はいまだ存在していない。

以上のような従来の単線的な民主化の過程の認識に対する批判に合わせて、民主化支援のありようも変化が迫られている。たとえば、進展と後退を繰り返す民主化という認識から、第4章で詳しく取り上げるような民主化の程度や段階を測る方法がいっそう求められている。また、この民主化の段階と目標に関する多様な見解の存在は、実際の民主化支援の目標設定やその実現のアプローチについての支援側の一致を妨げる原因の一つとなっている。[25]それでも、国際的な民主化支援活動にとって、移行期と定着期という民主化の段階の分類は、働く要因の違いを明らかにして、支援の目標や支援内容を考えるために依然として有効であるといえる。[26]

2 民主化の要因

それでは、複雑な民主化の過程に作用し前進や後退をさせる「要因」にはど

のようなものがあるのであろうか。ここでは代表的な分類を取り上げたい。

(1) **主体的要因と構造的要因**　1980年代から90年代にかけて、民主化の過程およびそれに影響を与える要因をめぐっては、基本的に「アクター（主体）中心」アプローチと「構造中心」アプローチの間で論争が交わされてきた[27]。アクター中心アプローチによると、政権内外のアクター、特に政治エリートの合理的な選択が政治体制の移行に重要な役割を果たす。対して、構造中心アプローチは、経済発展の水準といった社会的・経済的環境が民主化の開始や成否において重要であると主張する。近年では、「制度(institution)」や「ガバナンス」、「国家性（stateness）」といった、国家の統治能力やそれを支える社会的な環境も、民主化にとって重要な構造的要素として注目されている[28]。たとえば、2002年の日本の国際協力事業団（現、国際協力機構）の報告書は、民主化の「構成要素」として、複数政党制や選挙制度、三権分立、基本的人権の保障制度など「民主的な制度」や平和構築やBHNの充足、経済の安定など「民主化を支える社会・経済基盤」と並んで、国家権力のバランスや政府の意識・能力、社会集団の公平な利害調整メカニズム、市民のエンパワーメントなど「民主化を機能させるシステム」を挙げている[29]。

　これら民主化に働く諸要因の考察を踏まえて、マクフォールらは民主化を分析するためのガイドで国内的要因をまとめて、次のように例示している[30]。まず、A「長期的で構造的な要因」があり、そこには1、専制国家（autocracy）のタイプ、過去の試み、2、経済発展のレベル、経済の構造、3、支配的な階級構造、4、政府が強力か弱いか、5、そのほか、が含まれる。次に、B「短期的で突然の要因」があり、1、既存の寡頭制の弱体化、2、体制変換を押し進める組織化された反体制派の存在の有無、3、移行でだれが勝つのか負けるのか、が含まれる。

　上の例示はすべての要因を網羅したものではないが、民主化の要因には、アクターの意思決定や行動に直接的に影響を与える短期的な要因（＝主体的要因）と、それらに間接的に影響を与えるものであり、構造的あるいは環境的でより長期的な要因（＝構造的要因）とに分けることができる。ただし、（旧）CIS諸国における「カラー革命」を可能にした要因として、与野党アクターの行動や選

択と、事態に処する国家の能力の強弱のどちらがより重要かといった論争など、今なお、主体的要因と構造的要因のどちらが民主化にとってより重要かをめぐって議論が重ねられている。[31] しかし、多くの民主化の分析では、アクターと制度（構造）の相互作用関係を明らかにする制度論の議論の発展や実際の民主化の経験を踏まえて、両アプローチは相互補完的に用いられている。たとえばグリューゲル（Jean Grugel）は、アクターは構造の中で行動するとして、構造アプローチに重点を置きながらも、アクター中心アプローチを取り込み、国家と市民社会、（グローバル化など）世界的潮流という3つの次元から民主化を分析している。[32] また、恒川は、個人と構造をつなぐ人間の「認識」を中心に添える「構成主義」アプローチを別に主張している。[33]

(2) **国際的要因と国内的要因** もうひとつの重要な民主化の要因の分類は、国内的な要因と国際的な要因のそれである。序章でも少し触れたように、1990年代初頭にはすでにハンチントンやプライダムらによって国際的な要因に関する議論が行われた。ハンチントンは、ある国家の民主化が近隣諸国の民主化を促すという「デモンストレーション効果」あるいは「拡散（diffusion）」を指摘した。[34] 1996年には、ホワイトヘッドらが民主化支援の国際的な要因についての本格的な論考を上梓し、国際的要因を、近隣諸国の民主化の情報など非強制的で意図せざる経路で民主化が促される「感染」、制裁の可能性に支えられた明確な政策で民主化が促される「支配」、国際社会と国内勢力の相互交渉で民主化が進められる「合意」、政治改革が援助の条件とされる「コンディショナリティ」に分類した。[35] それらの成果は、たとえば「拡散」の議論が（旧）CIS諸国の「カラー革命」の議論に応用されるなど、民主化の国際的側面を考える上で今なお示唆に富むものである。[36]

マクフォールらは、先述のガイドで国内的要因とともにそれまでの「外的要因」（＝国際的要因）の議論を整理して例示している。すなわち、A「軍事的あるいは植民地的占領」、B「準軍事的介入」、C「隠密の軍事的介入」、D「（経済的、政治的、外交的）制裁」、E「民主的コンディショナリティ」、F「リンケージ、統合、収斂」、G「監督と報告」、H「デモクラシー財政・技術支援」、I「外交、規範的圧力、説得」、J「民主的例示、感染、学習」が列挙されている。[37] Aから

Jまでの順番は、第1章の民主化支援の分類で取り上げたように、「介入の射程」によって分けられたものとされる。この例示は、これまでの外的要因に関する考察を踏まえた網羅的なものであるといえる。ただし、この国際的要因の分類には、民主化の国内基盤である経済構造に影響を与えるグローバル経済の動向といった、よりマクロな構造的要因が抜けている点でやや不十分ともいえる。また、これら国内的要因と国際的要因は相互に作用しあうことにも注意が必要である。

以上の民主化の要因の分類から、民主化支援活動は、民主化の過程においてはそれ自体が民主化の国際的要因であると同時に、民主化の各段階に働く国内的および国際的要因のいずれかに作用することで意図的に民主化を押し進める活動である。そして、その国内的および国際的要因には、主体的要因と構造的要因がある。問題は、民主化支援はどのようにそれら民主化の各要因に働きかけるかである。たとえば、先のマクフォールらは国内的要因と国際的要因の「相互作用のモード」として、A.支配、B.外的誘引、C.国際的社会化、D.教訓引用を提示している。そこで次節では、民主化支援活動が具体的にどのような「経路」を経て民主化の過程に影響を与えるのかをみていきたい。

3　民主化の過程と民主化支援の「経路」

1　民主化支援が民主化に影響を与える「経路」

国際アクターは、民主化の各段階における諸要因に対して作用することで、民主化を好ましい方向へと導こうとする。その民主化支援活動の「経路」を考えるとき、国際アクターが働きかける対象として、上の議論から大きく①国内的要因に働きかける場合と②国際的要因に働きかける場合とに分けることができよう。

①の場合、国際アクターは、特定の国家の民主化の段階あるいは状況を評価し、そこで民主化を促進あるいは阻害している要因を特定する。次に、それらの要因の中から活動の対象となるものを選択する。対象とされる国内的要因には、先述のように、大きく主体的要因と構造的要因がある。前者を対象とする

場合（①a）は、短期的に国内アクターの行動の変更を目的とすることとなる。後者の場合（①b）は、より長期的な関与が求められる。第1章でみたように、民主化の段階からみて、その後押しを目的とするときは「促進」であり、後退を防ぐときは「擁護」の活動となる。その上で、対象国政府の意向を無視した強制的な手段から、外交による説得、そして合意に基づく活動まで、介入の強度の異なる特定のアプローチを採用する。そして、活動の具体的な計画を策定・決定して実施し、最終的に対象となる要因に作用を及ぼす。この過程では、国際アクターは、序章および第1章の議論でみたように、経済利益を含む自己の戦略的利益を合理的に計算し、自己アイデンティティや国際規範の影響も受けながら、民主化支援の是非を判断し、対象国、支援する分野および支援のアプローチを選択していく。

　ただし、国際的な要因をはじめ、多様な要因が民主化には複雑に関係するため、目指す結果が常に得られるとは限らない。また、国家全体の民主化の程度か、その分野ないしプログラムの実現の程度かなど、評価の基準となる目標をどのように設定するかによって「実績」は異なってくる[38]。

　②の場合、まず、他の国際的アクターに対して直接働きかけを行う場合がある（②a）。たとえば、特定の国家の民主化支援活動をより実効的なものにするために、複数の国際アクターに対し協調を呼びかける場合などである。逆に、ある権威主義体制への援助をやめるよう交渉することもある。また、国際的な民主化支援体制や民主化に関する国際規範の形成に協力するなど、国家の民主化を促すような国際環境・構造の形成への貢献を目指す場合もある（②b）[39]。

　もちろん、①の経路と②の経路は結びつくことも多い。たとえば、ある国際的アクターが、特定の国家に民主化の開始を求める活動が功を奏さないとき、他の国際的アクターに共同歩調を求める場合などである。

　すなわち民主化支援の「経路」のモデルは次のようになる。

①国際アクター（政府、国際機構、CSOなど）
　→（民主化の段階・状況が異なる）対象国の選択
　　→作用の対象とする国内的な要因の選択

　　　　→対象国政府への各種アプローチの選択
　　　　　―強制（占領）、説得（外交的圧力・対話）、合意（助言や技術支援）
　　　　→国内的な主体的要因への作用（対政府、野党勢力、市民社会組織の短期的な行動の変更を目的）（①a）
　　　　→国内的な構造的要因への作用（経済、文化、社会、ガバナンスなど）（①b）

②国際アクター（政府、国際機構、CSO）
　　→対象とする国際的要因の選択
　　　→民主化にかかわる国際的な主体的要因への作用（②a）
　　　→民主化にかかわる国際的な構造的要因への作用（②b）

2　民主化の移行期

　続いて、上記の「経路」のモデルに沿って、民主化の段階ごとに存在するさまざまな要因に対して、国際アクターは民主化支援活動としてどのような働きかけを行っているかを具体的にみていきたい。[40]

　(1)　**国際アクターから国内的な主体的／構造的要因への働きかけ（①）**　民主化の移行準備段階から決定段階においては、民主化を促進しようとする勢力とそれを阻害しようとする勢力が競い合う。この段階では、国内の各アクターの行動や選択が鍵を握るとされる。[41] それら国内的アクターには、政治家や官僚、軍隊など公的なものから、資本階級や教会、労働組合、共同体組織などいわゆる市民社会まで含まれる。[42] 短期的な政治的・経済的危機が、政権内外の政治対立や大衆の蜂起をもたらし、移行の決定へと向かう直接的な引き金になることがある。1982年のフォークランド戦争敗北後のアルゼンチンのように、戦争での敗北が権威主義体制の正統性を大きく損ない、民主主義体制への移行のきっかけを作ることもある。[43] ただし、移行期の過程でどのアクター・勢力が民主化を支持するか、あるいは逆に阻害に向かうのかは、後述の経済発展の水準や市民社会の発達の程度など国内の環境的・構造的要因に影響を受ける。[44]

　民主主義体制へ移行することで決定・合意が成立した後は、民主的な政権の発足へ向けて、新たに憲法や選挙法の制定・改定が行われ、中立な選挙管理委員会の設立や改革、選挙監視人の選定と教育、市民教育、政党の形成、報道の

自由化、軍隊の民政移管、反政府武装勢力の武装解除などが行われる[45]。その際、採用する選挙制度や、野党の育成・支援、マスメディアへの平等なアクセスの保証、選挙管理員会の構成といった課題に取り組む必要がある。

　国際的アクターは、この段階での民主化を促すために、多様なアプローチで対象国のアクターに対して直接的な働きかけを行っている（①a）。民主化が開始される前の段階の国家に対しては、第1に、第二次世界大戦後の日本やドイツ、2003年のイラク戦争のように、軍事的な占領や威圧を通じて政権を完全に支配し、強制的に体制を移行させることが過去に行われてきた。第2に、民主化を要求しての経済制裁や外交制裁など非軍事的な強制的手段もたびたび実施されてきた。第3に、それら強制的手法をちらつかせた外交的な圧力や、開発援助に民主化を政治的コンディショナリティとして付すこと[46]、あるいはEUのように民主化を国際機構に加盟する際の要件とするといった、半ば強制的な方法が採られることもある。

　第4に、1990年代以降ミャンマーの軍事政権に対し国連などが継続的に行っているように、対象国政府に民主化を開始するよう説得したり、与野党間の対話の仲介を行ったりするといった外交的手法がたびたび採られている[47]。また、1991年10月のパリ合意に至るカンボジアの和平の過程での国連や日本のように、体制の移行が決定された段階で、当事者とともに民主主義体制への移行に関する協議に国際アクターが直接参加して、移行後の政治制度や実施過程について助言する事例も見受けられる[48]。第5に、ウクライナの「オレンジ革命」におけるアメリカの援助のように、対象国政府の合意の有無にかかわらず、在野の民主化勢力に対し直接に資金・技術援助を行ったり、統一された民主化運動の形成のために仲介を行う場合もある[49]。最後に、冷戦終結前後の東欧や中国、今世紀の（旧）CIS諸国の「カラー革命」でみられたように、民主化を要求する勢力に対して支持を表明（あるいは黙認）する方法が国際アクターによって採られることがある。

　最初の競合的選挙の実施に対しても、多様な国際支援が行われている[50]。まず、カンボジアにおけるUNTACのように、国際的なアクターが丸抱えで選挙の実施機関の設立から監視、さらには一定の行政活動まですべて請け負う支援

が、稀ではあるが行われる。また、相手政権の合意にもとづく選挙への財政的・技術的な支援も一般的に行われている。実施されている技術的な支援には、選挙法の制定への助言、監視人の教育などがある。[51] 選挙監視に関わる国内のNGOへの支援が行われることも多い。[52] さらに、選挙監視のために、国際選挙監視団の派遣が世界各国で行われてきた。個々のアクターで監視を行う場合もあれば、国連等によって一つの国際選挙監視団として調整される場合もある。なお現在では、選挙の正当性を正しく判断する必要から、選挙の早い段階からの監視が基本的に好ましいとされている。[53] 政府への助言や申し入れが拒否されたり、準備時間が不足しているなどの理由で選挙の正当性が保証されえない場合には、国際アクターは選挙監視を拒否することもある。さらに、選挙の開票・集計後、国際アクターが不正なものと認定したり、その結果をめぐって国内勢力間で争いが起きたりした際には、1986年のフィリピンの大統領選挙後にアメリカがマルコス政権へ圧力をかけたように、選挙結果の容認や再選挙を求めて外交的な圧力をかけたり、当事者を説得、仲介したりすることもある。[54]

　次に、この段階では、経済発展や市民社会の発達、国家のガバナンスといった構造的で長期的な要因が影響を及ぼす。まず、代表的なものが経済発展である。経済発展は国内の社会・経済構造を変えて中流階級の発達を促し、識字率の向上などを通じて政治的な意識と能力を高め、結果的にそれが国民の民主化要求につながるとされる。[55] ただし、経済発展と民主化の因果関係についてはいまだ議論がある。また、どの程度の経済水準が民主化の開始をもたらすかについても合意がない。それでも、経済成長は民主化にとって総じて好ましいという認識は広く共有されている。[56]

　市民社会の発達は、国民の政治意識を高め、ネットワークの形成などを通じて民主化運動を高める基盤となりうる。[57] 国家のガバナンスも、権威主義体制の持続に貢献してしまう可能性があるものの、経済発展や国内の統一維持のために必要であり、グッド・ガバナンスは間接的に民主化を促すといえる。[58] また、国家のガバナンスの弱体化は、国民の要求に応えることができないことで権威主義体制の正統性を掘り崩し、国民の民主化への要求を高めることがある。また、政府内外からの民主化要求の高まりを抑えることを困難にする。[59]

国際的な民主化支援活動も、そういった民主化を促進する国内構造・環境の構築へ向けた支援を行ってきた（①b）。まず、民主化を促すことを名目とした経済援助は、その論理の妥当性はともかく、古くより行われてきたものである。たとえば、1960年代のケネディ政権下のアメリカは、経済発展が結果的に政治発展につながるという近代化論に基づいて経済援助を行った[60]。また、政治に直接関わらない市民社会の組織へ支援を行い、間接的に民主化要求が生み出される基盤を作る支援も活発に実施されている。たとえば、アメリカ国際開発庁（USAID）は、冷戦終結以前より、「非政治的」で「技術的」な開発援助として市民社会組織への支援を行い、結果として民主化を促す環境を作るという戦略を採ってきた[61]。しかし、第2章でみたように、最近では（旧）CIS諸国での「カラー革命」の経験から、対象国政府から警戒されることも多い。他方で、ガバナンスへの支援は受け入れられやすく、対象国が民主主義体制への移行前かどうかに関係なく、世界銀行や国連開発計画（UNDP）など開発援助機関を中心に活発に行われている[62]。

(2) **国際アクターから国際的な主体的／構造的要因への働きかけ（②）**　国際アクターは、特定の国家の民主化を促すために、決議の採択や協調の呼び掛け、援助の停止の説得などほかの国際アクターに働きかけを行ってきた（②a）。その際に国際機構が利用されることも多い。たとえば、ミャンマーの民主化をめぐる問題に関して、欧米諸国は繰り返し国連を通じて他国に共同歩調を呼びかけてきた。また、欧州安全保障協力機構（OSCE）はその前身であるCSCE時代から、東欧諸国の民主化の開始を促す場として西側諸国によって利用されてきた[63]。

　また、国際的なアクターは、いくつかの国際的な構造的要因に作用することで間接的に民主化の開始・再開を促す場合がある（②b）。この段階での国際的な構造的要因として、第1に、各種メディアを通じて近隣諸国の民主化の情報が伝わることで国民の意識が変化し、民主化を求める動きが強まるという、先述のホワイトヘッドのいうところの「感染」、あるいはハンチントンのいう「デモンストレーション効果」がある。そこで、国際的アクターは、アメリカ政府によるボイスオブアメリカのような国際放送やインターネットを使って情報を

伝達し、民主化支持勢力へ援助を行うことで、意図的に感染やデモンストレーション効果を創出することを図ることがある。

第2に、デモクラシーに関する国際的な規範の形成やその広がりは、各国の民主化に影響を及ぼす[64]。デモクラシーを支持する国際条約や国際機構の決議の存在は、非民主的な体制の正統性を低下させたり、国際会合の場などを通じて対象国の政治エリートをデモクラシーの規範に晒して「社会化」させたりすることで、間接的に民主化の契機をつくる[65]。また、非民主的な国家の政府への無言の圧力となり、逆に民主化を目指す勢力を勇気づける。そこで、これまで、多くの国際的アクターが、民主化を促進するような国際的な法的・規範的環境の構築を目指して、民主化に関する国際条約や宣言、決議の国際機構や国際的な場での採択に貢献してきた。たとえば2000年に始まった「民主主義諸国の共同体」（CD）の運動に参加する諸国は、国連デモクラシー・コーカスを結成して国連の場でデモクラシーに関する国際規範作りを働きかけている[66]。

第3に、国家間の経済的な相互依存の深化と経済のグローバル化の進展は、各国の経済構造を変容させ、また、西側諸国との経済的なリンケージ（連関）を深めて対外的な圧力に脆弱にさせることで、民主化にも影響を及ぼす[67]。たとえば、1980年代後半の経済発展の遅れと停滞は、旧ソ連のペレストロイカと引き続く中東欧諸国の民主化を促した[68]。実際、国際的なアクター、特に西側先進諸国は、世界銀行や国際通貨基金（IMF）などの国際経済機構を通じて経済の自由化を国際的に押し進めることで、そのような経済的な相互依存やグローバル化を意図的に深めてきた。それによって、二国間および多国間の開発援助への政治的コンディショナリティがより有効なものとなる。

3　民主主義体制の定着期

(1) **国際アクターから国内的な主体的／構造的要因への働きかけ（①）**　定着期では、デモクラシーのルールが「社会的、制度的、心理的生活において深くルーティン化され、内在化されること」が民主化の目的である[69]。民主主義体制の定着には、少なくとも、政治家や政党、軍部、市民社会といった国内の主要なアクターが民主的ルールを尊重して行動することが重要である[70]。そのために、国

際アクターは、移行期と同様に、国際機構への参加を促して政治エリートの民主的規範への「社会化」を加速させたり、議会議員の研修といった国内アクターの「学習」の機会を提供したりする（①a）。[71]

この段階では、軍事クーデターなど国内的なアクターによる行為によって、民主主義体制の定着が阻害され、民主化が停滞・後退することがある。あるいは、民主的に選ばれた政権自体が、議会の停止、人権抑圧、報道の規制など、民主主義体制に不可欠な要素を侵害する場合もある。[72]そのような国内的なアクターに対して、第1章でもみたように、国際アクターは「擁護」ともいわれる直接的な対処のための活動を行っている（①a）。[73]

第1に、1989年の民主的選挙の結果がノリエガ政権によって無視されたパナマに対するアメリカの軍事介入のように、一国あるいは複数の同盟諸国によって、民主的政権の回復のために一方的な軍事的措置を行うことがある。ただし、このような介入は依然として国際法上認められ難く、国際的な正当性を獲得しづらいために、これまで稀にしかみられない。[74]

第2に、非軍事的な強制的措置がある。1993年のハイチや[75]、97年のシエラレオネに対する国連安全保障理事会による禁輸措置のように、民主化が後退した国家に対して各種制裁が科せられてきた。[76]また、「デモクラシー条項」にもとづいて国際機構のメンバーシップが停止されることも最近では増えている。たとえば、現AUのアフリカ統一機構（OAU）では、1999年のアルジェでの首脳会議において、非合法に政権を奪取した指導者の参加が認めない決定を行った。[77]

第3に、説得・仲介のための使節団派遣など、外交的な手法で民主政治への回復を促す場合がある。これまで数多く行われ、たとえば1992年のペルーのフジモリ大統領による憲法の停止の事態に際し、米州機構（OAS）は特別使節団を派遣してフジモリ政権との対話を行い、民主政治の回復への道筋について交渉を行った。[78]

第4に、事前に合意した手続きに基づいて、民主化の具体的な進捗状況をモニターして後退を予防することも一部の国際機構で実施されている。EUでは、デモクラシーも含まれる加盟基準（「コペンハーゲン基準」）に基づいて、1997年以降毎年、EU加盟を希望する国家の基準達成の進捗状況を評価している。

また、OSCEでは、民主制度・人権事務所（ODIHR）を通じて各国の状況を監視し調査を行っている。

この定着段階では構造的・環境的な要因が移行期に比してより重要となる。それぞれに対して、国際アクターは支援を行っている（①b）。ただし、それら構造的な要因は、過去の植民地支配などその国家固有の歴史や[79]、移行後の旧体制勢力の影響力の残存程度から少なからず影響を受ける[80]。そのために、民主化支援の影響力も限定的なものとならざるを得ない。

第1に、国家の（民主的）ガバナンスが民主主義体制の定着にとって引き続き重要である。ガバナンスは、さらに、国家の制度とその能力と、国家と社会の関係に分けることができる[81]。まず、国家（政府）の制度化とその能力構築は、民主主義体制の定着にとって不可欠である[82]。政治的に中立で有能な官僚制や、政策の立案・実施に必要な機関・法制度の整備、公正な採用システム、腐敗・汚職を防止するためのメカニズム、政策の形成・実施過程における透明性の確保などが求められる。人権や民主的価値を尊重する警察や、国家の政治に介入しない軍隊も不可欠である[83]。政府の活動の合法性を監視し、権力の濫用や汚職を防ぐ司法制度も求められる[84]。このような国家の能力構築に対して、先述のように、UNDPをはじめとした国連システムや、世界銀行など多くの国際機構、先進国政府、国際NGOが、ガバナンスの支援の一環として、多くは合意に基づく技術援助として活発に援助を行っている。

また、国民の意思が国政に正確に反映されるように国家と社会を結び付ける制度や構造が必要である。具体的には、社会における国民の意思を吸い上げ、それを国政の場に集約して反映させることができる安定した政党や、国民全体の選好を反映しつつ政治が安定するよう工夫された選挙制度、政策を立案し国政全体を監視する能力を持った議会が求められる[85]。現在、先進諸国の援助機関や国際機構によって、政党の育成や選挙制度改革、立法府の能力強化へ向けた支援が広く行われている[86]。ただし、第1章でも触れたように、政党への支援については、特定の政党への肩入れが疑われるといった政治的問題をはらむ可能性があり比較的低調である[87]。

第2に、民主主義体制の定着には、国家の活動をチェックし、国民の間で連

帯感や信頼を育成する市民社会の発達が必要である[88]。同時に、犯罪組織、テロ組織、民兵組織など、民主化の定着を阻害する「非市民社会（uncivil society）」の拡大を防ぐことも求められる[89]。現在、第5章で詳述する国連民主主義基金（UNDEF）などの国際アクターによって、市民社会を育成するために、市民社会組織の能力構築への援助やネットワーク構築への支援、事業への助成など広範な支援が行われている。

　第3に、民主主義体制の定着には、エリートのみならず社会全般で民主的な政治文化が一定程度育まれることが必要である[90]。まず、民主的政治体制への広い忠誠心・愛着が存在し、民主的諸価値が受容されることが求められる。また、直接に政治体制への態度と関係しなくても、民主主義体制を支える文化的基盤として、国民としてのアイデンティティや、人権や市場経済といった普遍的な価値観の共有は重要である[91]。そのため、多くの国際的な民主化支援プログラムには、民主的な政治文化をつくるための教育に対する支援も含まれている[92]。

　第4に、民族や宗教の分裂状況や、各集団の民主的諸価値に対する態度およびそれらの集団間の関係は、民主主義体制の定着に影響を与える[93]。そこで、たとえば、連邦制度の導入や、政府レベルでの代表制度において全民族集団が代表されるようにしたり、そこでの意思決定の方法について、多数決よりもコンセンサスを中心にするなどの工夫が行われている[94]。また、少数の集団を代表する市民社会組織と政府とが密接な関係を築くことや地方分権の推進がなされている[95]。国際アクターも、少数民族や先住民族を保護するための規範作りや、地方分権の促進、少数民族を代表する組織強化へ向けた支援を行っている[96]。

　第5に、経済的要因は移行期とは違う形で民主主義体制の定着に重要な影響を与える。経済発展は、中産階級を育成し民主主義体制の社会的基盤を作ることで、民主主義体制の定着を促進する[97]。また、民主化は経済発展を必ず促すわけではないが、デモクラシーには生活の安定・向上をもたらすという「神話」が往々にして含まれるため、経済発展という具体的な成果を残さない場合、民主主義体制自体の正統性が失われていく恐れがある[98]。そのため、分類上は民主化支援活動に含まれなくとも、日本政府などが主張するように、経済発展に焦点を合わせた開発援助もまた、間接的に民主化を支援する機能を果たしていると

いえる。また、開発援助をもとになされるプロジェクトでの人々の参加が、民主政治への参加の訓練として位置付けられることもある[99]。逆に、狭義の民主化支援活動が開発援助の一分野として位置づけられることも多い[100]。ただし、経済発展の民主化への効果は複雑である。これまで民主化と並行して行われてきた経済の構造調整や経済体制の移行は、その国家における労働組合の組織化の程度や経済階級の構成に影響を与え、それに伴う各階級の民主主義体制への態度の変化と新たな同盟・対立関係が民主主義体制の定着に強い影響をもたらしてきたとされる[101]。

(2) 国際アクターから国際的な主体的／構造的要因への働きかけ（②）　国際的なアクターは、特定の国家の民主主義体制の定着のために、他の国際アクターへ働きかけを行うことがある（②a）。軍事クーデターなどにより民主的に選ばれた政権が転覆した場合に、他の国際アクターに働きかけて共同歩調をとったり、国際機構の場で集団的対応を求めたりする行為がみられる。たとえば、2002年4月のベネズエラにおけるクーデターの際には、加盟国の要求によって即座にOASの特別総会が開催された。

　国際アクターは、民主化にとってより好ましい国際環境を構築するために、民主主義体制の定着を促す、あるいは阻害する国際的な構造的要因に働きかけを行う場合がある（②b）。そこには、移行期と同様に、国際的な民主化支援体制の構築への貢献がまず挙げられる。また、経済のグローバル化は、一部の国に経済発展をもたらす一方で、国内外の経済的不平等を拡大し、特に発展途上国において民主主義体制の定着を妨げている[102]。しかも、このような経済のグローバル化や自由主義的な国際経済体制は、ブレトンウッズ機関やG8など国際的な意思決定によって維持・促進されている。そこで、国家の民主化を促進するために、そのような不平等な国際経済構造やその背景にある国際的な意思決定過程の変革を目指す国際的な動きが長らく存在してきた。たとえば、1996年のブトロス＝ガリ国連事務総長（当時）の「民主化への課題」やUNDPの2002年の「人間開発報告書」は、国家の民主化と国際レベルの「民主化」を結びつけ、国際的な意思決定過程の改革を呼びかけた[103]。近年でも、1999年のシアトルにおける世界貿易機関（WTO）の閣僚会議や2001年のジェノバでのG8サ

ミットでみられたように、グローバルな市民社会によってグローバル化の是正を求める運動も盛んに行われている。[104]

4　民主化支援の実績

1　民主化支援の実績評価をめぐって

　前節では、民主化支援活動として、各国際アクターは民主化の各段階においてどの要因にどう働きかけることで民主化を推し進めようとしているのかをまとめた。それにより、広義の民主化支援活動は、多様な経路を通じて民主化の国内的および国際的要因に働きかけていることが明らかになった。本節では、そのようにして行われた民主化支援活動が実際にどの程度効果を上げたかを検証する。ただし、民主化支援活動の効果や実績を評価する方法はいまだに確立しておらず、ここでの評価も限られたものとならざるをえない。まずは、実績評価をめぐる議論を概観する。次に、民主化支援活動の実績評価に関する比較的体系的な先行研究をいくつか取り上げて、民主化支援の実績を部分的に明らかにするとともに、先の民主化支援の経路の検討の結果を踏まえてその評価の限界を考える。

　民主化支援の実績の評価の目的は、一般的に「目標がどの程度適切か、またそれらがどれくらい満たされているか、さらにプログラムの効率性、実効性、インパクト、持続可能性を評価すること」とされる。[105] 評価の動機としては、効率性の向上やアカウンタビリティの促進、経験からの教訓学習を促すこと、常に目的と結果を照らし合わせることで活動への恣意的な政治的干渉を防ぐこと、などが挙げられる。[106] 民主化支援の評価の対象となるのは、個々のプロジェクト、プログラム、パートナーの国家ないし諸国、デモクラシー支援を担当する機関、デモクラシーの促進・擁護に使われた方法、アプローチ、手段の選択、そのほかのすべての民主主義体制への影響が考えられる。[107]

　具体的な評価の方法論について合意が存在するとは言い難い。民主化支援を含めた政策評価は大きく4種類ある。[108] まず、政策、プログラム、プロジェクトなど個々の活動が目的・目標を遂行していく「過程」に焦点を合わせる方法が

ある。過程評価（process evaluation）ともいわれる。次に、個々の活動がもたらした「結果」に注目する方法がある。これはさらに、設定された目的を個々の活動が達成した程度を検証する成果評価（output evaluation）と、介入がなかった場合と比べることで政策介入（policy interventions）の効果全般を考察するインパクト評価（impact evaluation）に分類できる。最後に、ステークホルダー（利害関係者）の評価への参加という規範的要素に重点を置いた参加型評価（participatory evaluation）がある[109]。

　従来、プロジェクトが適正に執行されているかを評価する過程評価が主流であったが、2005年の援助の実効性に関するパリ宣言以降、インパクト評価が注目されつつある。本章では、さしあたり民主化支援活動の実施過程ではなく、民主化支援活動が各国の民主化に与えたインパクトを評価するものに注目する。また、個々のプロジェクトというよりも、ある程度のまとまりをもった活動を扱う。

　次に、評価の結果を導き出すための分析手法については、個々の事例に注目して関係者へのインタビューや評価者自身による観察などを通じて支援の民主化への効果を主観的に評価する質的評価と、複数の事例を横断して民主化の程度などを示す客観的（とされる）指標の推移を数量分析することで効果を測る量的評価とがある[110]。前者の例としては、カロザーズによる豊富な実務経験を踏まえたアメリカの民主化支援の効果の評価が有名である[111]。後者の例として、後述するように、USAIDや米国民主主義基金（NED）の支援の効果をフリーダムハウスの自由度指標やPolityプロジェクトの民主化指標を用いて分析した研究がある[112]。

　以上の評価の方法は、実際には組み合わされて用いられることが多い。すべての方法を試すやり方は「ロールスロイス・アプローチ」ともいわれる。しかし、そのようなやり方は評価の間の衝突や矛盾を生む可能性がある[113]。

　元来、民主化支援が民主化にもたらした効果を測定することには困難な点が多い。その理由として、第1に、そもそもデモクラシーや民主化自体があいまいな概念であることが挙げられる[114]。同時に、先にみたように、民主化自体の長期的な性質のために因果関係が不明確である。第2に、誰がデモクラシー・民

主化支援の「受益者」なのか明確にしづらい[115]。つまり、支援の効果として観察すべきは、政治的エリートの変化なのかそれとも一般の人々の変化なのかが不明確である[116]。第3に、支援アクター（ドナー）ごとに測定に用いる指標や基準が異なっている。そもそも、アクターごとに利害や政治的配慮が存在する[117]。その上、国際民主化選挙支援機構（International IDEA）などが期待されてはいるものの、開発分野における世界銀行のような、統一された評価基準の形成を促す中心的な機関が存在していない[118]。第4に、以上のような理由から、民主化支援の評価自体がかかるコストに対して割に合うものとはみなされず、緊縮財政の中でさらに評価活動が発展しないか縮小するという悪循環に陥っている。実際、USAIDでは、開発情報・評価センター（CDIE）が近年になり解散されるなど評価活動にかけられる資源はむしろ減少している[119]。

2　民主化支援の実績

上述のような実績評価自体の方法論上の困難に注意を払いつつ、次に、これまでの民主化支援活動が民主化にもたらした効果を既存の評価を取り上げて検証する。具体的には、第1に、対象となる民主化支援活動自体がどのようなものであるか明らかにする。そこでは対象となっている民主化支援活動が、第1章の分類、すなわち「アクター」「分野」「介入の強度」（＝「アプローチ」）、民主化の「促進」および「擁護」にもとづいて、どのようなものであるか、その特徴を明らかにする。第2に、先の民主化支援の「経路」のモデルに照らし合わせて、その支援活動が民主化に働きかける過程を明らかにする。第3に、その上で、特定の活動がどの程度効果をもたらしたのか各評価の結論を紹介すると同時に、その方法論の特徴と限界も示す。

(1)「占領」　コイン（Chiristopher Coyne）は、アメリカによる軍事的占領を通じた「復興（reconstruction）」による自由民主主義体制の「輸出」について、経済学的アプローチを用いて考察している[120]。占領には、自由民主主義制度を押し付けるためにあらゆる必要な力を用いて紛争後の国家の完全な支配を行う「野蛮な力（brute force）」アプローチによるものから、可能な限り国際的なプレゼンスを伴わずに現地のアクターの関与を強調する「少人数（light footprint）」

アプローチによるものまで幅広く存在する。「復興」には、物質的インフラおよび設備の復旧、最小限の社会サービス、政治、経済、社会、治安分野での構造的改革が含まれる。[121]

本書の視点からみると、コインのいう軍事的占領は、支援アクターはアメリカ政府であり、支援対象となる分野は包括的なものである。また、アプローチは強制的なものである。対象となった事例は、古くは1898年のキューバの占領から最新は2003年のイラク占領であり、大半は民主化を先に進める促進である。ただし、1994年のハイチの事例のように民主化の擁護の事例も一部含まれている。経路でいえば、それらの活動は、国内の主体的要因の大半を国際アクター（ここではアメリカ）が統制することで民主的な政治体制への移行を強制的に進めさせるものである。同時に、社会・経済的な構造的要因に対しても、多様な分野への援助を通じて民主化にとって好ましい方向へ向かわせようとしている（①a＋①b）。

コインの分析においては、軍隊の規模や資金の援助、選挙の時期など占領側が選択可能な「コントロールできる変数」と、占領下の国民の信条や規範など文化的で占領側によって「コントロールできない変数」とが区別された。[122]その上で、まず、アメリカによる軍事的占領を通じた復興の実績をPolity Ⅳの民主化指標を使って評価が行われた。Polity Ⅳのスコアは「＋10」の「完全に民主的」から「－10」の「完全に権威主義的」の間で測られるが、コインは対象国のスコアが＋4を超えた場合に「成功」と評価した。結果、アメリカの撤退後の最初の5年間で成功にいたったのは、25の事例のうちの7つ（28％）にすぎなかった。その上で、コインは、ゲーム理論など経済学のアプローチを用いて多数の事例を参照しながら、復興の過程や対象国の住民間の協力をもたらすメカニズムと、自由民主主義体制の輸出の努力において占領者に影響を与えるメカニズムを明らかにした。続いて、日本および西ドイツの成功した事例、ソマリアおよびハイチの失敗した事例、アフガニスタンおよびイラクという継続中の事例が検証された。

このような簡単な量的評価と論考の大半を占める質的評価から、コインは、軍事的占領による自由民主主義体制を輸出する努力は失敗に終わりやすい、と

いう全体的な結論を引き出している。[123] また、コインは、分析の結果から4つのテーマあるいは教訓を提起している。[124] すなわち、第1に、政策担当者や社会科学者はどのような要素が成功した復興を構成しているかは知っているが、それをどのように実現するかについてはほとんど知らない。第2に、「人間の相互作用を拘束する非公式な制度」と定義される「文化」などのコントロールできない変数は、コントロールできる変数の制約として働く。[125]

　第3に、復興努力は「ニルバーナ（nirvana）の過ち」を被る。すなわち、復興努力が対象国内外に思いもよらない問題を引き起こすことがある。最後に、自由民主主義体制へ向かう持続可能な社会的変化は、基底にある選好や機会の移行が必要であるとする。そのためには、物質的な財やサービスだけでなく、文化的商品やアイデア、信念、制度の自由貿易や交換をともなう不介入を柱とする「リベラルな手法」が、占領や強制による「非リベラルな手法」よりも重視されるべきであるとする。ただし、リベラルな手法には自由投票や自由な起業、信仰の自由、法システムの活用などが含まれるが、最良の方法はいまだ明確ではないとしている。

　(2)「コンディショナリティ」と「インセンティヴ」　　イジアー（Diane Ethier）は、コントロール、コンディショナリティ、インセンティヴという3種の「デモクラシー支援戦略」（DPS）を挙げて、後者二つのインパクトについて評価をしている。[126] コントロール（支配）とは、第1章で取り上げたホワイトヘッドらの分類から援用しているもので、国外アクターが一方的あるいは国内勢力の支援の下に民主主義体制を押し付けるものである。コンディショナリティとは、やはり第1章で取り上げたシュミッターの定義に由来するもので、国外のアクターが示した要件を満たさなければ報酬を与えない、あるいは、制裁を課すものである。[127] 報酬は不確かだが、制裁は可能性が高いかあるいは信憑性が高い。対してインセンティヴは、「将来の民主的改革の実施を確信させたり、促したり、助けたりするために、ひとつあるいは複数の政府や国際機構が、主権国家に対し自由な利得（advantage）（財政支援、設備、相談、同盟など）を与えること」である。[128] 報酬が確かであり、逆に制裁がありえなさそうか信憑性が低い「擬似コンディショナリティ（pseudo-conditionality）」もここに入る。このように定義したう

えで、イジアーは、コンディショナリティの例としてEUによる東方拡大の候補諸国に課せられたコンディショナリティと、インセンティヴの例として世界銀行およびOECD諸国による「民主的発達支援プログラム」(DDAPs) を取り上げ、それぞれが民主化に与えたインパクトを比較している。

本書の枠組みでいえば、コンディショナリティについては、支援アクターとしてEUが取り上げられている。分野については、特定の分野に向けられるものではないが、選挙や議会の機能、政府の安定性や応答性、地方分権、官僚制度、司法の独立と機能、腐敗防止、人権の尊重、それぞれについての東欧諸国の改善がEUによって評価される。アプローチは、半強制的なアプローチであり、民主化の促進と擁護両方にかかるものである。経路については、対象国の国内的な主体的要因を対象とした半強制的なアプローチによる働きかけである（①a）。

インセンティヴについては、支援アクターとしては、世界銀行およびOECD諸国であり、特にUSAIDによる活動が取り上げられている。分野は、選挙、法の支配、メディア、市民社会育成、政府のガバナンス能力といった民主化に直接かかわる分野である。また、インセンティヴは基本的に対象国政府を説得し合意を得るものである。また、基本的に民主化の促進である。このインセンティヴの経路は、政府に民主化へ向けた改革を促すという点で、主体的要因へ直接に働きかけるものである（①a）。同時に、支援の内容は国内の構造的要因にも作用する（①b）。

EUによるコンディショナリティの効果は、1999年から2001年までのEU加盟候補であった東欧諸国の政治改革の進展に関するEUの報告書を通じて検証された。対して、インセンティヴの効果は、因果関係が明らかではなく各プログラムの民主化へのインパクトを測ること自体が難しいとしながら、1996年に実施されたUSAID自身による個々のプログラムの効果に関する評価が取り上げられた。[129] 結論として、EUの東欧諸国へのコンディショナリティは正のインパクトがあったのに対して、DDAPsの効果は疑わしいとした。DPSのアプローチとしての両者がインパクトの違いを生む要因として、制裁の信頼性、監視と協力および支援の範囲、民主的改革に対する支援側の政策決定者の凝集性

と決意、対象国の要求された改革への遵守の能力が挙げられた。

このイジアーの評価は、同じ対象国へのコンディショナリティとインセンティヴそれぞれの効果を比較するといった工夫は採られておらず、民主化支援の手段としてコンディショナリティの方がより有効であるという一般的な結論を導き出すには必ずしも十分ではないと思われる。

(3) **狭義のデモクラシー・民主化支援の評価**　USAID をはじめとした西側諸国の開発援助機関による狭義の民主化支援活動に関する評価はいくつかみられる。なかでも USAID による評価が代表的である。

USAID は、「デモクラシー・ガバナンス・プログラム」(以下、DG プログラム) と銘打たれたプログラムを設け、先進国政府の中で最も大規模な民主化に関する援助を行っている。1990年から2005年まで累計で約85億ドルが同プログラムに費やされ、2008年でも15億ドルの予算が請求された[130]。DG プログラムでは、移行期、定着期ともに、選挙と政治過程、法の支配、市民社会、ガバナンス、メディアといった多様な分野に対して支援が行われている[131]。支援のアプローチとして、USAID の支援の多くは、相手国政府との合意にもとづく活動である。しかし、オレンジ革命前にウクライナの反政府系の NGO への支援をポーランドの NGO を通じて間接的に行ったように、特定の民主化勢力へ向けた秘密裏の戦略的な支援も含まれる[132]。USAID の支援は基本的に民主化の促進活動ということになるが、対象国の民主政治が後退している状況では擁護にもなりうる。USAID の支援の経路は、対象国の国内的な構造的・環境的要因を主たる対象として働きかけている (①b)。しかし、上のように反政府系の NGO へ支援したり、対象国政府の改革への意欲によって支援を増減したりするなど、国内の主体的要因へ働きかける行為も行われている (①a)。

USAID の援助プログラムの効果について、これまでさまざまな評価が試みられてきた[133]。最近では、2期にわたって大規模に行われた、USAID によって監修されたフィンケル (Steven Finkel) らによる量的評価がある。第1期は2005年に完結し、1990年から2003年までに実行された USAID の DG プログラムが民主化に与えた影響が評価された[134]。2008年には、方法を一部修正したうえで、1990年から2004年までのプログラムが評価された[135]。ともに、USAID のデモクラ

シー支援の効果を、フリーダムハウスおよび Polity プロジェクトのデータセットから得た国家レベルの自由およびデモクラシーに関する指標上の変化から測るものである。また、分野別の評価として、USAID の DG 支援プログラムを、大きく「選挙と政治過程」、「(人権を含む) 法の支配」、「(メディアを含む) 市民社会」、「ガバナンス」の4分野に分け、別の情報源に照らし合わせることでその効果が測定されることも行われた。

 第1期の研究では次の点が明らかになった。[136] 第1に、USAID のデモクラシー支援は中位の (moderate)、しかし重要なインパクトを世界中のデモクラシーのレベルに与える。より具体的には、USAID の DG プログラムの100万ドルごとが、その年に本来予期されたスコアを50％押し上げたとされた。第2に、デモクラシーの質の向上の程度は投資に左右されるので、支援の資金のレベルが重要である。第3に、USAID の支援以外の要因では、前年の GDP の成長と周辺地域のデモクラシーのレベルである「近隣効果」が、民主化に貢献した。逆に、政治的衝突と暴力は当該国家のデモクラシーのレベルに負の短期的なインパクトを与えたとされる。

 第4に、分野別の測定では、市民社会への支援が最も効果的であり、次いで選挙と政治過程への投資が効果的であった。逆に、人権分野への支援については、人権侵害が増加するなど、負の相関関係がみられた。法の支配とガバナンスの分野については USAID による支援のインパクトは明確ではなかった。第5に、地域ごとにインパクトが異なり、アジアへの支援の効果が最も高く、次いでアフリカであり、ラテンアメリカは最も低かった。最後に、当初の予測とは対照的に、最初の民主化の程度が低く、より困難な政治的、社会的環境にある国家ほど支援のインパクトが大きかった。また、プログラムが成果として現れるには数年を要し、プログラムの成果は累積的なものかもしれないことも示唆された。第1期の研究の方法論を一部改善して、2004年分のデータを追加した第2期の研究も上記とほぼ同様の結論を支持した。[137]

 アメリカでは USAID による支援以外にも民間基金による民主化支援活動が盛んである。スコット (James Scott) とスティール (Carie Steele) は、1990年から97年までの米国民主主義基金 (NED) による民主化支援の効果を評価した。[138]

第1章でも述べたように、NEDは、政府から助成を受けた資金を、さらに共和党系の共和党国際研究所（IRI）や民主党系の米国民主党国際研究所（NDI）、労働組合系の米国国際労働連帯センター（ACILS）、経済界系の国際民間企業センター（CIPE）といった国際援助機関に資金を提供する。それら機関は、移行前の権威主義体制の国家を含めて、選挙支援や制度構築、市民社会の強化、市場改革、自由なメディア、人権の推進など多様な分野へ、現地の市民団体への支援や事業への助成を行うものである。

　それらの支援のアプローチについては、あくまで民間機関であり、そのために政府の合意あるいは黙認、あるいは不認知のもとで行われる。そもそも、アメリカ政府がNEDを設立した背景には、非政府機関であることによって、対象国の内政干渉への警戒を解くという目的があった。[139] 支援の分野は、上にもあるように幅広い。支援の目的が民主化の促進か擁護かという点については、民主化の後押しが主となるが、民主政治が後退している国家に対して民主化勢力への支援が意図的に行われることもある。[140] USAIDと同様に、支援の経路は、基本的には長期的に国内の構造的・環境的要因を国内団体のプロジェクトを通じて民主化に適したものに変えていくというものであるが（①b）、場合によっては、権威主義体制下の反政府勢力など特定のアクターを支援する形で、民主化の国内的な主体の要因に働きかけることもある（①a）。

　彼らは、与えられたグラントのデータセットを使用し、次の二つの仮説を数量的な手法で検証した。仮説1は「デモクラシー促進仮説（Democracy Promotion Hypothesis）」で、NEDによるデモクラシー支援は対象国の民主化の進展に貢献している、というものである。彼らはフリーダムハウスのスコアを使用してこの仮説を検証し、結果として統計上の有意はないとした。むしろ、UNDPの人間開発指標（HDI）で測られるような社会経済的な指標の方が、民主化の進展を説明する要因であったことを明らかにした。

　仮説2は「デモクラシー定着仮説（Democracy Consolidation Hypothesis）」であり、対象国の民主化がむしろその進展を強化するように設計されたNEDのグラントを呼び込んでいる、というものである。しかし、この仮説も分析の結果肯定されなかった。二つの仮説の検証から、NEDのグラントはデモクラシー

のスコアの改善に反応して提供されてはいないという結論が示された。彼らは、NED のグラントはむしろ貧弱なデモクラシーのスコアやデモクラシーへの進展の逆行に応じて提供されるという「独裁への抵抗（Dictatorship Resistance）仮説」の方が妥当かもしれないと示唆した。

　アメリカの政府や基金による支援の評価の手法を OECD 諸国全体にまで援用した研究も存在する。カリビティス（Sarantis Kalyvitis）とヴラチャキ（Irene Vlachaki）は、先のフィンケルらと同種の計量的な方法を用いて、OECD による「デモクラシー支援」が民主化にどの程度影響を与えたかを評価した。OECD 諸国のデモクラシー支援のデータとして、OECD の「政府と市民社会（Government and Civil Society）」のカテゴリーに該当する資金のフローの統計が用いられた。民主化の変化の指標については、やはりフリーダムハウスのスコアが使用された。結果としては、そのインパクトは証明され、USAID による民主化支援の肯定的な効果を示したフィンケルらの研究成果を、OECD 諸国全体にまで拡大するものであった。[141]

　以上、民主化支援の効果・実績について、ここで取り上げた既存の評価では NED に関するものを除いて肯定的な評価が下されている。しかしその一方で、第 1 に、いずれの評価でも、民主化支援と民主化との因果関係が明確にされた上で評価が行われたとはいえない。これまでの考察で示されたように、民主化には多様な要因がかかわり、民主化支援活動はその一部に働きかけるに過ぎない。また、多様な国際アクターが多様な民主化支援活動を複雑な経路で行う中で、（ある程度包括的であっても）特定の民主化支援活動が民主化全体へ与えた影響を測定すること自体が極めて困難な作業である。[142] そのために、これまでの評価結果もカッコつきの暫定的なものといえる。第 2 に、上記の評価の多くではフリーダムハウスおよび Polity IV の指標が使用されているが、それらは国全体のデモクラシー度を評価するものであり、かつ民主化の移行期と定着期の区別がない。そのために、特定の民主化支援活動の効果を測る基準としては必ずしも適していない面がみられ、改善の余地が多分にある。[143]

　民主化の効果を測る手法については、次章で詳しくみるデモクラシーの程度の測定の問題とあわせて、民主化支援活動が民主化に影響を与える複雑な経路

を解明する作業を進めつつ検討する必要があるといえる。[144]

5 小　括

　本章は、民主化と民主化支援の関係として、①民主化の過程および要因における民主化支援の「位置づけ」、②民主化支援が民主化に影響を与える「経路」、③実際に影響を与える（与えてきた）「程度（あるいは実績）」を検討してきた。

　第2節では、①「位置づけ」について、民主化支援活動は、民主化の過程ではそれ自体が民主化の国際的要因であると同時に、民主化の各段階に働く国内的および国際的要因のいずれかに作用することで意図的に民主化を押し進める活動であることを示した。第3節では、②の「経路」について、民主化の各段階において国際アクターがどの要因にどう働きかけることで民主化を推し進めているのか概観した。民主化支援活動は、多様な経路を通じて民主化の国内的および国際的要因に働きかけていることが明らかになった。第4節では、③の「実績」について、民主化支援の効果・実績の既存の評価は、肯定的な評価が多いものの、依然として評価方法について課題があることを示した。その背景には、民主化の効果を測るための手法自体の不十分さがある。民主化支援活動が民主化に影響を与える複雑な経路を解明した上で、改めて測定の手法を検討する必要性を指摘した。

　最初に述べたように、本章での考察は、より本格的な民主化と民主化支援の関係の考察のための準備作業といえるものである。今後の研究の課題としては、第1に、民主化支援活動が民主化の過程に影響を及ぼす経路を事例ごとに詳細に分析し、体系化することが求められる。第2に、本章ではいくつかの民主化支援の経路を明らかにしたが、それらの経路間の相互作用の解明も必要である。ある民主化要因に作用する支援が他の要因に与える副次的な影響を含めて各経路間の相互作用はいまだに十分に明らかになっていない。これらの作業は、民主化支援の実績の評価方法の改善をもたらし、対象国の政治・社会的環境や支援側の協力体制など民主化支援を有効にする条件を明らかにすることにつながるといえよう。

1) Grugel, Jean, *Democratization: A Critical Introduction*. Basingstoke: Palgrave, 2002（仲野修訳『グローバル時代の民主化―その光と影』法律文化社、2006年）. Sørensen, Georg, *Democracy and Democratization: Processes and Prospects in a Changing world, 3rd (ed.)*, Boulder: Westview Press, 2008. Whitehead, Laurence (ed.) *The International Dimensions of Democratization: Europe and the Americas*, Oxford: Oxford University Press, 1996.
2) Burnell, Peter, *Does International Democracy Promotion Work?* Discussion Paper, Deutsches Institut für Entwicklungspolitik (German Development Institute), 2007. Magen, Amichai, *Evaluating External Influence on Democratic Development: Transition*. CCDDRL Working Papers, Stanford: Center on Democracy, Development, and The Rule of Law (CDDRL), 2009.
3) Magen, *op.cit.*, pp.16-18. McFaul, Michael, Amichai Magen, and Kathryn Stoner-Weiss, *Evaluating International Influences on Democratic Transitions: Concept Paper*, Feeman Spogli Institute for International Studies (FSI), Stanford University, 2008, [http://fsi.stanford.edu/research/evaluating_international_influences_on_democratic_development/] 2008/12/21, pp.7-10.
4) Stewart, Susan, "Democracy Promotion before and after the 'Colour Revolutions'," *Democratization*, Vol.16, No.4, 2009, pp.645-680.
5) Ambrosio, Thomas, "Insulting Russia from a Colour Revolution: How the Kremlin Resisits Regional Democratic Trends," *Democratization*, Vol.14, No.2, 2007, pp.232-252.
6) 拙稿「グローバル化と国家」岩崎正弘・坪内淳編『国家の現在』芦書房、2007年、193-223頁。
7) Burnell, Peter, "Methods and Experiences of Evaluating Democracy Support: A Moving Frontier," in Peter Burnell (ed.), *Evaluating Democracy Support: Methods and Experiences*, International IDEA and Swedish International Development Cooperation Agency (SIDA): Stockholm, 2007, p.43.
8) 以下、次を参照。Sørensen, *op.cit.* 拙著『国際連合と民主化―民主的世界秩序をめぐって』法律文化社、2004年、第3章。
9) ギジェルモ・オドネル、フィリップ・シュミッター共著、真柄秀子、井戸正伸訳『民主化の比較政治学－権威主義支配以後の政治世界－』未来社、1986年、34-35頁。
10) Rustow, Dankwart A., "Transitions to Democracy: Toward a Dynamic Model," *Comparative Politics*, Vol.2, No.3, 2007, pp.337-363. Sørensen, *op.cit.*, pp.46-53. 大芝亮『国際組織の政治経済学』有斐閣、1994年、18頁も参照。ただし、ロストウはこの移行段階に、合意された民主的なルールが国民全体に浸透していく「習慣化段階（Habituation）」をさらに加えているが、本章においては、内容的に「定着」の段階に含まれる。
11) 岩崎は競合的選挙の実施を非民主主義（体制）から民主主義（体制）への「敷居」であるとする。岩崎正洋「民主化支援と国際関係」『国際政治』第125号、2000年、136-140頁。
12) Schedler, Andreas, "What is Democratic Consolidation?", *Journal of Democracy*, Vol.9, No.2, 1998, pp.91-107；サミュエル・ハンチントン著、坪郷實、中道寿一、藪野祐三訳『第三の波：20世紀後半の民主化』三嶺書房、1995年、229、257-258頁。「定着」に関する議論について、以下を参照。Diamond, Larry, *Developing Democracy: Toward Consolidation*, Baltimore, Md.: Johns Hopkins University Press, 1999. ch.3. Gunther, Richard, Nikiforos P.

Diamandouros, and Hans-Jürgen Puhle, "Introduction", in Richard Gunther, Nikiforos P. Diamandouros, and Hans-Jürgen Puhle (eds.), *The Politics of Democratic Consolidation: Southern Europe in Comparative Perspective*, Baltimore: The Johns Hopkins University Press, 1995, pp.1-31. Leftwich, Adrian, "From democratization to democratic consolidation", in David Potter, David Goldblatt, Margaret Kiloh, and Paul Lewis (eds.) *Democratization*, Cambridge: Polity Press in association with The Open University, 1997, pp.517-536. Linz, Juan J. and Alfred Stepan, *Problems of Democratic Transition and Consolidation: Southern Europe*, South America, and Post-communist Europe, Baltimore: Johns Hopkins University Press, 1996. 三上了「「定着論」再考―その両義性が意味するもの」『早稲田政治公法研究』第61号、1999年、169-190頁参照。

13) Linz and Stepan, *op.cit.*, p.5.
14) ハンチントン、前掲書、229頁参照。
15) See, Gunther, Diamandouros, and Puhle, *op.cit.*, pp.12-17. Diamond, 1999, *op.cit.*, ch.3.
16) See, Dahl, Robert A., *On Democracy*, New Heaven and London: Yale University Press, 1998, p.2（中村孝文訳『デモクラシーとは何か』岩波書店、2001年）.
17) オドネルとシュミッターのいう「社会化」である。オドネル、シュミッター、前掲書、46-51頁。
18) 千葉眞『ラディカル・デモクラシーの地平』新評論、1995年。
19) Magen, *op.cit.*, p.4.
20) Schedler, Andreas, "The Logic of Electoral Authoritarianism," in Andreas Schedler (ed.) *Electoral Authoritarianism: The Dynamics of Unfree Competition*, Boulder, Colo.: Lynne Rienner, 2006, pp.1-23. 次も参照。Collier, David and Steven Levistsky, "Democracy with Adjective: Conceptual Innovation in Comparative Research," *World Politics*, Vol.49, No.3, 1999, 430-451.
21) Magen, *op.cit.*, pp.4-5.
22) Puddington, Arch, "The 2008 Freedom House Survey: A Third Year of Decline," *Journal of Democracy*, Vol.20, No.2, 2009, pp.95 and 99.
23) Carothers, Thomas, "The End of the Transition Paradigm," 2002, in Thomas Carothers, *Critical Mission: Essays on Democracy Promotion*, Washington, D.C.: Carnegie Endowment for International Peace, 2004, pp.167-183.
24) Schedler, *op.cit.*
25) Burnell, Peter, "From Evaluating Democracy Assistance to Appraising Democracy Promotion," *Political Studies*, Vol.56, 2008, p.421.
26) Doorenspleet, Renske and Cas Mudde, "Upping the Odds: Deviant Democracies and Theories of Democratization," *Democratization*, Vol.15, No.4, 2008, pp.815-832.
27) Megan, *op.cit.*, pp.5-13.
28) Fukuyama, Francis, *State-building: Governance and World Order in the 21st Century*. Ithaca, N.Y.: Cornell University Press, 2004.
29) 国際協力事業団『民主的な国づくりへの支援に向けて―ガバナンス強化を中心に―』国際協力事業団、2002年、第1章。
30) McFaul, Michael, Amichai Magen, and Kathryn Stoner-Weiss,"*Evaluating International*

Influences on Democratic Transitions: Research Guide for Case Study Authors, Feeman Spogli Institute for International Studies (FSI), Stanford University, 2008, [http://fsi.stanford.edu/research/evaluating_international_influences_on_democratic_development/] 2008/12/21.
31) Way, Lucan, "The Real Causes of the Color Revolutions," *Journal of Democracy*, Vol.19, No.3, 2008, pp.55-69.
32) Grugel, *op.cit.*, ch.3。ほかにも、次を参照。Rueschemeyer, Stephens, and Stephens, *op.cit.*
33) 恒川惠市『比較政治―中南米』日本放送出版協会、2008年、第3章。
34) ハンチントン、前掲書、98-104頁。
35) Whitehead, *op.cit.*
36) Way, *op.cit.*, ほかにも「拡散」をめぐる議論として、次も参照。Doorenspleet, Renske and Petr Kopecký, "Against the Odds: Deviant Cases of Democratization,"*Democratization*, Vol.15, No.4, 2008, pp.697-713. Doorenspleet and Mudde, *op.cit.*
37) McFaul et.al, *Evaluating International Influences on Democratic Transitions: Research Guide for Case Study Authors*, *op.cit.* Diamond, 2008, *op.cit.*, ch.5.
38) National Research Council, *Improving Democracy Assistance: Building Knowledge through Evaluations and Research*, Washington, DC: The National Academies Press, 2008.
39) 国際的な民主化支援体制構築への各国の貢献の分析を含むものとして次を参照。Democracy Coalition Project, *Defending Democracy: A Global Survey of Foreign Policy Trends 1992-2002*. Democracy Coalition Project, 2002.
40) 以下の記述は、拙著、2004、前掲書の第3章を参照している。
41) オドネル、シュミッター、前掲書。
42) 同上、58-67頁。
43) 同上、59-60頁。
44) Huber, Evelyne, Dietrich Rueschemeyer, and John D. Stephens, "The Paradoxes of Contemporary Democracy: Formal, Participatory, and Social Dimensions", *Comparative Politics*, Vol.29, No.3, 1997, pp. 323-342. Haggard, Stephan and Robert R. Kaufman, "The Political Economy of Democratic Transitions", *Comparative Politics*, Vol.29, No.3, 1997, pp.263-283.
45) See, United Nations Department for Development Support and Management Services, *Elections: Perspectives on Establishing Democratic Practices*, United Nations Publication, 1997.
46) なお、ここでの「政治的コンディショナリティ」とは、「経済援助の目的の一つは、単に開発途上国の経済成長を支援するだけではなく、開発途上国における人権保障状況を改善し、また民主化を促進することであると考え、被援助国が人権保障や民主的制度の確立に努力することを経済援助を受ける条件とする政策のこと」である。大芝亮「国際政治経済―資本主義、民主主義とガバナンス―」星野昭吉・臼井久和編『世界政治学』三嶺書房、1999年、186-187頁参照。
47) Adesnik, David, and Michael McFaul, "Engaging Autocratic Allies to Promote Democracy," *The Washington Quarterly*, 29:2, 2006, pp.7-26. Koichi Sugiura, "Changing

ASEAN and Different Views of Global Democracy with a Focus on Myanmar", *International Public Policy Studies*, Vol.10, No.2, 2006, pp.139-162.
48) Brown, Frederick, "Cambodia's Rocky Venture in Democracy", in Krishna Kumar (ed.), *Postconflict Elections, Democratization, and International Assistance*, London: Lynne Rienner Publishers, 2000, pp.87-90. Roberts, David W., *Political Transition in Cambodia* 1991-99*: Power, Elitism and Democracy*. Richmond: Curzon Press, 2001, ch.1.
49) Åslund and McFaul, *op.cit*. Beissinger, Mark R. "Promoting Democracy: Is Exporting Revolution a Constructive Strategy?, "*Dissent*, Winter 2006.
50) Sørensen, Eva and Jacob Torfing (eds.), *Theories of Democratic Network Governance*, Basingstoke [England] ; New York : Palgrave, 2007, pp.85-89
51) 選挙に必要な技術については、次を参照。United Nations Department for Development Support and Management Services, Elections: Perspectives on Establishing Democratic Practices. United Nations Publication, 1997.
52) See, Chand, Vikram K., "Democratization from the Outside In: NGOs and International Efforts to Promote Open Elections", in Thomas G. Weiss (ed.), *Beyond UN Subcontracting: Task-Sharing with Regional Security Arrangements and Service-Providing NGOs*, Basingstoke, Hampshire: Macmillan, Press New York: St. Martin's Press, 1998, pp.160-183.
53) United Nations, Enhancing the Effectiveness of the Principle of Periodic and genuine Elections, Report of the Secretary-General, U.N.Doc.A/48/590, 1993, para.60.
54) Åslund and McFaul, *op.cit.*
55) Diamond, 2008, *op.cit.*, pp.98-102.
56) Doorenspleet and Kopecký, *op.cit.*, pp.704-705. Magan, *op.cit.*, pp.6-7.
57) Grugel, *op.cit.*, pp.92-102.
58) 下村恭民編著『アジアのガバナンス』有斐閣、2006年。
59) Way, *op.cit.*
60) Potter, *op.cit.*, pp.11-13.
61) Blair, Harry, "Donors, Democratization and Civil Society: Relating Theory to Practice", in Michael Edwards and David Hulme, *NGOs, States and Donors: Too Close for Comfort.*, London: Earthcan Publications, 1997, pp.26-27.
62) たとえば、UNDPの民主的ガバナンスへの支援について次のサイトを参照。[http://www.undp.org/governance/index.html].
63) 吉川元『ヨーロッパ安全保障協力会議（CSCE）：人権の国際化から民主化支援への発展過程の考察』三嶺書房、1994年。
64) Fox, Gregory and Brad R. Roth (eds.), *Democratic Governance and International Law*, Cambridge: Cambridge University Press, 2000. 桐山孝信『民主主義の国際法』有斐閣、2001年。
65) Pevehouse, Jon C., *Democracy from Above: Regional Organizations and Democratization*, Cambridge: Cambridge University Press, 2005.
66) 同コーカスのHPを参照。[http://www.ccd21.org/Initiatives/undc.html].
67) Levitsky, Steven, and Lucan A. Way, "International Linkage and Democratization,"

Journal of Democracy, Vol.16, No.3, 2005, pp.20-34.
68) Potter, Goldblatt, Kiloh, and Lewis (eds.), *op.cit.*, pp.515-516.
69) Linz and Stepan, *op.cit.*, p.5.
70) Diamond, 1999, *op.cit.*, ch.6.
71) Pevehouse, *op.cit.*
72) Diamond, 2008, *op.cit.*, ch.3. O'Donnell, Guillermo, "Delegative Democracy", *Journal of Democracy*, Vol.5, No.1, 1994, pp.55-69. Zakaria, Fareed, "The Rise of Illiberal Democracy", *Foreign Affairs*, Vol.76, No.6, 1997.
73) Halperin and Mirna Galic (eds.), *Protecting Democracy: International Responses*, Lanham: Lexington Books, 2005
74) Byers, Michael and Simon Chesterman, ""You, the People": pro-democratic intervention in international law," in Fox and Roth, *op.cit.*, pp.261-292.
75) クーデターそのものは1991年に発生している。
76) Byers and Chesterman, *op.cit.*, pp.284-290.
77) United Nations, Support by the United Nations system of the efforts of Governments to promote and consolidate new or restored democracies, Report of the Secretary-Genera, U.N.Doc. A/56/499, 2001, para.29.
78) Boniface, Dexter S., "Is There a Democratic Norm in the Americas? An Analysis of the Organization of American States", *Global Governance*, Vol.8, No.3, 2002, pp.372-373.
79) Potter, Goldblatt, Kiloh, Lewis (eds.), *op.cit.*, p.267. 岩崎育夫「開発体制の起源・展開・変容－東・東南アジアを中心に」東京大学社会科学研究所編『20世紀システム4　開発主義』1998年、115-146頁参照。
80) Munck, Gerardo, "Democratic Transitions in Comparative Perspective", *Comparative Politics*, Vol.26, No.3, 1994, pp.363-364. Linz and Stepan, *op.cit.*, XIV.
81) ダイアモンドは、定着に必要な課題として「(民主主義体制の) 深化」(democratic deepening)、「政治的制度化」(political institutionalization)、「体制のパフォーマンス」(regime performance) を挙げ、後者2つが、ここでの国家の制度構造とその能力に関わるものであり、最初のものは国家と社会の関係に関わるものである。Diamond, 1999, *op.cit.*, pp.73-77. ただし、ここではその両者を密接に関連するものとして、まとめて扱う。
82) Diamond, 1999, *op.cit.*, pp.75-77.
83) *Ibid.*, pp.93-96.
84) *Ibid.*, pp.111-112.
85) *Ibid.* pp.96-111.
86) 民主主義体制の定着へ向けた選挙支援の変化について、次を参照。橋本敬市「国際社会による民主化支援の質的変換―選挙支援の位置づけに関する考察」『国際協力研究』Vol.22, No.1、32-39頁。政党への支援について次を参照。Carothers, Thomas. 2006. *Confronting the Weakest Link: Aiding Political Parties in New Democracies*, Washington, D.C.: Carnegie Endowment for International Peace.
87) *Ibid.*
88) Diamond, 2008, *op.cit.*, pp.157-160.
89) See, Payne, Leigh A., *Uncivil Movement: The Armed Right Wing and Democracy in*

Latin America, Baltimore and London: The John Hopkins University Press, 2000.
90) Diamond, 1999, *op.cit.*, ch.5. Diamond, 2008, *op.cit.*, pp.154-157. Potter, *op.cit.*, pp.24-26.
91) Potter, *op.cit.*, p.22.
92) See, UNESCO, World Plan of Action on Education for Human Rights and Democracy, adopted at the International Congress on Education for Human Rights and Democracy in Montreal from 8 to 11 March 1993, [http://www.unesco.org/human_rights/hrfe.htm] 2001/11/17.
93) Potter, *op.cit.*, p.26. Leftwich, *op.cit.*, p.531.
94) Diamond, 2008, *op.cit.*, pp.160-165. レイプハルトの多極共存型民主主義の議論を参照。Lijphart A., *Democracy in Plural Societies: Comparative Explanation*, Yale University Press, 1977（内山秀夫訳『多元社会のデモクラシー』三一書房、1979年）.
95) See, UNDP Management Development and Governance Division, *op.cit.*
96) 国連においては、1992年12月に「民族的、エスニック、宗教的、言語的マイノリティーに属する人々の権利に関する宣言」が総会決議47/135で採択され、その後、その促進のための総会決議が採択されている（総会決議48/138、49/192、50/180、51/91、52/123、54/162）。また、「民族的、あるいはエスニックな宗教的・言語的マイノリティーに属する人々の権利」と題される決議が、人権委員会でも採択され、「差別の防止とマイノリティーの保護の関する小委員会」を通じて、それらの保護が試みられている。たとえば、人権委員会決議1994/22、1995/24、1996/20、1997/16、1998/19、1999/48、2000/52、2001/55を参照。
97) Lipset, Seymour Martin, *Political man: the social bases of politics*. London: Heinemann, 1960（内山秀夫訳『政治のなかの人間：ポリティカル・マン』東京創元新社、1963年）.
98) Diamond, 1999, *op.cit.*, pp.78-88. Potter, *op.cit.*, pp.24-25. Sørensen, *op.cit.*, 26 and ch.3.
99) Diamond, 1999, *op.cit.*, pp.242-243.
100) たとえば日本政府による民主化支援について第7章を参照。
101) Haggard and Kaufman, *op.cit.* Leftwich, *op.cit.*, pp.530-531.
102) Cerny, Philip, "Globalization and the erosion of democracy", *European Journal of Political Research*, Vol.36, No.1, 1999, pp.1-26.
103) See, United Nations, Agenda for Democratization, Report of the Secretary-General, U.N. Doc.A/51/761, 20 December 1996.
104) Grugel, *op.cit.*, pp.116-139
105) Burnell, "Methods and Experiences of Evaluating Democracy Support: A Moving Frontier", *op.cit.*, p.16.
106) *Ibid.*, p.17.
107) *Ibid.*, pp.22-25.
108) 評価の方法論をめぐる議論全般については、次を参照。National Research Council, *op.cit.*, pp.44-49. Molutsi, Patrick D., "The Evaluation of Democracy Support Programmes: An Agenda for Future Debate," in Burnell（ed.）, *Evaluating Democracy Support, op.cit.*, pp.216-226. また、開発援助を含めた評価の方法をめぐる議論については、次を参照。三好皓一編『評価論を学ぶ人のために』世界思想社、2008年。
109) 以上は次を参照。National Research Council, *op.cit.*, pp.44-49. 参加型評価については次

も参照。Crawford, Gordon, "Promoting Democracy From Without: Learning From Within (Part I)," *Democratization*, Vol.10, No.1, 2003, pp.77-98. Crawford, Gordon, "Promoting Democracy From Without: Learning From Within (Part II)," *Democratization*, Vol.10, No.2, 2003, pp.1-20.
110) Burnell, "Methods and Experiences of Evaluating Democracy Support: A Moving Frontier", *op.cit.*, pp.29-30.
111) Carothers, 2004, *op.cit.*
112) Finkel, Steven E., Aníbal Pérez-Liñán, and Mitchell A. Seligson, "The Effects of U.S. Foreign Assistance on Democracy Building, 1990-2003," *World Politics*, Vol.59, No.3, 2007, pp.404-439. Scott James M. and Carie A. Steele, "Assisting Democrats or Resisting Dictators? The Nature and Impact of Democracy Support by the United States National Endowment for Democracy, 1990-99," *Democratization*, Vol.12, No.4, 2005, pp.439-460.
113) Burnell, "Methods and Experiences of Evaluating Democracy Support: A Moving Frontier", *op.cit.*, p.39.
114) *Ibid.*, pp.26-29.
115) Molutsi, *op.cit.*, p.220.
116) Burnell, *Does International Democracy Promotion Work?*, *op.cit.*, p.3.
117) Burnell, "Methods and Experiences of Evaluating Democracy Support: A Moving Frontier", *op.cit.*, p.40.
118) *Ibid.* Molutsi, *op.cit.*, p.226.
119) National Research Council, *op.cit.*, p.12.
120) Coyne, Christopher J., *After War: The Political Economy of Exporting Democracy*. Stanford, California: Stanford University Press, 2008.
121) *Ibid.*, p.9.
122) *Ibid.*, p.12.
123) *Ibid.*, pp.12-19.
124) *Ibid.*, pp.20-29.
125) *Ibid.*, p.23
126) Ethier, Diane, "Is Democracy Promotion Effective? Comparing Conditionality and Incentives," *Democratization*, Vol.10, No.1, 2003, pp.99-120.
127) Schmitter, Philippe C. "The Influence of the International Context upon the Choice of National Institutions and Politics in Neo-Democracies," in Laurence Whitehead (ed.), *op.cit.*, pp.26-54.
128) Ethier, *op.cit.*, p.100.
129) USAIDの開発情報・評価センター (CDIE) による報告書である。次のサイトに報告書が掲載されている。[http://www.usaid.gov/pubs/usaid_eval/] 2009/10/9.
130) National Research Council, *op.cit.*, p.1
131) 次のUSAIDのサイトを参照。[http://www.usaid.gov/our_work/democracy_and_governance/].
132) Beissinger, *op.cit.*
133) Sarles, Margaret, "Evaluating the Impact and Effectiveness of USAID's Democracy

and Governance Programmes," in Burnell (ed.), *Evaluating Democracy Support, op.cit.*, pp.46-68.
134) Finkel et.al., 2007, *op.cit.*
135) Finkel, Steven E., Aníbal Pérez-Liñán, Mitchell A. Seligson and C. Neal Tate, *Deepening Our Understanding of the Effects of US Foreign Assistance on Democracy Building*: Final Report, USAID, University of Pittsburgh, and Vanderbilt University, 2008. Sarles, *op.cit.*, pp.58-61.
136) Finkel et.al., 2007, *op.cit.* Sarles, *op.cit.*, pp.59-60
137) Finkel et.al., 2008, *op.cit.*
138) Scott James M. and Carie A. Steele, "Assisting Democrats or Resisting Dictators? The Nature and Impact of Democracy Support by the United States National Endowment for Democracy, 1990-99," *Democratization*, Vol.12, No.4, 2005, pp.439-460.
139) NEDの活動について、菅原秀『もうひとつの国際貢献』リベルタ出版、2003年を参照。
140) Beissinger, *op.cit.*
141) Kalyvitis, Sarantis and Irene Vlachaki, *Democratic Aid and the Democratization of Recipients*, Working Paper, 2008.
142) Burnell, "Methods and Experiences of Evaluating Democracy Support: A Moving Frontier", *op.cit.*
143) National Research Council, *op.cit.*
144) 同様の指摘について次を参照。National Research Council, *op.cit.*

第4章　デモクラシーおよびガバナンス評価と民主化支援

1　はじめに

　前章でみたように、民主化支援がこれまで現実の各国の民主化に果たしてきた実績の評価は、民主化と民主化支援活動の因果関係が複雑であるために本質的に困難な行為である。それに加えて、支援の結果としての各国のデモクラシーや民主化の変化の測定自体がいまだ試行錯誤の状況にあることが、民主化支援の効果を評価する際の障害となっている。現在でも、十分にテストされて洗練され、かつ広いコンセンサスを享受しているデモクラシーや民主化の測定手段自体が存在しているとはいえない[1]。

　そこで本章は、実例に即しながらデモクラシーや民主化の測定をめぐる現状と課題を考察する。その作業において問題となるのは、最近活発になっている「ガバナンス」に対する評価との関係である。これまでの章でも触れたように、デモクラシーや民主化とガバナンスは深く結びついている。民主化の達成ためにガバナンスは欠かせない。また、外交や援助の実務、国際法規範においてそれらの用語で示される内容は重複も多い。そこで本章では、デモクラシーに関連する概念として、ガバナンスに関する指標や評価も含めて検討対象とする。しかし、デモクラシーとガバナンスの関係は、その用語法の背景にある動機も含めて単純なものではない。援助の実務では、デモクラシーよりもむしろガバナンスの用語があえて使用される傾向がみられる。そこで本章では、まず、デモクラシーとガバナンスの概念の関係について整理する。続いて、主要な援助機関によって行われているデモクラシーおよびガバナンスの評価の試みを、その歴史的な変遷を織り込みつつ検討する。

2　デモクラシーとガバナンス

「ガバナンス」の概念は比較的新しいものであり、1990年代以降、社会科学全般において流行するようになった。たとえば比較政治学では、主に先進民主主義国を対象として、旧来の民主政治の硬直化への処方箋として、ガバナンスの議論が発達してきた。すなわち、選挙を中心としたエリート主義的なデモクラシーに対して、「新しい民主主義」の追求としてガバナンスの概念が出現した。[2] 同時に、ガバナンスの議論は、旧来の階層型の政府機構に代わってネットワークおよび水平型の統治メカニズムの発達を指摘する。国際関係論(国際政治学)においては、ガバナンスは「グローバル・ガバナンス」の概念として発達している。それは、世界政府の存在しないアナーキーの国際社会においても、国際法や国際レジームの形成による「政府なき統治」の存在を示す概念である。経営学においても近年、コーポレート・ガバナンス（企業統治）の概念が広く口上に載せられている。それは、経営者に対する株主や消費者も含めた広いステークホルダーによる規律を求めるものである。

最後に、民主化支援と最も関連するものとして、開発援助分野においてもガバナンスの概念が広がっている。そもそもガバナンスという言葉自体、1989年の世界銀行によるアフリカの開発に関する報告書で使われたのが最初といわれる。[3] 開発援助分野でのガバナンスは、援助の受け皿である政府の統治能力への疑問を背景に、援助の条件（＝コンディショナリティ）とすべきものとして登場した。ただし、援助におけるガバナンスの定義も必ずしも統一されていない。たとえば日本の国際協力機構（JICA）は、「ある国の安定・発展の実現に向けて、その国の資源を効率的に、また国民の意思を反映できる形で、動員し、配分、管理するための政府の機構制度、政府・市民社会・民間部門の共同関係や意思決定のあり方など、制度全体の構築や運営のあるべき姿」と定義している。[4] しかし、行政機構の効果や効率、透明性、説明責任、政権や政策の手続き的な正統性、法の支配、関係者や社会の構成員の意思決定や執行の参加が「グッド・ガバナンス」のために求められる点では、どの定義もおおむね一致している。[5]

現在では、開発においてガバナンスは不可欠であるという考え方は広く受け入れられ、開発援助における「ガバナンスの主流化」が指摘されている[6]。それは、2000年の国連ミレニアム開発目標（MDGs）の設定以来、民主的ガバナンスの実現が主要な開発援助の主要目標となっていることにも現れている。

これら各分野でガバナンスが指し示す内容には差異がみられるものの、ガバナンスは「社会や組織が意思決定する過程」であり、「この過程がよって立つところのシステムや枠組み、たとえば、合意の形成、権力や資源の分配、意思決定の仕方、説明責任のとり方などを決める、公式・非公式の制度やルール」を意味する点では共通している[7]。また、規範的には、①ピラミッド型の統治構造ではなく、②多様なステークホルダーが参加し、③自主的で自発的な参加を重視する点が強調されることが多い[8]。

次に、ガバナンスとデモクラシーの関係についてはやや複雑である。開発援助の分野では、ともに1980年代後半から重要視されるようになり、先進国や国際機構においては民主化やガバナンスの名のつく援助が急増した。その共通した背景として、第1に、冷戦の終結と民主化の進展により、デモクラシーが国家の統治の唯一の正統な基本原理となったことが挙げられる。同時に、それは、冷戦終結にもかかわらず、引き続き欧米先進国が途上国に援助を続けることについて、国内世論にその必要性を説得するための根拠ともされた。第2に、経済援助を効果的に経済発展につなげるための要件として、両者は不可欠という認識が広がった。世界銀行の構造調整政策の失敗と、その原因の一つとしての援助の受け皿である政府の統治能力の欠如から、援助の条件として民主化やガバナンスの強化が付与されるようになったのである[9]。

このような共通した背景がある半面、ガバナンスとデモクラシーの概念上の関係については二つの異なった見方がある。まず、ガバナンスは民主主義体制が機能する必要条件の一つとする見方である。開発分野では、ガバナンスとして、法の支配にもとづいて運営される能力のある国家の重要性が強調されることが多い[10]。その意味でのガバナンスは、前章でみたように、デモクラシーにおいても不可欠とされる。ただし、政府の市民に対する民主的アカウンタビリティの役割を、どの程度、経済発展に必要なガバナンスの要素として強調する

かは各機関で異なる。もう一つは、反対に政治体制・制度としてのデモクラシーの方がむしろガバナンスを成り立たせる要件の一つであるとする見解である[11]。たとえば、先述のJICAはガバナンスの3つの側面として、政治体制、政府機能、仕組みや制度に分けており、その政治体制の側面にデモクラシー関連の要素が含まれる形になっている[12]。

結局のところ、デモクラシーとガバナンスは密接に関連しつつも、どのように両者の概念を定義し使い分けるのかは、支援にかかわるアクター次第といえる。それでも、大きく分けると、実際の支援では、各アクターは、次の二通りのデモクラシー・民主化とガバナンスの用語の使い分けを行っているようである。

まず、実質的に同じものとして扱って支援を行うやり方である（ガバナンス≒デモクラシー）。その中には、デモクラシーの推進が主たる目的であるものの、民主化やデモクラシーという言葉のもつ政治的イメージのために相手政府に警戒され反発される恐れから、あえてガバナンスと名前を冠して支援する場合も含まれる。デモクラシーを明確に押し出すアメリカを例外として、先進国政府の援助機関にはその傾向が少なからずみられる。この場合は、ガバナンス支援は民主化支援とほぼ同じ内容となる。たとえばUNDPは、多様な政治体制を有する加盟国に配慮して「民主的ガバナンス」という語を好んで用いているが、その内容はデモクラシーとほぼ同じである[13]。

対して、ガバナンスはデモクラシーとは基本的に性質上別物として、その支援内容も明確に区分したうえで、支援を行うアクターが存在する（ガバナンス≠デモクラシー）。その場合のガバナンスとは、狭義の民主化支援から、さらに選挙支援や政党支援など政治体制に直接かかわる部分を差し引いたものであり、行政機能関連に注目したものとなることが多い。たとえば、1990年代初頭にOECDはガバナンスを①政治体制、②ある国の経済・社会資源を管理する際に権力が行使される過程、③政策を立案・実施したり機能を執行したりする政府の能力と定義したのに対して、非政治性を基本方針とする世界銀行は、経済開発にガバナンスは不可欠とするものの、①政治体制の要素を含まずに、②と③の分野を中心に支援を行うことを明確にしている[14]。この場合は、政治体制が民

主的でない国家にもグッド・ガバナンスはありうることになり、民主化支援は行われなくてもガバナンス支援が実施されるという場合がありうる。

民主化の状態の評価のあり方を検討するという本章の目的からは、どちらの用法であれ、ガバナンスは無視できないものである。なぜなら、ガバナンスを民主化支援の隠れ蓑にしている前者の場合はもちろん、公共セクターの活動にのみ焦点を合わせる後者の、いわば「狭義」のガバナンスでも、前章でみたように民主主義体制の要件に含まれるためである。そこで、このような内容の違いや用語法の背後にある動機・目的をきちんと踏まえた上で、以下のデモクラシーや民主化の評価の考察では、ガバナンスの評価活動も視野に入れていく。

3 デモクラシーおよびガバナンスの評価をめぐる議論

デモクラシーやガバナンスの程度を測る試みは、1970年代のダールによるポリアーキーの概念を用いた各国の分類にまでさかのぼることができる。[15] 1990年代前半には、フリーダムハウスやPolityプロジェクト、世界銀行などによる評価が注目されるようになった。しかし、国家におけるデモクラシーや民主化、ガバナンスの程度の評価（以下、DG評価）への需要は、むしろ今世紀に入る頃になっていっそう強まったといえる。

その背景として、先述のようにデモクラシーやガバナンスの実現が主要な開発援助の主要目標となったことに加えて、民主化・ガバナンス支援の有効性を高めるためにはDG評価が不可欠という認識が高まったことが挙げられる。[16] たとえば、2002年にブッシュJr.政権によって設立されたアメリカの「ミレニアム・チャレンジ・アカウント」（MCA）は、デモクラシーやガバナンスが良好な国家ほど開発援助が有効に使われるという観点から、デモクラシーやガバナンスに関する指標を用いて、ガバナンス、法の支配、人材育成、経済自由化について一定の水準をクリアした国にのみ援助を提供するとしている。[17] また、評価の対象国の政府や市民自身も、DG評価は自らの国家のガバナンスを診断し改革を行うのに有用であると次第に認識するようになったこともその背景にある。[18]

しかし同時に、評価の内容や方法、評価における当事国の役割をめぐっては、依然として議論が続けられている。その理由には、デモクラシーやガバナンスという評価対象のあいまいな性質からくる評価の困難さに加えて、民主化支援活動全般と同様に、欧米諸国による内政干渉に対する懸念と反発、政治体制の望ましいあり方についての合意の欠如、当事国内での政府と市民の間の対立といった事情がある。

　現在では、各援助機関やシンクタンク、研究者によって多種多様なDG評価が考案され、それらがさまざまなアクターによって使用されている。分類すること自体困難な作業ではあるものの、既存のDG評価は、評価を実施する国外アクターの性質、（当事国の）ナショナルな機関の役割、評価の独自性、評価の集約の程度、比較・ランキング志向の程度、データの収集・分析の方法論、評価の目的といった基準で分類できる[19]。

　第1に、DG評価は、評価を行う国外アクターの性質によって分類できる。DG評価には、UNDPの「ガバナンス指標プロジェクト」（GIP）や国際民主化選挙支援機構（Intenational IDEA、以下 IDEA）の「デモクラシーの状態（State of Democracy）」研究（以下、SD研究）のように多国間機構によるもの、米国開発庁（USAID）の「デモクラシーとガバナンス評価」のように二国間援助機関によるもの、フリーダムハウスの自由度指標のように独立した研究機関やNGOによる評価がある。考案したアクターによって、その測定の基準や測定結果の正当性の程度が変わる。たとえば、Polityプロジェクトのように独立した研究機関による評価は比較的広く受け入れられるが、USAIDのような二国間機関による評価は、当該国の外交戦略や国益追求を反映した政治的な偏向が疑われることもある。

　第2に、DG評価の過程におけるナショナルな（＝当事国の）機関の役割によって分類できる。まず、外部評価（external assessment）と称されるDG評価がある。従来の一般的な評価・測定の多くが当てはまるものであり、国外のアクターが中心となって評価を実施する。次に、相互評価（peer based assessment）といわれる評価は、DG評価の対象となる複数の国家がお互いに評価するものである。代表的なものとしては、アフリカ連合（AU）による「アフリカ開発のための新

パートナーシップ」(NEPAD)に設けられた「アフリカン・ピア・レビュー・メカニズム」(APRM)がある。さらに、評価の対象国自体が評価の主体となる自己評価（self-assessment）がある[20]。最後に、事例は少ないが、後述のルワンダのように、対象国とドナー（援助機関）が共同で評価を行う合同評価（joint assessment）の試みが始まっている。

　第3に、DG評価の独自性による分類がある。まず、IDEAのSD研究やフリーダムハウスの自由度指標、Polityプロジェクトのように、独自の基準に基づいて各国のデータを収集・分析し、自己診断や諸国間の比較が容易な指標（indicator/index）にまとめることを指向するものがある。反対に、UNDPのGIPのように、独自の指標は作成せず、原則やアプローチ、評価手法を提供することを通じて、もっぱらDG評価という行為自体の普及を目的とするものがある[21]。

　第4に、DG評価は、いくつものセクターを集約し（aggregate）総合する評価と、特定のセクターにのみ焦点を合わせたものに分けることができる[22]。前者の例として、世界銀行研究所（WBI）の「世界ガバナンス指標（World Governance Indicators, WGI）」は、後述するように、各セクターの評価を総合して、国ごとにスコア（得点）を計算する。後者の例としては、NGOのトランスパレンシー・インターナショナル（TI）による「腐敗認識指標（Corruption Perception Index, CPI）」や、やはりNGOのグローバル・インテグリティによる「グローバル清廉指標（Global Integrity Index）」が、汚職に関する指標として名が知られている[23]。ほかにも、各国の市民社会の現況に関する指標として、市民参加のための世界連合（CIVICUS）による「市民社会指標」が一定の評価を得ている[24]。

　第5に、DG評価には、フリーダムハウスによる試みのように各国のデモクラシーやガバナンスの状況についてスコアをつけるなどして国家間のランキング（格付け）を指向とするものと、そうでないものとがある。前者の場合は、「名指しして恥をかかせる（name and shame）」ことで改善を求めることを目的とする。後者には、先述のIDEAのSD研究やUNDPのGIPのように、自国のデモクラシーやガバナンスを自己診断して、今後の改革に生かすことを狙うものが多い。

　第6に、データの収集・分析の方法によって分類できる[25]。まず、評価の際に

依拠するデータの主観性によって分けることができる。たとえば、EUによるユーロバロメーターや、各地の研究機関のネットワークによるアフロバロメーターやアジアバロメーター、後述のイギリスのシンクタンクである海外開発機関（ODI）による「世界ガバナンス評価（World Governance Assessment, WGA）」の試みのように、意識調査など主観的なデータに依拠した評価がある[26]。対して、「アフリカのガバナンスに関するイブラヒム・インデックス（Ibrahim Index of African Governance）」のように、国民総所得など極力客観的なデータに基づいて測ろうとするものがある[27]。また、上述のWGAやイブラヒム・インデックスのように統計分析を主とした量的（quantitative）な評価と、APRMのように特定の国家の状況についての詳細な記述による分析を中心とする質的（qualitative）なDG評価とがある。さらに、自らが一次データを収集して分析するDG評価と、イギリスの国際開発庁（DFID）による「国別ガバナンス分析」（CGA）のように基本的に他機関による一次データを独自の枠組みに当てはめて評価するものとがある[28]。ほかにも、Polityプロジェクトのように、法制度の有無など形式的なルール・制度を指標として重視して用いるものと、アフロバロメーターやCPIA、イブラヒム・インデックスのように法制度の運用実態や政策実績など結果を重視するものとがある[29]。

最後に、DG評価はその目的によって分類することができる。DG評価には、イギリスDFIDのCGAやUSAIDのDG評価、世界銀行のCPIAのように、評価をドナーの援助の配分やプログラムの決定の材料とすることを主たる目的にしているものがある。それとは対照的に、UNDPのGIPやIDEAのSD研究のように、当該国の政府や国民自身が自国の民主化の問題を認識して改革を押し進めることを助ける目的のものがある。1998年のDACの非公式会合では、前者は「アセスメント・モード」、後者は「パートナーシップ・モード」と名付けられた[30]。

もちろん、これらの分類は、いずれもそれだけでDG評価を明確に分類できるわけではない。しかし、あるDG評価の特徴を捉え、DG評価全体の傾向を知る上での手掛かりとはなる。DG評価は、歴史は比較的浅いものの、国際政治情勢や開発援助のあり方の変化などの影響を受けながら変化してきた。そこで

次に、DG 評価のうちいくつか代表的な例を取り上げながら DG 評価の変遷を追い、現在直面する課題を明らかにする。

4 デモクラシーおよびガバナンス評価の歴史と課題

1 デモクラシーおよびガバナンス評価の活発化

　冷戦終結前後に国際的な民主化の波が押し寄せる中で、各国の民主化の状態を測る試みが注目されるようになった。なかでもフリーダムハウス、Polity プロジェクト、世界銀行による試みが体系的な評価として注目を集めた。

　(1)　**フリーダムハウスの自由度指標**　アメリカを拠点とする人権 NGO フリーダムハウスによって、すでに1972年以来、毎年国別の自由度のレーティング（評定）が行われ、その結果は各国の自由度の指標として「世界の自由」と題される報告書を通じて毎年公表されている。レーティングは、まず30名余りのフリーダムハウスのアナリストが、政治的自由度と市民的自由度の各カテゴリーについて、前者が10、後者が15のチェックリストに沿って情報を収集・分析して総合し、それぞれ1.0から7.0までのスコアを付ける事で行われる（数字が大きいほど不自由を示す）。両スコアをあわせて2で割り、その平均に応じて、「自由 (Free)」（平均で1.0～2.5）、「部分的に自由 (Partly Free)」（平均で3.0～5.0）、「自由ではない (Not Free)」（平均で5.5～7.0）に各国が区分される[31]。

　その誕生以来、フリーダムハウスの指標は、民主化研究者や援助の実務家によって広範に利用されてきた。たとえば、恒川は、両スコアの平均をとり、1.0～2.5を「民主主義体制」、3.0～4.5を「半権威主義体制」、5.0～7.0を「権威主義体制」として中南米諸国の民主化をめぐる政治状況を分析している[32]。また、先述のアメリカの MCA や前章で取り上げた民主化支援の民主化への効果の評価のように、民主化支援の決定やその効果を測る際にもフリーダムハウスの指標は頻繁に用いられている。このように広く利用される理由は、1972年以来、大きな修正もなく毎年比較的一貫した枠組みと手法によってスコアが算出されており、各国の民主化の状況の変遷を把握する指標として便利であるためである。しかし、このフリーダムハウスのレーティングに対しては、それが分析者

の主観によって偏向しており現実から乖離しているという批判や、政治的自由と市民的自由に集中するあまり、それら以外の、たとえば政治文化の要素を見過ごしているといった指摘が存在する。[33]

(2) Polity プロジェクト　Polity（ポリティ）プロジェクトも冷戦終結後に民主化を測る評価として注目されるようになった。Polity プロジェクトはアメリカのメリーランド大学のガー（Ted Gurr）によって1970年代に始められた。現在は、Polity IV データセット「政治体制の特徴と移行」として毎年データが更新されている。[34] 同データセットでは、行政府首脳の選抜の規制（Regulation of Chief Executive Recruitment）、執行部の選抜の競争性（Competitiveness of Executive Recruitment）、執行部の選抜の公開性（Openness of Executive Recruitment）、執行指導者への制約（Constraint on Chief Executive）、参加の規制（Regulation of Participation）、政治的参加の競争性（Competitiveness of Political Participation）の各変数について、定期的に専門家がポイントを付ける。それらを加重し総計した上で「ポリティ・スコア」を算出し、-10の「世襲の専制君主制（hereditary monarchy）」から+10の「定着した民主主義体制（consolidated democracy）」の範囲に各国を位置づける。そのスコアによって各国は、「民主主義体制（democracy）」「アノクラシー（anocracy）」「専制体制（autocracy）」に分類される。[35]

現在、1800年から2008年までの163カ国のデータが集積されており、各国間の比較のみならず、長期的な変遷も把握できる点にその特長がある。この Polity プロジェクトのデータは、フリーダムハウスの指標と並んで、民主化の特定の要因の影響や民主化支援の効果を評価する際にたびたび用いられる。しかし問題点としては、200年に及ぶ政治体制の変化について一貫した評価を追求するあまり、長期に及ぶ各国のデータの整合性の問題のみならず、測定対象である変数の内容と測定方法で多少無理がみられることである。特に、プロジェクト自身も認めているように、Polity プロジェクトはルールや制度的な側面を重視するため、軍事クーデターなど短期的な出来事がスコアに反映されない可能性がある。[36]

(3) 世界銀行の「国別政策・制度評価」（CPIA）　世界銀行は、1990年前後の時

期より、開発援助の効果を高めるための要件としてのガバナンスに注目するようになった。それまでの「政治的分野には介入しない」という原則のもとでの融資の決定から、1980年代の構造調整の失敗やアメリカなど先進諸国の圧力を受けて方針を転換したのである。しかし、西側先進諸国による民主化支援とは異なり、先述のように、ガバナンスの定義および支援内容については依然として「非政治性」を原則として保持している。1990年代以降、世界銀行は開発戦略においてガバナンスの概念を打ち出して重視するようになり、1999年からすべての国別援助戦略（CAS）の作成においてガバナンスの状況を考慮することとなった。また、世界銀行では、その具体的な援助内容および金額の決定に際して、すでに1977年以来「国別政策・制度評価（Country Policy and Institutional Assessment, CPIA）」を作成して参考にしてきた。

　CPIA は、経済運営、構造政策、社会的包摂・平等へ向けた政策、公共セクター管理・制度の4つのグループの16の基準それぞれについて、各国に1から6までのスコアを付けることでランキング作成を行うものである。CPIA の過程は世界銀行のエコノミストによって行われる。主として世界銀行の国際開発協会（IDA）が、対象国が援助をどの程度効果的に活用しうるかの判断材料とすることを目的としたものである。評価によって援助額は増減されることになり、ガバナンスが不十分な国家には融資よりもまずガバナンス支援が行われる。発展途上国からの反対もあり、2006年まで原則として外部には未公開であった。

　この CPIA に対しては、成長志向で新自由主義の偏向があり、また最小限の規制と強力な所有権を中心にしたグッド・ガバナンスの特定の内容に過度に重きを置いているという批判がある。また、CPIA の評価結果について、CPIA の得点の高い国がより低い国よりも経済成長率で劣っていたり、UNDP の人間貧困指標（HPI）といったほかの指標とも乖離していたりするなど、援助配分の決定で考慮される要素にもかかわらず、その信頼性が損なわれかねない事実が指摘されている。さらに、CPIA と、CAS ならびにそれが2002年以降準拠する貧困削減戦略（PRSP）との関係については、必ずしも明確ではない。世界銀行主導のトップダウン方式で評価が行われる CPIA が、結局は対象国のオーナー

シップを尊重するCASの意義を損なっているという批判もある。[43]

以上みてきたフリーダムハウスの自由度指標およびPolityプロジェクト、世界銀行のCPIAは、冷戦終結まもない国際社会の民主化をめぐる情勢を反映していた。すなわち、第1に、それらDG評価は先の分類でいう外部評価であり、なおかつ「外部」とは基本的に西側先進諸国を指していた。第2に、それら評価では西側先進諸国の政治体制やガバナンスを理想モデルとして想定しており、そこから途上国の政治体制の不足分を「減点」する方式が多かれ少なかれ採られていた。そして、その評価結果は、西側ドナーが当該国の開発援助の内容や金額を決定する際の判断材料として利用された。

2 1990年代後半のデモクラシーおよびガバナンス評価の模索

上のように1990年代前半のDG評価は、先進国が一方的に発展途上国の民主化およびガバナンスを測るという図式であり、西側先進諸国による一種の外交ツールとして政治的な色彩を帯びていた。この特徴は、西側先進国の経済的な優位の中で、民主化の促進として1990年代初期より活発になった開発援助への政治的コンディショナリティと同様のものである。[44] ただし、制度化されたDG評価は、1990年代には全体として未発達であった。1990年代後半になると、規範的な観点からだけでなく実際上のDG評価の必要性の認識が高まり、さまざまなドナーによってDG評価の試みが行われるようになる。

(1)「世界ガバナンス指標」(WGI)　世界銀行研究所 (WBI) のカウフマン (Daniel Kaufmann) 教授を中心に、1996年より「世界ガバナンス指標 (World Governance Indicators, WGI)」と題されるガバナンスの指標化の試みが開始された。[45] そこでの「ガバナンス」の定義は「ある国の権威が行使される伝統と制度」であり、政府が選ばれ、監視され、置き換えられる過程、効果的に健全な政策を形成し実施する政府の能力、市民と政府が互いの経済的・社会的相互作用を支配する制度を尊重することを含む。[46] WBIは、ガバナンスを、声とアカウンタビリティ、政治的安定性と暴力・テロリズムの不在、政府の実効性、規制の質、法の支配、腐敗の統制という6つの側面に分け、世界中の援助機関や学界、民間企業の調査など33の組織から、それぞれの側面に関する主観的な認識について

35のデータソースを集めて集約し、212の国と地域（2009年度）についてスコアを付けるものである。その結果については「ガバナンスの重要性（Governance Matters）」と題される報告書およびウェブサイトに掲載され毎年更新されている[47]。

しかし、WBIが想定するグッド・ガバナンスが市場志向であるという批判が存在する[48]。また、データとして用いられる既存の指標の整理の困難さからくるあいまいさや、政治制度に関する途上国との間の認識の相違、NGOのデータの客観性や継続性といった問題のために、対象国に受け入れられ難いという問題がある[49]。

(2) **米国開発庁(USAID)のDG評価** 西側先進諸国の二国間援助機関でも、DG評価を求める動きは同様に高まった。たとえばUSAIDでは、2000年に、民主主義体制の移行と定着を支援するための適切なプログラムを作成するに役立つようデザインされた「戦略的評価枠組み」が作成され、各国に対してDG評価を行うようになった[50]。

その枠組みは4つの段階で構成される。すなわち、当該国を特徴づける政治過程（＝「政治的ゲーム」）の種類や民主主義体制の移行ないし定着に関わる問題の分析が行われる（第1段階）。次に、当該国で政治的ゲームが実際にどのように行われるのかを理解するために、誰が民主化を支持しているかなどアクター、利害関係、資源および戦略のより特定的な分析がなされる（第2段階）。さらに、アクターが準拠する非公式・公式のルールなど、ゲームが行われる制度的空間（arena）の分析がなされる（第3段階）。最後に、USAIDを含めたドナーの利害関係と資源など、ドナー自身を拘束する制約が考慮される（第4段階）。

これらは少人数のUSAIDのスタッフおよびコンサルタントによって比較的短期間で実施され、机上の研究および鍵となる当該国の利害関係者とのインタビューや会合を通じて情報収集・分析が行われる。ただし、このUSAIDのアプローチに対しては、理想化された欧米流の民主主義体制のモデルの鋳型（テンプレート）に対して各国の状況を測定するものであるという批判が生まれている[51]。

3　外部主導から当事国主導の DG 評価へ

　1990年代終わりになると、次第に外部評価から当事国の人々自身が参加する DG 評価に注目が集まるようになった。その背景には、それまでの一方的な外部評価が必ずしも対象国の実態を捉えることができず、結果として DG 評価に基づく援助の実効性向上につながっていないことや、参加を重視するデモクラシーの原理と照らし合わせたときの外部評価の正当性の問題、評価の押し付けに対する対象国側の不満の高まり、多種の DG 関連の評価の存在による重複や対象国負担の増大などが挙げられる。[52] それらの事情を踏まえて、DG 評価にも当事国の意見を取り入れる試みが次第にみられるようになった。

　さらに、第2章でも触れたように、2005年に121カ国および国際援助機関が集まったハイレベル・フォーラムで、「援助の実効性に関するパリ宣言」が採択され、DG 評価にも大きな影響を与えた。繰り返すと、同宣言は、国際援助の際に考慮されるべき基本原則として、国家のオーナーシップ、(援助内容と対象国の政策との) 調整、(ドナー間の) 調和、成果主義、相互のアカウンタビリティを掲げた。それらの原則は、デモクラシーおよびガバナンスの評価活動に対しても適用されることが望ましいとされる。[53] 後述の WGA でも、パリ宣言で重視されているオーナーシップとの親和性が強調されている。[54] このパリ宣言を受けて、ガバナンスの評価のあり方は次の3つの形で変容したといわれている。第1に、外的な評価からローカルあるいはナショナルな評価への移行、第2に、国際的な専門家への依存が減少し、ナショナルな機関やローカルな専門家への依存の増大、第3に、純粋に技術的なアプローチから政治的および管理的 (managerial) な課題のよりよい統合への移行である。[55] 次にそのようにして現れた DG 評価の事例をいくつかみていきたい。

　(1)　**国際民主化選挙支援機構 (International IDEA) の「デモクラシーの状態」研究**　　IDEA は、2000年より「デモクラシーの状態 (State of Democracy)」研究 (以下、SD 研究) と題される DG 評価のプロジェクトを開始した。[56] 民主化支援を専門とする国際機構である IDEA は、国連や民主化支援にかかわる NGO とも広く協力関係にあり、民主化に関する情報の収集交換や研究、研修を実施している。IDEA の SD 研究は、フリーダムハウスの評価に代表されるような外部評価と

は異なり、当事国の政府や市民社会、研究機関が積極的に参加する包括的評価を目指す。また、その枠組みは、民主化の途上にある諸国だけでなく、先進民主主義国とされる諸国に対しても適用できるように工夫がなされている。

評価の枠組みについては、まず意思決定に対する人民の支配と、その支配を行使する人の政治的平等が「デモクラシーの原理」とされる。次に、そのデモクラシーの原理から、7つの「媒介価値 (mediating values)」として、参加、権威付け、代表、アカウンタビリティ、透明性、応答性、連帯が導かれる。それらデモクラシーの原理と媒介価値から、下のように4つの柱をもつ「枠組み構造 (framework structure)」が組み立てられる。それぞれの柱にはいくつかの項目があり、全体で15の主な項目が設けられる。[57]

「枠組み構造」
　①市民権、法と権利
　　1.1国民性と市民権、1.2法の支配と司法へのアクセス、1.3市民的・政治的権利、1.4経済的・社会的権利
　②代表的で責任ある政府
　　2.1自由で公正な選挙、2.2政党の民主的役割、2.3効果的で応答のある政府、2.4議会の民主的実効性、2.5軍と警察の文民統制、2.6政治生活の尊厳
　③市民社会と人民の参加
　　3.1民主的社会におけるメディア、3.2政治的参加、3.3分権化
　④国家を超えたデモクラシー
　　4.1ある国のデモクラシーへの対外的影響、4.2ある国のデモクラシーの外国への影響

そして、次の例のように、枠組み構造内の主な項目ごとにひとつずつ、合計15の大まかな質問が設定される。

　質問例：1.1差別なき共通の市民権について公的な合意はありますか。
　　　　　2.1選挙は人々に政府と政策への支配を与えていますか。

3.1 メディアは民主的価値を維持する方法で活動していますか。
4.1 国外からの影響のインパクトは、広くその国のデモクラシーを支えるものですか。

　さらに、各項目でより特定的な質問が合計75設けられ、先の15の質問とあわせて90の質問が全体で設定されている。それぞれの質問について、対象国国内の比較的少人数の専門家の分析を通じて回答がなされ、研究成果がまとめられる。その上で、その研究成果の内容を広める試みが行われる。国内で政治家や市民社会組織などが参加するワークショップなどを通じて、研究成果をどのように改革に生かすかが広く話し合われる。[58] このように、SD 研究は、各国のデモクラシーの現状把握とその後の改革に生かされることを目的としている。SD 研究は、必ずしもスコアをつけるのではなく、他国との比較を指向したものではない。

　すでに、この枠組みに沿って、バングラディッシュ、エルサルバドル、イタリア、ケニア、マラウィ、ペルー、ニュージーランド、韓国、ネパールなど20カ国で評価プロジェクトが実施されてきた。[59] それぞれのプロジェクトでは、各国の事情に合わせて、少しずつ評価の手段や成果のまとめ方、その結果の活用方法が異なっている。たとえば、モンゴルのように、成果について1から5までの範囲でポイントをつけるものもある。また、オランダでは、評価プロジェクトが政府の強い支援の下で実施され、最終報告書は広く社会全体に配布された。その内容は大手マスメディアにも取り上げられ、社会に広く浸透した。その注目度は、報告書のうちのひとつの話題（政治家やオピニオンリーダーへの暴力や脅迫行為に関するもの）が女王によるクリスマスのテレビ演説で取り上げられたことにも現れている。[60]

　IDEA の DG 評価の特徴としては、第1に、これまでの多くの DG 評価の枠組みとは違い、それ自体が途上国出身の専門家によって発展させられたことが挙げられる。[61] 第2に、その方法論がデモクラシーの原理から導き出されているように、SD 研究は、ガバナンスではなく、あくまでもデモクラシーを測定することを第一の目的としている。第3に、評価の対象は当該国の多分野にわたっ

た包括的なものであり、しかし同時に、最終的に単一のスコアに集約することを考えていない。第4に、SD研究は、当該国の市民こそがデモクラシーの質と民主化のインパクトを判断するのに適していると想定して、外部者ではなく国内アクターに評価ツールを提供するものとしており、評価の過程で当該国市民が重要な役割を果たすように工夫されている。第5に、これまでの研究プロジェクトにイギリスやオランダが含まれていることからもわかるように、先進民主主義国での利用も含めた普遍的なツールとして設計されている。第6に、民主化が長期的で複雑で段階的なものであると想定し、当該国の政治的および社会的文脈に即した柔軟な評価が可能な仕組みになっていることである。最後に、さらに診断を改革に結びつけることができることを特に意識して作られている[62]。

しかし、これまでの研究プロジェクトの経験を通じていくつかの問題点が指摘されている。第1に、南アジア諸国の評価研究において指摘されたように、政治的意識が高い、評価を直接担当する人々と一般の市民の間で見解の齟齬がみられる[63]。第2に、政治的立場による偏向など評者の客観性の問題や、証拠の選択が主観的であったことが指摘されている[64]。第3に、すでに各国で評価を重ね、出版もされているにもかかわらず、フリーダムハウスの評価と比べて人気(あるいは論争)を獲得していない。その理由として、IDEA自身がこの方法論をデザインし広めることに消極的であったことや、諸国を格付けする指標が欠けていることが指摘されている[65]。

国際的なDG評価のツールとして普及するためには、評価方法の国際的な合意の形成を待つのではなく、TIのCPIやUNDPのHDIのように、評価を主導してその実績を通じてツールの信頼性を高めることが重要であろう[66]。その点、IDEAは有用な評価ツールを作成するのにふさわしい立場にあり、実際にSD研究が試みられているという点で、今後の発展が期待されている[67]。

(2) 「世界ガバナンス評価」(WGA)　「世界ガバナンス評価(World Governance Assessment, WGA)」は、1999年に国連大学で「世界ガバナンス調査」(WGS)プロジェクトとして始められ、2004年からは、イギリスのシンクタンクである海外開発機関(ODI)の支援の下で引き続き実施されている[68]。2000年から02年ま

では、まず試験段階として主に16カ国を対象に評価が行われた[69]。続いて、2005年から07年まで第2段階として、10カ国を対象にガバナンスの評価が実施された。

WGAでは、参加、公正、寛大さ、アカウンタビリティ、透明性、効率性の6つの原則と、市民社会、政治社会、政府、官僚、経済社会、司法の6つの領域（arena）の掛け合わせで36の項目が設けられる（ただし試験段階では掛け合わせではなく、全体で30項目）。その上で、現地の政府および市民社会の有識者（Well-informed Person, WIP）の70名（試験段階では35名）が、毎年、各項目について1（悪い）から5（よい）までポイントを付ける。それらのポイントが集計され、その変化や各国間の得点の相違が示される[70]。

これまでのところ、WGAでは従来の西側の視点での評価とは異なる結果が示されている。たとえば、2006年にフリーダムハウスの調査では「自由でない」と区分されたパレスチナが、「自由」とされたモンゴルよりもWGAの得点では上回った[71]。このように、西側の理想からみた一方的な評価ではなく、現地の視点が反映されやすい点がWGAの特徴とされる[72]。

(3) **国連開発計画（UNDP）の民主的ガバナンス評価のイニシアティヴ**　UNDPは、上述の2005年のパリ宣言以降のオーナーシップを尊重する国際的な傾向を踏まえて、当事国のオーナーシップをよる高める方向でDG評価を推進している。UNDPは、すでに1992年の人間開発報告書で当初、政治的自由の国別指標ランキングを公表することを予定し、指標構築の作業を進めていた。ところが、評価結果と順位の公表に対していくつかの加盟国より抗議を受け、同報告書には地域別の平均指数だけが掲載されることとなった[73]。このような内部から生じる困難を抱えつつも、UNDPでは、2002年度にはデモクラシーをテーマとした人間開発報告書を発行し、以降、民主的ガバナンスは最重点分野と位置付けられるようになった。

なお、UNDPのいう民主的ガバナンスとは、世界銀行のような経済的側面中心ではなく、かといって政治体制にのみ注目するものではなく、社会的側面も視野に含めた包括的な概念である。すなわち、人々の人権と基本的自由が尊重され尊厳ある生活を許していること、人々がその生活に影響を及ぼす決定に意

見できること、人々が政策決定者に説明責任を問えること、抱合的で公正なルール、制度、実践が社会的相互作用を規律していること、生活と意思決定の公的・私的領域で女性が男性と対等なパートナーであること、人種や民族、階級、ジェンダーなど属性に基づく差別から解放されていること、未来の世代の必要が現在の政治に反映されていること、経済・社会政策が人々の必要と要求に応えていること、経済・社会政策が貧困を撲滅しすべての人々が人生に有する選択肢を拡大すること、それぞれを目指していることを含意している。[74]

　UNDPは、2002年以降、民主的ガバナンスへの技術支援を強化するとともに、オスロ・ガバナンスセンターを中心に、DG評価にかかわる活動を積極的に行うようになった。まず、2002年の人間開発報告書で、民主的ガバナンスにかかわる既存の評価が紹介され、それらは、投票率など客観的な指標と先のフリーダムハウスの指標のような専門家による判断に基づく主観的な指標とに分類された[75]。さらに、2004年から07年までは「ガバナンス指標プロジェクト」（GIP）が実施された。そこでは、UNDP自体がガバナンス指標を作成するのではなく、対象国のオーナーシップを重視して、対象国自身が開発計画の作成といった目標に合わせてDG評価を行うことができるよう支援することに主眼が置かれた[76]。そのために、UNDPはその国別事務所を通じて各国自身によるDG評価の試みを支援するとともに、各機関が出しているDG評価の諸ツールから目的に応じて選択できるよう指南する『ガバナンス指標：ユーザーズガイド（第2版）』を07年に作成した[77]。

　さらに、GIPを引き継ぐ形で、2008年から11年までの予定で「民主的ガバナンス評価に関するグローバルプログラム」（以下、DGAプログラム）が実施されている[78]。そこでは、次の3つの「戦略的原理」が掲げられている。第1の原理は、国家のオーナーシップ（national ownership）であり、何がどのように評価されるべきか決めるために、政府や市民社会、代議士、そのほか利害関係者を巻き込んだ包摂的で協議的な過程が重視される。第2は、能力発達（capacity development）であり、ガバナンス評価に必要なデータ収集や統計のための国内の関係機関の能力構築への支援が行われる。第3は、調和（harmonization）であり、評価が既存の国家の発展戦略や手段などと一致するように配慮される。こ

れらは、2005年の援助の実効性に関するパリ宣言で掲げられた原則とも合致している。これらの原理に沿う形で、DGA プログラムは、GIP に引き続いて、各国自身が DG 評価を実施するためのガイダンスと、技術支援および財政支援を行っている。

GIP および DGA プログラムを通じた UNDP の DG 評価に関連する活動の特徴は、第1に、UNDP が別に作成している HDI のような、各国の民主的ガバナンスをランク付けして「名指しして恥をかかせる」ことを目的にした指標の作成を目指していないことである。むしろ、当該国内にいる政策担当者が解決する必要のあるガバナンスの課題を特定し、それらの課題を解決するために行われる改革の有効性を評価する手段を保有できるよう助力することに力点を置いている[79]。

第2に、DG 評価の方法として、UNDP は自己評価あるいは当事国主導の評価（country-led assessment）を推奨している。UNDP は、当事国主導の評価の利点として、地域の知識に投資して引用することで地域の能力を発展させる可能性があることを挙げている。また、評価では政府とともに市民社会など非政府のアクターの積極的な参加がなければならないとする[80]。そのために、UNDP は、先述のような自己評価のためのガイドの作成や評価活動の指導、各国の評価能力向上へ向けた支援に力を入れてきた。UNDP がこれまで支援した当事国主導の DG 評価は、モンゴル、中国、インドネシア、パラグアイ、マラウィなど20カ国以上に及ぶ[81]。たとえばモンゴルでは、2003年に同地で開催された第5回「新興および復興民主主義諸国国際会議」（ICNRD‐5）のフォローアップの一環として、民主的ガバナンス指標の構築が始められた。その際には、UNDP の指導の下に、先述の IDEA の SD 研究の枠組みを現地の文脈に適用させる作業が行われた[82]。UNDP が DG 評価の形態として自己評価を推奨する背景には、国別のランキングを避けるという先の傾向に加えて、多様な政治体制を有する加盟国への配慮があるように思われる。

第3に、UNDP は、貧困層を意識しジェンダーに敏感な DG 評価を推奨している[83]。ジェンダーや社会的弱者の状態に注意を向けることは、最近の国連の活動全体の方針でもある。そこではまず、ジェンダーや貧困層の状態を把握する

ために、指標の選択の際に配慮がなされるよう求められる。UNDPは、IDEAのSD研究の枠組みを利用しながら、貧困層とジェンダーに敏感な指標の構築や選択についてガイドを作成している[84]。また、評価の過程で、女性や貧困層など周縁化された集団が積極的に参加できるよう配慮することを評者に求めている。

第4に、UNDPは、DG評価の結果だけでなく、評価の過程そのものを重視している。UNDPは、特に評価の指標の作成から実施過程までの透明性の確保と多種多様な国内アクターの広い参加を追求している[85]。その理由として、UNDPは、透明性、包括性、アカウンタビリティ、平等といったデモクラシーの諸原理を尊重する評価こそが、よりよい民主的ガバナンスをもたらす効果的なツールとなりうるからとしている[86]。

これらの特徴の反面、UNDPのDG評価のアプローチには、いまだに一貫性に欠ける面がみられる。先述のように、UNDPは、自らが指標を生み出すのではなく、各国自身が既存のDG評価の方法やデータを組み合わせて、自らに適した自己評価を行うことを好ましいとしている。そして、UDNPが推奨する自己評価のツールとして、IDEAのSD研究が頻繁に挙げられている[87]。しかしその一方で、UNDPが2007年に発行した先の『ガバナンス指標：ユーザーズガイド（第2版）』のデータソースには、比較の要素が含まれていないことを理由に、SD研究は掲載されていない[88]。

また、UNDP自体が認めるように、その推し進める自己評価の実施にはいくつかの課題が存在する。UNDPは自己評価について、政府と市民社会組織の対立などにより、評価が「堕落した」ものになる危険は常にあり、その場合にはUNDPは評価を容認する（validate）ことはしないとしている[89]。また、当事国主導の評価を実施するためには、政治的および開発の文脈や政治的なコミットメント、制度上の能力、運営能力、資源について一定の条件を満たすことが必要であるともしている[90]。

(4) アフリカ連合 (AU) の「アフリカン・ピア・レビュー・メカニズム」(APRM)　「アフリカン・ピア・レビュー・メカニズム」(APRM) は、先述のように、アフリカ連合 (AU) による「アフリカ開発のための新パートナーシップ」(NEPAD)

の下に設けられたDG評価のメカニズムであり、2003年より活動が開始された。APRMは、アフリカ諸国自身が、政治、経済、企業活動のガバナンスを相互に評価し、経験を共有しつつ、ガバナンス向上への取組み強化を促すメカニズムである。先の分類では相互評価に該当するが、その過程では当該国の自己評価が重要な役割を果たしている。具体的には次のような段階を経て実施される。[91]

第1段階として、APRMのアフリカン・ピア・レビュー（APR）事務局の支援の下で、各国での自己評価が行われ、自己評価報告書と行動プログラムが作成される。自己評価は、APRM国家ガイダンスおよび詳細な質問事項を含むAPRM質問集にもとづいて、国家管理理事会（National Governing Council, NGC）あるいは国家委員会（National Commission）の主導で実施される。NGCは、社会全体の意思が代表されるよう多様なアクターで構成され、政府ではなく市民社会アクターによって主導されることが望ましいとされる。

第2段階として、著名なアフリカの学者や外交官、実業家から構成される15から25名程度の国別レビュー使節団（Country Review Mission）が当該国を2～3週間程度訪問する。使節団の長は、APRMへの政治的介入を守る目的で設けられている「有識者によるAPRパネル」から選ばれる。

第3段階として、使節団によって国別レビュー報告書が作成される。それを受けて、当該国の政府首脳は同報告書の内容について検討を行い、行動プログラムの修正などを行う。第4段階として、たいていAUの首脳会議と併せて開催されるAPRフォーラムで各国の首脳たちによって相互評価（peer review）が行われる。第5段階として、フォーラムで議論が行われた6ヵ月後に、国別レビュー報告書は公表される。その後は2～4年にわたって、同じサイクルが繰り返される。同時に、当該国は、合意された行動プログラムの進捗状況について半年おきに報告書をAPRフォーラムに提出しなければならない。

2009年8月現在、APRMには、AUの加盟国53カ国のうち29カ国が参加している。2003年よりレビューの過程が始まっており、これまでガーナ、ルワンダ、ケニア、モーリシャス、アルジェリア、南アフリカなどでレビューが進められてきた。そのうち、ガーナ、ルワンダ、ケニアでは既にAPRMの過程が一通り完了している。それらの経験を通じて、次の問題点が指摘されている。

第1に、APRM の手続きの予想以上の煩雑さである。ガーナやルワンダ、ケニア、南アフリカといった初めて手続きを経験した諸国では、当初の6～9ヶ月という予想とは大きく異なり、APR フォーラムでのレビューまで33～39ヶ月を要した[92]。その原因として、自己評価における APRM 質問集で定められた要求が複雑であったり、ケニアのように国内の評価メカニズムの構成をめぐって政府と市民社会アクターとの間で合意に時間を要したりしたことなどが挙げられる[93]。

第2に、政府と市民社会の間に対立がみられることである。APRM の手続きが進められた諸国では、当初より APRM に対して政府と市民社会双方から懸念が表明されていた。市民社会の側からは、政府が国内の自己評価の過程を自らが都合のいいように事実上統制するのではないかという懸念が示された。政府の側は、APRM が現政権に対する批判の道具として利用されるのではないかと恐れた。実際、ケニアやルワンダ、南アフリカの現職の大統領たちは、独立した評価ではなく、政府の統制とレビューへの閣僚の参加を主張したといわれる[94]。市民社会側の不安を踏まえて、APRM 事務局は、2007年の初めに「APRM 国別レビューのためにガイドラインへの補足文書」を作成し、そこには NGC は非政府のメンバーが過半数を占めることと市民社会あるいは民間セクターの議長を選出しなければならないことが明記された[95]。

第3に、APRM での相互評価の効果への疑問である。APRM では、自己評価に対して、相互評価については1日程度の APR フォーラムの極めて限られた時間でのみ行われており、果たして十分な審議が行いうるのか怪しい。

(5) **ルワンダにおける合同ガバナンス評価(JGA)**　ルワンダでは、2006年11月に開発パートナー会議が開催され、ルワンダ政府とドナー機関による合同ガバナンス評価（Joint Governance Assessment, JGA）の実施が決定された。JGA の目的は、①ガバナンス問題と優先順位に関する共通の理解の形成、②異なったドナーのガバナンス評価活動を共同で行うことでコストを削減すること、③ルワンダの特殊なガバナンスの歴史を反映しつつ、合意された指標とベンチマークに基づいてガバナンスの進展の評価を提供することである。JGA は、ルワンダ政府と世界銀行が合同議長を務めるハイレベル運営委員会(SC)によって運営さ

れ、SC には多国間援助機関および二国間援助機関、さらにルワンダ政府機関の代表、市民社会組織の代表が参加する。実際の評価の実施にあたっては、民間のコンサルタント会社が助言を行った。[96]

　JGA では、人権や法の支配、国民和解を含む「正しい統治（Ruling Justly）」、財政運営や腐敗、分権化、行政改革を含む「政府の実効性（Government Effectiveness）」、会社法や国家―ビジネス関係を含む「投資環境とコーポレートガバナンス」の3つの課題について分析が行われた。また、JGA は、資料収集やインタビュー、ワークショップなどを通じて、①ガバナンスの優先順位と地域事情と国際規範を反映したアプローチの決定（「原則と優先順位」）、②それらに照らし合わせた国内のガバナンスの評価と1998年から2007年までの進展の評価（「評価」）、③ルワンダが正しい方向へ向かっているか理解するために必要な指標の決定（「モニタリングの枠組み」）の3段階を経て実施された。指標の選定は、ガバナンスに特定されていることや地域の文脈に適合していること、国際的な信頼性、信憑性などを基準として行われ、48のコアの指標が選出された。指標は、主観ベースのものと事実ベースのもの、専門家による評価によるものと意識調査によるもの、質的なものと量的なもの、それぞれがバランスよく含まれるように考慮された。それら指標のデータの源の多くは、政府関係の統計や国内で実施された意識調査などの資料である。[97]

　コンサルタント業務を請け負った企業の報告書によると、JGA が生み出したガバナンスの現状の分析や進展の評価、今後のモニタリングのために用いられる指標は、ルワンダの閣議でも承認され、多くの参加者が満足したとされる。[98] 評価の過程では、政治的に繊細な分野では参加者の間で意見の違いが多く表出されたため、一定の妥協が行われたが、それでも報告書は最小公分母の内容ではなく、繊細な問題についても議論を開くことに成功したとする。しかし、議論が公式の制度以上に及ぶにはいたらず、構造的な政治的要素や非公式の権力関係は検証されることはないままに終わり、結果的に、報告書はグッド・ガバナンスのテクノクラティックな内容になってしまったとされる。[99] また、援助関係への影響をお互いに恐れて、無難な評価に萎縮してしまう可能性が既に懸念されている。[100]

5 小　括

　本章では、デモクラシーおよびガバナンスを評価する試みについて概観し、その現状と課題を検証した。DG 評価の全般的な傾向としては、1990年代になり DG 評価への注目が集まりだし、今世紀に入るころからは、研究機関だけでなく開発援助機関を含めて、いっそう活発に実施されるようになっていった。その形態も、外部主体主導の評価から、地域における相互評価および対象国の機関が中心となった自己評価へ、さらには多様なアクターが参加する合同評価へと移り変わりつつある。ただし、現状では、外部評価も、フリーダムハウスの自由度指標のように依然として活用されている。

　また、各アクターが独自の DG 評価の指標や方法を開発するだけでなく、UNDP のイニシアティヴのように、既存の指標を各アクターが目的に合わせて組み合わせて利用するやり方も広がりつつある。さらに、最近では比較やランキングを指向しない自己診断としての DG 評価も増えつつある。データの収集・分析の方法論については、多数の国民を対象にした意識調査から少数の専門家による評価、複数の国家間を比較するものから各国の状態の診断に限定したもの、国家全体を評価対象とするものから集約せずに個別の分野に評価を限定したものなど、いろいろな評価の方法が編み出されており、多様化が進んでいる。評価の目的については、ドナーによる援助の決定に役立てるという目的だけでなく、自国の改革の指標として役立たせるという目的に沿った指標作りも増えつつある。

　このように DG 評価は、全体としては時代の要請に対応しつつ発達が進んでいる。民主化支援の観点からも、対象国の民主化の問題を明らかにし、必要な国際的支援を行うために、その傾向は望ましいことである。その一方で、本章での代表的な DG 評価の検証およびそのほかの研究を踏まえて、次の問題が指摘できる。

　第1に、DG 評価の方法自体の未確立である。その原因は、大きく、デモクラシーおよびガバナンスの定義の問題、デモクラシーおよびガバナンスの質の測

定の問題、収集されるデータと分析の問題、分析結果の集約（aggregation）の問題にまとめることができる。[101]

まず、デモクラシーおよびガバナンスの定義について、両者の相違も含めて、測定される項目が各 DG 評価で異なっているように、共通した合意があるとは言い難い。デモクラシーの質の測定については、スコアをつけてランキングを行うものとそうでないものとがあるが、フリーダムハウスの自由度指標とWGAの間でランキングにずれがみられるように、指標間での収斂の程度は低く、その手法は定まっていない。[102] 収集されるデータおよび分析に関しても、これまでみてきたように、客観的データか主観的データか、一次データか二次データかに関係なく、DG 評価ごとに依拠するデータが異なり、かつその選択の恣意性の問題が存在している。データの収集・分析の実施者についても、それがドナーの専門家であれ、現地の専門家の場合であれ、その中立性に疑問が呈されることがある。いくつかの項目にわたる分析結果の集約の問題についても、どの項目にどの程度の重要性を与えるかは DG 評価ごとに異なっている。

第2に、合意された DG 評価方法が確立されていないことから派生する問題として、DG 評価の重複やずれから生じる対象国の評価への信頼性の低下と負担の増大が起きている。[103] この点は、これまでみてきた DG 評価でも現れている。また、OECD-DAC のガバナンスネットワーク（GOVNET）は、経済援助関連のドナー機関によって行われている各種のガバナンス評価を分析した結果として、45に及ぶ多様な方法論の存在と相互の重複の存在を指摘している。[104] そのために、同一の国家に対して数多くの DG 評価の結果が生み出されるにもかかわらず、それらは必ずしも一致しないということが起きている。そのことは、DG 評価への信頼の低下を生じかねず、対象国に対して評価結果に基づく改革の際に負担や混乱を与えかねない。しかし、ドナー自身は自己の戦略に基づく独自の評価を好むために、その傾向の改善には時間がかかりそうである。[105]

第3に、DG 評価におけるナショナル・オーナーシップの限界が指摘されている。先述のように対象国が主導する自己評価への期待は高まっている。しかし、APRM の自己評価の段階でみられたように、政府と市民社会の間で抜きがたい不信感が根強く存在する。市民社会側からみると、自己評価といっても、

従来のドナー機関主導が自国政府主導に取って代わられるだけであり、評価の過程への政府の統制が実際には強いために市民社会の参加が阻まれているという批判がある。[106] 複数のドナーと対象国による合同評価についても、ルワンダの例でその傾向がみられたように、援助関係への影響をお互いに恐れるあまり、当たり障りのない評価に萎縮してしまう可能性が懸念されている。さらに、DG 評価自体を実施しようとしない政府をどう説得するかという根本的な問題がある。

それらの問題への対処のための DG 評価の課題として次の点が挙げられる。第 1 に、基本的な前提として、DG 評価過程と対象国内の権力関係の間の相互作用という、DG 評価の「政治性」の認識である。デモクラシーやガバナンスのような政治にかかわる事項を測定するという行為自体が政治的な行為である。[107] APRM の経験を考察した報告書が指摘するように、DG 評価の結果は、政府のパフォーマンスや汚職度合いを明らかにするので、現職の政権への支持をめぐる争いでの利用など少なからず国内の権力関係に影響を与えうる。また、自己評価の場合は特に、誰を評価に参加させるかの選択も政治的要素を帯びることとなる。[108] さらに、DG 評価の過程にも、ドナー側の政治的な意図やドナーと対象国の権力関係が絡んでくる。たとえば、先述の MCA の援助候補国の選出において、アメリカは、指標を作成したフリーダムハウスの反対にもかかわらず、外交戦略上重視しているヨルダンを選出した。[109] 外部アクターは、DG 評価が生み出す政治的な影響を避けることを試みるのではなく、むしろ評価がどのような影響をもたらすのか政治経済関係を分析した上で、評価の準備と手続きを進め、必要に応じて介入することが求められる。[110]

第 2 に、困難は伴うものの、DG 評価の方法論のさらなる開発と、実践を通じた修正を引き続き繰り返すことが必要である。先述の UNDP のイニシアティヴのように、多種の DG 評価の中から目的に応じて組み合わせる方向も考えられる。同時に、DG 評価自体の改善も必要である。その際には、前章でみた民主化支援の実績評価の課題と結びつけて、DG 評価のあり方を検討することが求められる。

そのような試みとして、たとえば、米国研究評議会（National Research Council,

NRC) によるプロジェクトがある。NRC は、USAID より、明確に定義され、かつ測定可能な要素に分解されうるデモクラシーの定義の開発を依頼され、研究を進めた。結果として、NRC は、現在の研究状況から初歩的な段階のみ提供できるとした。なぜなら、デモクラシーをどのように測るのか、あるいはそれをどのように分解するのかについて、研究者および実務家の間で了解が存在していないからであるとする[111]。そう前置きした上で、NRC は、従来のように各要素を総合して国全体のデモクラシーを評価するのではなく、むしろデモクラシーを13の側面（dimension）に分解（disaggregate）し、それぞれについて専門家が調査し評価する方法を提案している。13の側面とは、国家主権、市民的自由（Civil Liberty）、人民主権、透明性、司法の独立、行政府へのチェック（Check on the Executive）、選挙への参加、選挙行政、選挙結果、指導者の交代、市民社会、政党、地域民主主義（Subnational Democracy）である[112]。その上で、NRC は、それぞれの側面について、やはり分野別の民主化支援プログラムが与えた影響を評価することを提案している。

　前章でみたように、民主化支援活動の効果を評価する際の問題点の一つは、分野別に行われる支援活動の影響を国全体のデモクラシーの程度の変化から測っていることである。このようなデモクラシーを分解する試みについては、上で紹介したいくつかの DG 評価でも既に行われている。NRC の提案のように、DG 評価と民主化支援の実績評価をどのように結びつけるかが今後の課題である。

　第３に、デモクラシーの原理を DG 評価の過程にも反映させることで、DG 評価自体の民主的正当性が高まるよう工夫することが必要である。それによって、DG 評価の結果への対象国国民の信頼性も高まり、政府に改革を促す圧力となりうる。この点に関して、GOVENET は、2008年のガバナンス評価に関する国際会議での検討を通じて、次の５つの「指導原理」を導き出した。すなわち、①国家主導のガバナンス評価を構築し強化すること、②評価ツールと過程を選択するために明確な主目的を特定すること、③異なった入り口と観点からガバナンスを評価し問題解決に取り組むこと、④目的が対話とガバナンスの改革を刺激することであるときには国家レベルで評価を調和させること、⑤やむ

を得ない理由がない限り結果を公開することである[113]。これらの原理に則った評価と支援がDG評価の正当性を高めるために必要であるといえる。

　指導原理に則ってDG評価の正当性を高めるためには、DG評価の形態として、評価へ対象国政府や人々が参加する自己評価が望ましいといえる。もちろん、評価の目的や実施主体、評価の対象によって、DG評価の内容や手法は変化しうる。ドナーが民主化・ガバナンス支援の内容を決定するときなど、場合によっては国外の専門家による外部評価もありうる。しかし、どの場合でも現地の人々の声が反映されるようなメカニズムを組み込むことが肝要である。同時に、対象国の評価（参加）能力の向上させることも必要である。たしかに、民主化あるいは紛争後間もない社会など、評価の公正さを担保するために外部の一定の介入が特に必要な場合もある。その場合でも、評価の過程の公開、対象国の意見表明の機会を与えることなど、評価の正当性の向上につながる工夫が求められる。

　最後に、デモクラシーとガバナンスの関係の明確化が必要である。本書では、第2節で述べた根拠にもとづいて両者に対する評価をあえて区別せずに扱っているが、実際の援助機関ではデモクラシーの評価とガバナンスの評価を根拠不明なまま区別しているところも多い。たとえば、35の指標を掲載しているUNDPの民主的ガバナンスの評価のガイドにあるリストと、36の指標を掲載しているOECDのガバナンスの評価のソースブックのリストを比べると、後者は前者を意識しているのもかかわらず、わずかに世界銀行のCPIAとWBIのWGIだけが重複しているだけである[114]。しかし、両者の区別の基準は不明確である。

1) Munck, Gerardo, "Measuring Democratic Governance: Central Tasks and Basic Problems," in Deepa Narayan (ed.), *Measuring Empowerment: Cross-Disciplinary Perspectives*, Washington, DC.: World Bank, p.428. なお、デモクラシーやガバナンスの程度を測る活動について、「測定（measurement）」と「評価（assessment）」の用語がともによく使われる。両者の実際の用語法には大きな違いはなく、本章でも両者を同義語として用いる。
2) 岩崎正洋「今なぜガバナンスについて論じるのか：政治学の立場から」『国家と市場をめぐるガバナンスの研究』、国家をめぐるガバナンス・市場をめぐるガバナンス報告書

No.1、日本大学法学部政経研究所、2008年、1-10頁。
3) 稲田十一「『ガバナンス』論をめぐる国際的潮流—概念の精緻化と政策への取り込み」下村恭民編著『アジアのガバナンス』有斐閣、2006年、4頁。
4) 国際協力機構（JICA）『JICA におけるガバナンス支援—民主的な制度づくり、行政機能の向上、法整備支援—』調査研究報告書、国際協力機構、2004年11月、21頁。そのほかの機関の定義について、近藤正規『ガバナンスと開発援助—主要ドナーの援助政策と指標構築の試み』平成14年度国際協力事業団客員研究員報告書、国際協力事業団、2003年参照。
5) 稲田、前掲論文、7頁。国際協力機構、2004年、前掲書、5頁。
6) 稲田、前掲論文、23頁。
7) 同上、5頁。
8) 同上。
9) 近藤、前掲書、4-5頁。
10) Kaufmann, Daniel, and Aart Kraay, "Governance Indicators: Where Are We, Where Should We Be Going?" *The World Bank Research Observer*, Vol.23, No.1, 2008, pp.3-5.
11) Rakner, Lise, Aina Rocha Menocal and Verena Fritz, *Democratization's Third Wave and the Challenges of Democratic Deepening: Assessing International Democracy Assistance and Lessons Learned*, London: Overseas Development Institute, 2007.
12) 国際協力機構、2004年、前掲書。
13) UNDP, *Human Development Report 2002: Deepening Democracy in a Fragmented World*, New York: Published for the United Nations Development Programme by Oxford University Press, 2002.
14) 大平剛『国連開発援助の変容と国際政治—UNDP の40年』有信堂、2007年、113-115頁。国際協力機構、2004年、前掲書、6頁。
15) Dahl, Robert A., *Polyarchy: participation and opposition.* New Haven: Yale University Press, 1971（高畠通敏・前田脩訳『ポリアーキー』三一書房、1981年）.
16) Rakner et.al., *op.cit.*, p.1.
17) MCA の実施機関であるミレニアム・チャレンジ公社（MCC）のHPを参照。[http://www.mcc.gov/]。
18) UNDP, *Supporting Country-Led Democratic Governance Assessments: A Practice Note*, UNDP, 2009, [http://www.undp.org/oslocentre/docs09/PracticeNoteFeb2009.pdf] 2009/10/1, pp.4-5.
19) 分類については次を参照。OECD, *Donor Approaches to Governance Assessments: 2009 Sourcebook*, OECD, 2009. Rakner, Lise, and Vibeke Wang, *Governance Assessments and the Paris Declaration*, A CMI Issues Paper Prepared for the UNDP Bergen Seminar September 2007, Bergen: Chr. Michelsen Institute, 2007, pp.3-4.
20) OECD, *Donor Approaches to Governance Assessments: 2009 Sourcebook, op.cit.*, p.4. Rakner and Wang, *op.cit.*, pp.3-4. UNDP, *Supporting Country-Led Democratic Governance Assessments: A Practice Note*, UNDP, 2009, [http://www.undp.org/oslocentre/docs09/PracticeNoteFeb2009.pdf], pp.6-7.
21) Rakner and Wang, *op.cit.*, p.3.
22) UNDP, 2009, *op.cit.*, p.7-8.

23) Molutsi, Patrick D., "The Evaluation of Democracy Support Programmes: An Agenda for Future Debate," in Peter Burnell (ed.), *Evaluating Democracy Support: Methods and Experiences*, International IDEA and Swedish International Development Cooperation Agency (SIDA): Stockholm, 2007, pp.221-222. 腐敗指標については次の HP を参照。[http://www.transparency.org/]。グローバル清廉指標については次の HP を参照。[http://report.globalintegrity.org/]。
24) 市民社会指標については次を参照。CIVICUS, *Civil Society Index: Summary of Conceptual Framework and Research Methodology*, [http://www.civicus.org/new/media/CSI_Methodology_and_conceptual_framework.pdf].
25) OECD, *Donor Approaches to Governance Assessments: 2009 Sourcebook*, op.cit., p.3.
26) アジアバロメーターについては次の HP 参照。[https://www.asiabarometer.org/]。アフロバロメーターについては次の HP 参照。[http://www.afrobarometer.org/]。
27) The Mo Ibrahim Foundation, *Ibrahim Index of African Governance*, 2008 [http://www.moibrahimfoundation.org/index-2008/index.asp] 2009/10/1.
28) DFID, *How to Note: Country Governance Analysis*. A DFID Practice paper, DFID,2008.
29) Kaufmann and Kraay, *op.cit.*
30) 近藤、前掲書、48頁。
31) 詳しい方法論についてはフリーダムハウスの HP を参照。[http://www.freedomhouse.org/].
32) 恒川恵市『比較政治―中南米』日本放送出版協会、2008年、17頁。
33) Molutsi, *op.cit.*, p.221.
34) Marshall, Monty G. and Keith Jaggers, *Polity IV Project: Political Regime Characteristics and Transitions, 1800-2002, Dataset Users' Manual*, Polity IV Project, 2002. および Polity IV プロジェクトの HP を参照。[http://www.systemicpeace.org/polity/polity4.htm].
35) *Ibid.*
36) 注34の Polity IV の HP および藤原郁郎「民主化指標の考察と検証―識字率との相関分析を通じて」『国際関係論叢』(立命館大学) 第4号参照。
37) 大芝亮『国際組織の政治経済学』有斐閣、1994年。
38) 近藤、前掲書、10頁。World Bank, "Country Assistance Strategies," [http://go.worldbank.org/4M75BI76J0].
39) 稲田十一「『ガバナンス』論をめぐる国際的潮流―概念の精緻化と政策への取り込み」下村、前掲書、23-24頁. Nash, Robert, Alan Hudson and Cecilia Luttrell, *Mapping Political Context: A Toolkit for Civil Society Organisations*, Overseas Development Institute, 2006, pp.8-10. 国際開発協会の HP 参照。[http://go.worldbank.org/74EDY81YU0].
40) Alexander, Nancy "The World Bank as 'Judge and Jury': The Country Policy and Institutional Assessment (CPIA) Rating System and the PRSP," [http://www0.gsb.columbia.edu/ipd/pub/Alexander_WBasJudegeandJury.pdf] 2009/10/20.
41) *Ibid.* Nash et.al., *op.cit.*, p.10。
42) Bretton Woods Project, "Analysis casts doubt on Bank scorecard: CPIA numbers made public for first time," 2006, [http://www.brettonwoodsproject.org/art-542375] 2009/8/15.

43）*Ibid*. Alexander, *op.cit*.
44）下村恭民、中川淳司、齊藤淳『ODA大綱の政治経済学―運用と援助理念』有斐閣、1999年。
45）当事者によるWGIの特徴の説明について次を参照。Kaufmann, Daniel, and Aart Kraay, "Governance Indicators: Where Are We, Where Should We Be Going?" *The World Bank Research Observer*, Vol.23, No.1, 2008, pp.1-30.
46）*Ibid.*, p.7.
47）次のWGIのHPを参照。[http://info.worldbank.org/governance/wgi/index.asp].
48）Nash et.al., *op.cit.*, p.18.
49）近藤、前掲書、43頁。プロジェクトを担当するカウフマンら自身による、批判に対する応答について次を参照。Kaufmann and Kraay, *op.cit.*, pp.21-22
50）USAID, *Conducting a DG Assessment: A Framework for Strategy Development*, USAID, 2000.
51）Nash et.al., *op.cit.*, p.12
52）UNDP, 2009, *op.cit.*, p.6.
53）Rakner and Wang, *op.cit.*
54）Hyden, Goran, Kenneth Mease, Marta Foresti and Verena Fritz, *Governance Assessment for Local Stakeholders: What the World Governance Assessment Offers*, Overseas Development Institute, 2008, p.1. Hyden, Goran, *The Challenges of Making Governance Assessments Nationally Owned*, 2007, [http://www.undp.org/oslocentre/docs07/bergen_2007/Key%20Note%20speech%20Goran%20Hyden.pdf] 2009/10/1, pp.7-9.
55）UNDP, 2009, *op.cit.*, p.4.
56）International IDEA, *Assessing the Quality of Democracy: An Overview of the International IDEA Framework*, International IDEA, 2008.
57）*Ibid.*
58）IDEAのHPにある報告書を参照。[http://www.idea.int/publications/browse/assessment.cfm].
59）IDEA, 2008, *op.cit.*, p.251.
60）*Ibid.* pp.275-276.
61）Machangana, Keboitse, "Assessing Democratization: A Case for Qualitative Approaches," Development, Vol.50, No.1, p.85.
62）*Ibid.*, pp.84-85.
63）IDEA, 2008, *op.cit.*, p.255.
64）Molutsi, *op.cit.*, p.225.
65）*Ibid.*
66）*Ibid.*, pp.221-222.
67）*Ibid.*, p.226.
68）以下、次も参照。鈴木亭尚「発展途上国における民主主義とガバナンス―ハイデンと『世界ガバナンス評価』を中心として―」『清和法学研究』第15巻、第2号、2008年、51-79頁。
69）近藤、前掲書、40-43頁。
70）Hyden et.al. *op.cit.*

71) *Ibid.*, pp.9-10.
72) Nash et.al., *op.cit.*, p.31.
73) 近藤、前掲書、39-40頁．
74) UNDP, *Human Development Report 2002: Deepening Democracy in a Fragmented World*. New York: Published for the United Nations Development Programme by Oxford University Press, p.31.
75) *Ibid.*, pp.36-45.
76) UNDP, *About the Governance Indicators Project*, UNDP, 2007.
77) UNDP, *Governance Indicators: A Users' Guide*, Second Edition, UNDP, 2007.
78) UNDP Oslo Governance Centre, *Global Programme on Capacity Development for Democratic Governance: Assessments and Measurements*, 2008, [http://www.undp.org/oslocentre/docs08/Global_Programme_on_DG_Assessments.pdf] 2009/10/1.
79) UNDP, 2009, *op.cit.*, pp.3 and 12.
80) *Ibid.*
81) *Ibid.*, p.14.
82) *Ibid.*
83) *Ibid.*, pp.24-25.
84) UNDP, *Measuring Democratic Governance: A Framework for Selecting Pro-poor and Gender Sensitive Indicators*, UNDP, 2006.
85) UNDP Oslo Governance Centre, *op.cit.*, p.11. UNDP, 2009, *op.cit.*, pp.19-20.
86) UNDP Oslo Governance Centre, *op.cit.*, p.11.
87) UNDP, 2006, *op.cit.*
88) UNDP, *Governance Indicators: A Users' Guide*, Second Edition, *op.cit.*
89) UNDP, 2009, *op.cit.*, pp.9-10.
90) *Ibid.*, pp.10-11.
91) 以下、APRMのHPにある文書および次の文献を参照。[http://www.aprm-international.org/]. Herbert, Ross and Steven Gruzd, *The African Peer Review Mechanism: Lessons from the Pioneers*, Johannesburg: The South African Institute of International Affairs, 2008, pp.16-17.
92) Herbert and Gruzd, *op.cit.*, p.7.
93) *Ibid.*, p.8.
94) Hyden, *op.cit.*, p.12.
95) Herbert and Gruzd, *op.cit.*, pp.12, 13 and 15.
96) ルワンダの合同評価については、次のサイトの報告書を参照。The Ministry of Local Government of Rwanda, *Joint Governance Assessment Report*, [http://www.minaloc.gov.rw/spip.php?article193] 2009/8/20. 次も参照。Williams, Gareth, Alex Duncan, Pierre Landell-Mills, Sue Unsworth and Tim Sheehy, "Carrying out a Joint Governance Assessment: Lessons from Rwanda," *Policy Practice Brief 5*, 2009, [http://www.thepolicypractice.com].
97) The Ministry of Local Government of Rwanda, *op.cit.*
98) Williams et. al., *op.cit.*

99) *Ibid.*, p.6.
100) *Ibid.*, p.4.
101) 次 も 参 照。Munck, *op.cit.*, pp.433-435. National Research Council, *Improving Democracy Assistance: Building Knowledge through Evaluations and Research*, Washington, DC: The National Academies Press, 2008, pp.73-83.
102) National Research Council, *op.cit.*, pp.79-80.
103) UNDP, 2009, *op.cit.*, p.6.
104) OECD, *Donor Approaches to Governance Assessments: Guiding Principles for Enhanced Impact, Usage and Harmonisation*, The DAC Network on Governance (GOVNET), 2009.
105) *Ibid.*
106) Hyden, *op.cit.*
107) Munck, *op.cit.*, p.428.
108) Hyden, *op.cit.*, p.12. Herbert and Gruzd, *op.cit.*, p.102.
109) 次のフリーダムハウスのサイトを参照。[http://freedomhouse.org/template.cfm?page=70&release=435].
110) Hyden, *op.cit.*, p.16.
111) National Research Council, *op.cit.*, p.71.
112) National Research Council, *op.cit.*, pp.83-94 and Annex C.
113) OECD, *Donor Approaches to Governance Assessments: Guiding Principles for Enhanced Impact, Usage and Harmonisation, op.cit.*
114) OECD, *Donor Approaches to Governance Assessments: 2009 Sourcebook, op.cit.* UNDP, *Governance Indicators: A Users' Guide*, Second Edition, *op.cit.*

第5章　国際連合と民主化支援
―― 国連民主主義基金(UNDEF)の活動を中心に

1　はじめに

　これまでの各章でみてきたように、1990年代以降、西側先進諸国の政府や国際機構、NGOによって民主化支援活動が活発に行われてきた。改めて、民主化支援の置かれた最近の状況をまとめると、まず、近年アメリカはデモクラシーの推進に積極的であり、2005年2月には、再選されたアメリカのブッシュ Jr. 大統領が、一般教書演説でさらなるデモクラシーの推進を謳い上げた。しかし、アメリカによる強引なデモクラシーの推進は、イラク戦争と合わせて多くの国々の反発を招き、ベラルーシのルカシェンコ政権のように民主化支援活動全般に対して対象国がさまざまな手段で抵抗する「バックラッシュ（反動）」を生む結果となった。[1] 2008年に入る頃には、ブッシュ Jr. 政権のデモクラシーの推進の行き詰まりは明らかになった。[2] 他方で、民主化支援が必要な情勢は後を絶たない。目立つ例だけ挙げても、2007年9月のミャンマー（ビルマ）の僧侶によるデモへの武力弾圧や2008年3月の中国におけるチベットでの事態、6月のジンバブウェ大統領選挙の混乱などがある。アメリカでは、2009年1月にバックラッシュの原因の一端を担ったブッシュ Jr. からオバマへと政権のバトンタッチが行われた。今はまさに民主化支援の転換期であるといえよう。
　その転換期に重要な役割を担うことが期待されているのが、国際連合（以下、国連）である。2009年1月に始まったアメリカのオバマ政権は、国連を再び重視する姿勢をみせている。アメリカの単独行動主義による民主化支援の正当性の低下ということから考えても、今後、民主化支援活動における国連の役割への期待は高まると予想される。このような民主化支援をめぐる国際情勢の大きな

潮流のなかで、2005年7月に国連に設立されたのが、国連民主主義基金（以下、UNDEF）である。本章では、国連システムのなかで唯一「民主主義（デモクラシー）」の名を冠する機関としてのUNDEFの活動に焦点を合わせながら、国連の民主化支援体制の現状と課題を考察する。

2　国連による民主化支援体制の現状

1　国連による民主化支援活動の発達

　デモクラシーや民主化に対する国連のこれまでの姿勢は、加盟国への政治的な配慮を反映した複雑なものであった。冷戦時代は、デモクラシーや民主化といった概念自体、東西両陣営の間での論争的な概念であり、国連ではほとんど使用されなかった。しかし、冷戦が終結すると、内政不干渉の原則を主張して国連による民主化支援を警戒する加盟国は依然として存在したものの、平和維持活動を通じて個々の事例で選挙支援が行われるようになった。その中で、1992年に事務局に選挙支援ユニット（現、選挙支援部）が設立されるなど、まず選挙支援活動の制度化と一般化が進んだ。

　1994年に、ニカラグアのマナグアで第2回「新興および復興民主主義諸国国際会議」（以下、ICNRD）が開催され、74カ国の国連加盟国が参加した。その会議を契機に、選挙支援を越えた民主化全般への国連による支援が求められるようになった。ICNRDの運動は、参加国がデモクラシーに対するコミットメントを相互に確認するとともに、民主政治や民主化に関する経験を交換し、同時に、特に国連を対象にして民主化への国際的な支援を求めることを目的としたものである。

　ICNRDの要求に応える形で、国連事務総長による報告書「新興および復興民主主義諸国を後押しし強化するための加盟国による努力への国連システムによる支援」（以下、ICNRD報告書）が1995年から2001年まで毎年、以降はほぼ隔年で総会に提出されるようになった。それら事務総長の報告書を踏まえて、毎回総会で同名の決議（以下、ICNRD関連決議）と題される決議が採択されるようになり、ICNRDの運動は国連の政策過程の一つとなった。

第5章　国際連合と民主化支援——国連民主主義基金（UNDEF）の活動を中心に　147

　この過程を通じて、国連におけるデモクラシーの規範や民主化支援活動が形成された。まず、1995年8月に提出された事務総長の最初のICNRD報告書は、「民主化」について、「ある権威主義的な社会が、代表機関への定期的選挙、公的オフィシャルのアカウンタビリティ、透明な行政機関、独立した司法、自由な報道機関といったメカニズムを通じて、次第に参加的なものになっていく過程」と定義した[4]。しかし同時に、一部加盟国の不安を踏まえて、民主的な政治体制には特定の政治モデルは存在しないという立場が強調された。その上で、平和維持活動や国連の各機関で個別に行われてきた民主化に関連した活動が「民主的文化の促進」「選挙支援」「デモクラシーの制度の構築」にまとめられた。

　他方で、当時のブトロス＝ガリ国連事務総長自身は、上述の報告書以上に国連が民主化に関わることを望んでいた。しかし、国連とデモクラシーに関する報告することは、国連システム内部の文化と政治の文脈では危険な行為であるとして控えていた。それでも、1996年末、既に事務総長の座を追われることが決まっていたブトロス＝ガリは、周囲の反対を押し切る形で「民主化への課題」と題される報告書を発表したのである[5]。同報告書は、平和や開発に対する「国内レベル」のデモクラシーの有効性を示すことで国連の民主化支援の必要性を説くと同時に、国連システムへの非国家アクターの参加や国家間の平等の追求といった「国際レベル」の民主化を訴えたものであった。しかし、前者は発展途上国の、後者は先進国の警戒を招き、同報告書は注目されないまま終わった[6]。

　それでも、デモクラシーの規範はその後も国連の主要な宣言や決議に織り込まれていった。たとえば、2000年の国連ミレニアム宣言では、「開発の権利を含むすべての国際的に承認された人権と基本的自由の尊重とともに、デモクラシーの推進と法の支配の強化に努力を惜しまない」と述べられた（同24項）。それに先立つ1999年4月には、国連人権委員会で「デモクラシーへの権利」決議1999/57が採択され、デモクラシーの構成要素がより具体的に定められた。すなわち「民主的統治への権利」に含まれるものとして、メディアを通じて公正な情報を享受する権利、法の支配、普通選挙権、被選挙権を含む政治的参加の権利、透明で責任を持つ政府の諸機関が列挙された（同2項）。その後も、「デモクラシーの促進と強化・定着」と題される人権委員会決議2000/47および同内容

の総会決議55/96が採択された。2002年には再び人権委員会で「デモクラシーを促進し定着させる更なる手段」と題される決議2002/46がコンセンサスで採択された。

同時に、国連では、デモクラシーの規範だけでなく、具体的な民主化支援活動も発達していった。国連開発計画（UNDP）の2002年度の人間開発報告書ではデモクラシーが特集され、持続的な人間開発における国家レベルおよびグローバル・レベルのデモクラシーの必要性とその連関が強調された[7]。後述するように、同時期から、UNDPは従来のガバナンス支援を民主的ガバナンスへの支援と改めて、主要なプログラムの一つとして援助を行うようになった。

このような国連の民主化支援活動の発展を後押ししたのが、先述のICNRDの運動である。1997年7月には第3回がブカレストで開催され、2000年12月には第4回がコトヌゥで、03年9月には第5回がウランバートルで、06年10月から11月にかけてはドーハで第6回が145カ国を集めて開催された。それらの会議の開催に際し、国連による支援が行われた。ICNRDでは、参加国による民主化についての情報が交換され、国連との連携強化を含む宣言が毎回採択されてきた。

第5回ICNRDでは、政府間会合に並行して、議会と市民社会のフォーラムが開催され、「三頭構造（tripartite structure）」が打ち立てられた[8]。さらに、第6回のドーハ会議では、ICNRDの提案を組織的に実施できるよう、8名からなる「諮問会議（advisory board）」を設置することが決まった[9]。このようにICNRDの組織化が次第に進んでいる。2007年に開催されたICNRDの諮問会議は、列国議会同盟（IPU）で1997年に「デモクラシーに関する一般宣言」が採択された9月15日を「国際民主主義デー」とすることを国連に提案し、同年11月のICNRD関連総会決議62/7で採用された。このように、1990年代後半以降の国連の民主化支援活動は、ICNRDの運動と連動して発達してきた。

今世紀に入ると、アメリカを中心とした「民主主義諸国共同体」（以下、CD）と名乗る民主化支援の国際運動が、ICNRDの運動と並んで国際的な民主化支援活動の発達を支えるものとして注目されるようになった。まず2000年に主催グループ（convening group）であるチェコ、チリ、インド、マリ、ポーランド、

第5章　国際連合と民主化支援——国連民主主義基金（UNDEF）の活動を中心に　149

韓国、アメリカが呼びかけて、同年6月、最初の閣僚会議が100を超える国を集めてワルシャワで開催された。同会議には当時のアナン（Kofi Annan）国連事務総長も招かれ講演を行った。CDは、民主国家間の連帯を強め、民主的価値を支え守ることを目的とする国際運動・グループとされた。以後、2002年11月にソウル、05年4月にサンティアゴ、07年11月にバマコとCDの閣僚会議が開催されてきた。

また、CD参加諸国は「国連デモクラシー・コーカス」を結成して、2004年9月22日に総会議場で外相会合を開催するなど、デモクラシーに関する国際規範の形成や民主化支援活動の発達を国連に対し働きかけてきた。また、第1章でも述べたように、フリーダムハウスなどの調整のもとに多数の国際NGOが集まって「国連デモクラシー・コーカスのためのキャンペーン」が結成され、デモクラシーの価値を支持する各国政府による国連デモクラシー・コーカスの強化へ向けて、加盟国への働きかけや同コーカスとの共同活動が行われている。

多くの加盟国が参加するICNRDとCDの運動は、現在の国連における民主化支援体制の発達の主な原動力になっている。しかし両者には相違も存在する。第1に、ICNRDは開かれたアプローチを採るのに対して、CDは一定の参加基準を設けるなどより限定したアプローチを採っている。ICNRDも第1回のマニラ会議では招待する基準が厳しく、15カ国のみの参加だったが、基準を緩めた1994年の第2回のマナグア会議以降、参加国が急増した。しかも、2000年の第4回のコトヌゥでの会議では、加盟国すべてが招待された。

第2に、ICNRDは、開催がUNDPに支援されるなどすでに国連の政策過程と密接な関係にあるが、CDの方はむしろ「圧力団体」として行動している。第3に、ICNRDでは発展途上国の発言力が強いに対して、CDではその経緯からもわかるようにアメリカのプレゼンスが高い。そのため、キューバ代表の発言にもあるように、CDを国連から発展途上国を排除するものとして警戒する見方も存在する。しかし、このような違いはあるものの、両運動に参加する加盟国は相当程度重複しており、両者の協力が模索されている。

また、1990年代後半より国連全体としては民主化を支える規範の形成と支援

活動の発達が進む一方で、国連の加盟国の間には民主化への国連の関与が進むことに対する警戒も依然みられる。たとえば、2000年には、キューバや中国の提唱で、欧米諸国の強い反対にもかかわらず「民主的で平等な国際秩序への権利の促進」と題される決議が先の決議への対抗決議として人権委員会および総会で採択された。[17] ほかにも、1990年から99年まで、「国家主権の諸原則と選挙過程に対する国家の不干渉の尊重」と題される総会決議（総会決議45/151など）、2001年からは「国家主権の諸原則と、人権の促進と擁護のための重要な要素としての選挙過程における民主的システムの多様性の尊重」と題される総会決議56/154、58/189、60/164が採択されている。このような対抗決議の採択は、主権の尊重と内政干渉への警戒が発展途上国の間で依然根強いことを示している。2005年の総会のICNRD関連決議の審議の過程でも、直前の事務総長の報告書で記載されたCDの運動を承認する言及や民主的ガバナンス指標を作る提案に対して、キューバなどより反対意見が主張された。[18]

2　現在の国連による民主化支援活動の体制

上記の経緯を経て発達してきた現在の国連の民主化支援は、事務局の政務局（DPA）およびその中の選挙支援部（EAD）、UNDP、UNDEFなどによって現在担われている。

事務局について、DPAの局長である事務次長は、国連の選挙関連支援の活動のフォーカル・ポイントに任命されている。事務次長はEADによって補佐される。EADは、加盟国からの要求を審査し、必要評価使節団の請負や技術支援の提供を行い、選挙支援における国連の経験の制度的記憶を維持する。また、選挙支援事業と平和維持活動の選挙部門を設計するために他の国連の部局と協働する。さらに、国際選挙監視員の活動を調整、支援し、中立的な国内選挙監視能力の発達を援助する。最後に、国際的な選挙の専門家のロスターを維持する。[19] ほかにも、DPAは、平和維持活動（DPKO）などほかの機関と協力しながら、平和維持活動で人権や法の支配など民主化関連分野での支援を実施している。

次に、UNDPは先述のように2002年の人間開発報告書でデモクラシーを特集し、以降、主要な支援プログラムとして「民主的ガバナンス」への技術支援を

行うようになった。UNDPは、民主的ガバナンスを「貧困の削減と人間開発を実現するのに役立つ道具」とみなしている。[20] 2005年には、130カ国で民主的ガバナンスを支援し、総額で14億ドル投入した。現在では、民主的ガバナンスへの支援は、UNDPの予算総額のおよそ40％を占めるにいたっている。[21]

UNDPは、民主的政治体制への移行を、政策の助言と技術支援、制度と人々の能力開発、政策提言、コミュニケーション、広報、対話の促進と仲介、知識のネットワーキングと成功例の共有を通じて支援する。具体的にUNDPがサービスを提供する分野（＝「サービスライン」）は、「議会の発達」「選挙システムと過程」「司法と人権」「Eガバナンスと情報へのアクセス」「地方分権、ローカル・ガバナンス、都市・農村開発」「公共行政と腐敗対策」に分類されている。[22] これらの分野への支援には、2001年に設立された「民主的ガバナンス分野別信託基金」の資金も使用されおり、06年度には約1900万ドルが費やされた。[23] ほかにもUNDPは第4章でみたようなデモクラシーおよびガバナンス評価の研究を行っている。

のちに詳述するように、UNDEFは2005年に設立され、ほかの国際機関やNGOから民主化に関連する事業を年に1度公募し、資金の提供を行っている。

そのほかにも、国連人権高等弁務官事務所（UNOHCHR）、人権理事会、平和構築委員会（PBC）、総会、安全保障理事会（以下、安保理）などが、それぞれの専門分野や特性にもとづいて民主化に関する活動を実施している。たとえば、2006年に活動を開始したPBCは、平和活動と関連する形で、民主化への支援を行っている。PBCは、特定の加盟国について、紛争後の平和構築に関する助言とその進捗状況の評価を実施する。そこには、次章で詳述するように、平和構築の目的として、政府と反政府勢力との間の停戦合意の実施の完遂、治安部門の改革と市民の武装解除の継続、人権の促進、紛争の影響を受けた人々の社会経済的な回復などとともに、グッド・ガバナンスの促進が含まれる。

3　国連の民主化支援体制の特徴

現在の国連による民主化支援活動の特徴は以下の点にまとめることができる。

第1に、国連では、デモクラシーには特定のモデルがないことが繰り返し強調されている。そのことは、現実の国連の加盟国の政治体制が多様であることや、内政干渉への警戒心が加盟国の間で依然として強いことを反映している。そのことが、下に続く特徴をもつ国連の現在の民主化支援の内容を形作ってきた。

　第2に、欧州安全保障協力機構（OSCE）や米州機構（OAS）など他の国際機構に比べ、国連全体として総合的かつ体系的に民主化を支援する体制の発達が遅れているといえる。現在でも、国連では、民主化支援活動全体を統括する部局やフォーカル・ポイントが存在していない。また、総会や安保理でも、民主化の進捗状況を評価する基準や、デモクラシーを脅かす特定の事態への対応を定めた決議は採択されていない。現状では、ミャンマーなど個々の事態に対し、個別に総会や人権理事会（旧人権委員会）で対応が行われるのみである。

　確かに、現在、第4章で詳述したようにUNDPの「ガバナンス指標プロジェクト」（GIP）や現行の「民主的ガバナンス評価に関するグローバルプログラム」を通じて（民主的）ガバナンスの評価の試みが行われている。しかし、すでに1992年の人間開発報告書の作成段階で、政治的自由の国別指標ランキングを掲載する予定であったが、一部の加盟国の抗議によって地域別の平均指数だけが掲載された[24]。そのようなこともあり、2002年の人間開発報告書では、各機関が出している、デモクラシーやガバナンスの評価を網羅的に掲載しただけであった[25]。また、2007年に公表された『ガバナンス指標：ユーザーズガイド（第2版）』も、自らが作成したガバナンス指標を示すのではなく、各機関が出している、デモクラシーやガバナンスの評価枠組みから目的に応じてどう選ぶのかについての案内にとどまっている[26]。

　第3に、第1章で整理した民主化支援の「分野」や「介入の強度」、民主化の「促進」と「擁護」の活動状況といった分類ポイントごとに、各国政府や他の国際機構による民主化支援と比較した場合、国連の民主化支援について次の点が指摘できる[27]。

　まず、民主化支援の分野について、国連としての統一的な民主化支援の分類は今なお存在していない。それでも、事務総長による2007年のICNRD報告書

の中では、A.国家およびその諸機関の支援と改革、B.民主化過程における地方分権とローカル・ガバナンス、C.メディアへの支援、D.デモクラシーとテロリズム、E.デモクラシーとジェンダー、F.民主的リーダーシップとマネージメント技術の構築、G.周旋を通じた民主的過程の支援の項目ごとに、国連の諸機関による支援活動が紹介されている。A.国家およびその諸機関の支援と改革については、同報告書では、さらに、選挙支援、効率的な公共行政と法の支配、人権の擁護と促進、平和維持、平和構築および軍隊の透明性、ガバナンスのアカウンタビリティ、透明性および質の向上に分類されている。[28]

しかし実際の支援では、選挙や行政機関への技術的な支援に偏っている。市民社会の育成や政党への支援、自由なメディアの育成といった、選挙や（行政機関の能力構築など狭い意味での）ガバナンス以外の分野への支援は、項目に挙げられていても実際には限定された支援しか行われてこなかった。また、政府の転覆や権威主義化といった民主政治の侵食の事態に対して民主化を擁護する活動の制度化は進んでいない。

また、支援のアプローチについても、国連の民主化支援活動の多くは加盟国の要請に基づく技術支援であり、第1章で介入の強度に基づいて分類したうちの合意アプローチが主流ということになる。他方、外交を通じた説得アプローチや援助の政治的コンディショナリティ、メンバーシップの停止、経済制裁といった強制アプローチの運用について、第1章や第2章でみたようにAUやOASなどでは「デモクラシー条項」として明文化されているのに対して、国連では決まった手続きは存在していない。

第4に、国連の民主化支援活動には、加盟国間の民主化支援に対する態度の違いが反映されている。民主化支援のあり方をめぐって、国連加盟国は大きく3つのグループに分けることができる。まず、先述のCDの中心メンバーで、アメリカなど西側先進諸国やポーランド、メキシコ、韓国など、アメリカに近くかつ民主化支援に積極的な諸国のグループである。デモクラシーの評価基準作りや政権転覆に対する擁護の活動も含めた民主化支援活動を国連に求めている。次に、ICNRDを中心に参加する発展途上国の新興民主主義国のグループである。民主化支援を開発援助と結びつけ、また国際経済機関の改革など国際

レベルの民主化と結びつけて主張を行う傾向がある。先述したように ICNRD の運動は国連も支援しており、国連の現在の民主化支援活動への立場は ICNRD の主張に近いといえる。最後に、中国やキューバを中心に、主権の尊重と内政不干渉の原則を強く主張し、デモクラシーのあり方の多様さを強調する諸国である。先にもみたように、同グループは、デモクラシーの規範を形成し民主化支援を強化する決議に対して対抗決議を採択したりしてきた。これらのグループは参加する加盟国の重複も多いが、現在の国連による民主化支援体制はこれらグループ間の意見対立の妥協として発達してきた。

3　国連民主主義基金（UNDEF）の活動内容と課題

1　設立の経緯

前節では国連全体の民主化支援の発達の経緯と現在の体制、その特徴をまとめた。本節では、それを踏まえて、2005年に設立された国連民主主義基金（UNDEF）の設立の経緯と活動内容をまとめるとともに、現在の特徴と評価を行いたい。

UNDEF の設立の直接的なきっかけは、アメリカのブッシュ Jr. 大統領が2004年9月の総会での演説で「民主主義基金」の設立を提案したことである。ブッシュ Jr. 政権は、特に2001年の9.11同時多発テロ以降、デモクラシーの世界的な推進に力を入れてきた。その一環として国連での基金の設立を提案したのである。ブッシュ Jr. は、その演説で「新しい基金は、加盟国が、法の支配と独立した司法、自由なメディア、政党や労働組合を設立することでデモクラシーの基礎をつくるのを手助けするだろう。基金からの資金は、また、選挙区と投票所を設け、選挙監視人の活動を支援するだろう」と述べた。

この提案を受けて、当時のアナン事務総長は2005年3月の報告書「より大きな自由へ」のなかで、「国連はその役割を規範設定だけに限定するのではなく、加盟国が世界中で民主的な潮流をさらに広げ深化させるよう救いの手を広げるべきだ」として、民主主義基金の設立を支持した。同年4月に開催され、100カ国余りが参加した CD のチリ閣僚会議でも、同基金の創設が支持された。最

終的に、7月に26の加盟国の直接的な賛同を集めてUNDEFは設立された。[33] 同年の国連総会の決議60/1も世界サミットを通じた国連改革の一部として基金設立に賛成した(同135項)。設立時にはアメリカとインドがさっそく10万ドルを提供した。続けて各国が資金を供出し、2008年末までにUNDEFは35の加盟国から約9100万ドルの拠出を受けてきた。なお、日本政府は、2007年3月に1000万ドルをUNDEFに供出している。

UNDEFの設立には、アメリカとインド、オーストラリアを中心としたCD運動の後押しが重要な影響をもたらした。[34] 特に、アメリカとインドが果たした役割は大きい。インドは元来、非同盟諸国運動のリーダーとして、内政干渉の口実になりかねない民主化支援には慎重であった。そのインドがUNDEFの設立に積極的であった背景には、シン(Manmohan Singh)政権下で行われた従来の非同盟諸国運動重視のインドの外交政策の転換と米印関係の改善がある。[35]

しかし、2005年の総会のICNRD関連決議60/253の審議の過程では、UNDEFに関して、誰がどのように基金にアクセスできるのかが明確でないことが指摘され、また誰が民主的で誰が民主的でないかを審査するメカニズムとして利用されないよう釘を指す発言もみられた。[36] 2006年10、11月のICNRDのドーハ会議で採択された「ドーハ宣言」もUNDEFの設立を歓迎した。[37] また、その後のICNRD関連の国連総会決議61/226も、UNDEFを含めたICNRDで合意された目標実現への努力を支援する役割が国連にあると述べた(同5項)。

2　UNDEFの仕組みと活動内容

設立されたUNDEFは、国連機関で唯一「民主主義(デモクラシー)」の名のつく部署であり、また事務総長直轄の基金である。[38] そのUNDEFは、「諮問委員会(Advisory Board)」「プログラム協議グループ(Programme Consultative Group)」(以下、PCG)および事務所より構成される。

諮問委員会は総勢19名で構成され、13名は加盟国代表、4名は事務総長の個人代表、2名はNGOの代表である。加盟国代表にのうち7名は、大口拠出国である。[39] 残りの6名は地理的衡平の原則に基づいて選ばれている。諮問委員会の主な役割は、プログラムと資金提供ガイドラインの発達のための政策指導を行

うことと、資金補助を行うのが好ましい事業提案を選び事務総長に推薦することである。PCGは、DPA、DPKO、OHCHR、国連開発グループ事務所 (UNDGO)、UNDP、国連女性開発基金 (UNIFEM)、国連薬物犯罪事務所 (UNODC) より構成され、平和構築支援事務所も会合に参加している。PCGは、諮問委員会にプログラムの資金援助の基準や事業提案について助言を行う。特に、既存の他機関で行われている事業との重複の有無などの審査を担っている。UNDEFの事務所は、国連パートナーシップ事務所 (UNOP) の中に置かれている。事務所は小規模であり、専従職員は事務長を含めて数名である。

UNDEFの活動内容は、他の国際機関やNGOから民主化支援に関連する事業を年1度公募し、それに対して資金の提供を行う。第1回目と第2回目ではUNDEFが資金提供の対象となる「適切な活動」としたのは、(a)民主的対話の強化と憲法起草・改正手続 (constitutional processes)、(b)市民社会のエンパワーメント、(c)市民教育と投票者登録、政党の強化、(d)市民による情報へのアクセス、(e)人権および基本的自由、(f)アカウンタビリティ、透明性および高潔さ (integrity) の6つのテーマである。第3回では、(a)民主的対話の強化と憲法起草・改正手続、(b)女性のエンパワーメントを含めた市民社会のエンパワーメント、(c)市民教育および投票者登録、(d)市民による情報へのアクセス、(e)市民社会のための参加の権利と法の支配、(f)透明性および高潔さに変更されている。主な変更点は、政党の強化とアカウンタビリティの語句の削除である。

審査の過程について、事業提案は事務局内で8つの項目（第1回目のみ非公開で、第3回では後述のように10項目に増加）で評点を付け、数百件（第1回目では約1800件から300〜400件）に絞られる。通過のためには、これまでのところ各項目のスコアの総計が75〜80％が必要であったという。その後、内容に応じて、PCGの7つの機関に振り分けて、それぞれの専門的観点で評価し、各機関の既存の援助との重複をチェックする。その上で諮問委員会に諮られる。最終的に事務総長に最終リストとして提案されるが、この段階でほとんど確定している。

評価の基準となる10項目は次のとおりである。当該事業は、①UNDEFの目的を促進する。②国連の比較優位を引き出している。③重要なインパクトをも

つ。④包括性を促す。⑤ジェンダー平等を向上させる。⑥実施の成功の強い見込みがある。⑦優れた業績をもつ。⑧概念とプレゼンテーションにおいて技術的に健全である。⑨お金に見合う価値がある。⑩事業期間を越えての持続可能性に関する強い見込みがある。最後の2項目が第3回で新たに付け加えられたものである。

加えて、提案される事業には、ジェンダーの視点を織り込み、障害者など社会的弱者の声が反映されるよう配慮することが求められる。過去の申請フォームではジェンダーと、周縁化されたあるいは脆弱な集団の包摂と参加への配慮を記載する欄が設けられるなど、審査でも重視されている[44]。ただし、ジェンダーや社会的弱者への配慮は国連全体の方針であり、UNDEFもそれに従っているといえる。それ以外に非公開の審査項目が存在するとされる[45]。

このような審査を経て、2006年8月には、1303件の提案の中から選ばれた125の事業へ、第1回目として合計3600万ドルが提供された。認められた事業のテーマ別の割合は、(a)民主的対話の強化と憲法起草・改正手続への支援が26%、(b)市民社会のエンパワーメントが16%、(c)市民教育、投票者登録、政党の強化が27%、(d)市民による情報へのアクセスが6%、(e)人権および基本的自由が9%、(f)アカウンタビリティ、透明性および高潔さが16%である[46]。2007年末に締め切られた第2回の募集では1873件の申請があった。最終的に承認されたのは82件の事業であり、割合でいうと、それぞれ(a)16%、(b)32%、(c)24%、(d)7%、(e)17%、(f)4%である[47]。

2008年末に締め切られた第3回の募集では、申請総数は2143件で14%増であった。そのうち70余りが最終リストに載っている[48]。

3 UNDEFの活動の特徴

本書執筆の時点でのUNDEFの活動期間は実質的に3年に過ぎない。しかも、実際の事業の支援実績は2回だけであり、終了していないものもある。本章での評価も、あくまでも過去3年程度の活動を踏まえた暫定的なものとなる。それでも、先述の国連全体の民主化支援体制の現状を踏まえた上で、UNDEFの特徴や意義として以下の点を指摘することができる。

第1に、依然として一部の加盟国に警戒される「デモクラシー」そのものの促進を目指していることは、従来の国連の民主化支援とは一線を画する点である。

　第2に、従来の民主化支援が選挙と行政能力の強化に支援の重点が置かれていたのに対して、市民社会の育成に重点が置かれている。その点で、先に指摘した国連による民主化支援の分野の偏りをある程度修正する効果があるといえる。ただし、これまでのところ、政党や民主化を直接求める市民団体に対する支援は行われていない。むしろ、第3回の応募から対象となる適切な活動として政党の強化とアカウンタビリティが削除されたように、より「非政治的」な分野を志向する傾向が高まっている。

　第3に、過去の対象となった事業は、ある程度自由化された国に集中している。第1回で採択された事業の分析を行った人権NGOフリーダムダムハウスによると、第1回目で採択された事業は75カ国にわたるが、うち第4章でみた自由度指標による区分の「自由（Free）」に該当する諸国が27カ国（36%）、「部分的に自由（Partly Free）」が32カ国（43%）、「自由でない（Not Free）」が16カ国（21%）であった。フリーダムハウスは、うち9つの事業はコスタリカなど世界で最も自由な諸国（Free Countries）であり、資金の使い方として好ましくないと批判している。また、フリーダムハウスは、「部分的に自由」ないし「自由でない」とされる諸国を対象にした事業への資金提供を増やすべきとしている[49]。

　この点に関して、UNDEF自体は、理論上の分類として、各国は(A)「先進民主主義国（established democracies）」、(B)「脆弱な民主主義国（fragile democracies）」、(C)「新興民主主義国（emerging democracies）」、(D)「紛争後民主化過程（post-conflict democratization processes）」、(E)「非民主主義国（non-democratic countries）」に分類できるとしている。その上で、カテゴリー(A)は支援の必要がなく、カテゴリー(E)は支援が有効に使われそうになく、カテゴリー(D)は他の基金から資金援助を受けている場合が多いとして、カテゴリー(C)をUNDEFの最も適した支援対象であり、カテゴリー(B)は支援が歓迎されるなら意義のある対象であるとした[50]。その意味では、第1回目の支援の実績は、その考え方を反映している

第5章　国際連合と民主化支援——国連民主主義基金 (UNDEF) の活動を中心に　159

と考えられる。ただし、上記の分類にもとづいた具体的な加盟国の割り振りは明らかにされていない。

4　UNDEFの課題

次に、先述した国連全体の民主化支援活動に関する特徴および問題点を踏まえながら、UNDEFの問題点および今後の課題を指摘したい。

第1に、国連全体の民主化支援活動におけるUNDEFの位置づけの明確化および、国連の他の機関や活動との調整が課題として挙げられる。国連の民主化支援活動について、先述したように、選挙については事務局のDPAの選挙支援部、平和活動に関連する民主化支援についてはDPKOあるいは平和構築委員会、ガバナンス支援についてはUNDPというように一定の役割分担のようなものはみられるものの、それらは明確ではなく、国連内部において民主化支援活動をめぐる重複の恐れが存在している。その中で、UNDEFはどのような役割を担うのか、どのようにほかの機関と活動を調整するのかは、いまだ不明確である。UNDEFにはPCGがあり、他機関での類似の事業との重複をチェックしているものの、国連の民主化支援活動全体を統括する役割は与えられていない。

UNDEF自体、民主化支援における自らの役割を決めかねている。UNDEFは、デモクラシーの構成要素として、憲法デザインと（あるいは）改革、選挙過程、議会過程、司法と法の支配、表現と結社の自由を含めた人権、市民社会の参加、政党の存在、情報へのアクセスと透明性、責任ある執行府と公共行政を挙げている[51]。また、デモクラシーの条件として、シティズンシップの社会的、経済的、政治的次元の必要や、人間開発の状況、資源の配分機会の均等、特に最も脆弱なまた不利を被っている集団の平等な参加を保障する空間の存在、といったものが重要であるとしている。しかし、「上記の要素をすべて支援しようとするべきか、あるいは選抜された構成要素に注意を集中させるべきかは、諮問委員会にとって重要な設問である」として、UNDEFとしてデモクラシーのために何を特に支援するべきか未定であることを認めている[52]。その反面、第3回の選考を振り返ったUNDEFのコメントでは、デモクラシーとの関連を申

請者に求めている。[53] この点で、UNDEF を含めた国連としての民主化支援体制の明確化と、活動を調整する部局あるいは役職がより必要であろう。

　第2に、加盟国との関係で生じる問題にどう対処するかである。先に挙げた国連の民主化支援活動の歴史を踏まえると、多様な政治体制を抱える加盟国の存在のために、UNDEF の活動に一定の制約が生じる可能性がある。特に、「非民主的」とみなされている特定の加盟国での事業提案に対して、UNDEF がどの程度中立に審査を行うことができるか疑念がある。UNDEF 自体は、あくまでも事業提案に対して中立的に審査を行う方針である。[54] しかし、上記のように民主化支援における UNDEF 自体の役割が明確でないなかで、政治的な影響力に審査が左右されたり、あるいは左右されているのではと疑惑の目で見られる可能性がある。この点で、UNDEF は審査の基準をより明確にすることが必要といえる。

　第3に、UNDEF が支援した事業がその国の民主化全体にどのように影響を与えたのかを評価する枠組みが存在していない。確かに、第3章でみたように、そもそも国全体のデモクラシーや民主化へ支援が与えた影響を客観的に評価・測定することは極めて困難な作業である。また、2002年の UNDP の人間開発報告書での試みや UNDEF の設立過程での議論にあったように、加盟国の「民主性」を評価することに対する一部の加盟国からの警戒は依然根強い。しかし、UNDEF の目標がデモクラシーの発展を促すことであれば、何らかの評価の仕組みをつくることは避けて通れない。ほかの国際機構や NGO、専門家と協力しながら、広く受け入れられるような国際的な評価の枠組み作りを試みるべきであろう。

4　小　　括

　本章では、国連による民主化支援活動の発達の経緯と現在の特徴を明らかにした上で、最近になって設立された UNDEF の特徴と課題を明らかにした。ここでは内容を繰り返さないが、以上で明らかになった UNDEF の特徴や抱える課題は、基本的には国連の民主化支援体制自体がもつそれらの反映でもある。

第5章 国際連合と民主化支援──国連民主主義基金 (UNDEF) の活動を中心に 161

統合役を定めて国連の各機関の役割を決めるなど、国連全体の民主化支援の体制を整えるとともに、加盟国の間でデモクラシーや民主化支援に関するコンセンサスを築いていく必要がある。これらが実現されるかについて、2008年1月の潘基文への国連事務総長の交替、2009年1月のオバマへの大統領の交替によるアメリカのデモクラシー推進政策の変化といった国連内外の政治情勢の変化が、UNDEFを含めた国連の民主化支援活動にどのような影響を与えるのか引き続き注視される。2009年9月の時点では、潘基文事務総長もオバマ政権も引き続きUNDEFの活動に理解を示している。

1) Carothers, Thomas, "The Backlash against Democracy Promotion," *Foreign Affairs*, Vol.35, No.2, March/April 2006, pp.55-68. Fukuyama, Francis and Michael McFaul, "Should Democracy Be Promoted or Demoted?" *The Washington Quarterly*, Vol.31, No.1, 2007, pp.23-45.
2) Diamond, Larry, "The Democratic Rollback: The Resurgence of the Predatory State," *Foreign Affairs*, March/April 2008.
3) 以下、拙著『国際連合と民主化─民主的世界秩序をめぐって』法律文化社、2004年を参照。
4) United Nations, Support by the United Nations System of the Efforts of Governments to Promote and Consolidate New or Restored Democracy, Report of the Secretary-General, U.N.Doc.A/50/332 and Corr.1, 7 August 1995, para.6.
5) United Nations, Agenda for Democratization, Report of the Secretary-General, U.N.Doc. A/51/761, 20 December 1996. Boutros-Ghali, Boutros, *Unvanquished: a U.S.-U.N. saga*, New York: Random House, 1999, pp.318-320.
6) Caroline E. Lombardo, "The Making of An Agenda for Democratization," *Chicago Journal of International Law*, Vol.2, No.1, 2001, pp.253-266.
7) UNDP, *Human Development Report 2002: Deepening Democracy in a Fragmented World*, New York: Oxford University Press, 2002.
8) United Nations, Support by the United Nations System of the Efforts of Governments to Promote and Consolidate New or Restored Democracy, Report of the Secretary-General, U.N.Doc. A/62/296, para.5
9) 政府代表が5名、議会フォーラム、市民社会フォーラム、国連から代表1名ずつである。
10) Danilo Türk, "From Manila to Doha: The Road Traveled and the Crossroad Reached," Synthesis Paper #15 at ICNRD-6, 2006, p.8.
11) 同コーカスの共同宣言を参照。[http://www.ccd21.org/pdf/DemocracyCaucus_joint_communique_sep04.pdf]2009/10/1.
12) 同キャンペーンのHPを参照。[http://www.democracycaucus.net/html/home.html]。
13) Community of Democracies, Criteria for Participation and Procedures, September 27,

2002. ICNRD と CD の相違について次を参照。Danilo Türk, "From Manila to Doha: The Road Traveled and Crossroad Reached," Synthesis Paper#15, at ICNRD-6, Doha, Qatar 29 October-1 November, 2006, pp.8-9.
14) Türk, *op.cit.*
15) 総会議事録、U.N.Doc. A/60/PV.78.
16) アナン事務総長も報告書の中で、ICNRDとほかのデモクラシーの運動あるいは組織との調整を課題とした。U.N.Doc. A/60/556, para.34. また、第3回の ICNRD を代表して総会で発言したモンゴル大使も同様の発言をしている。総会議事録 UN.Doc.A/60/PV.63参照。しかし、それらを受けた総会決議60/253では、その点は言及されていない。
17) 人権委員会決議2000/62、2000年4月26日。総会決議55/107、2000年12月4日。その後も、総会決議57/213、59/193、61/160と採択されている。
18) 総会議事録でのキューバ代表の発言。U.N.Doc. A/60/PV.78.
19) EAD の HP を参照。[http://www.un.org/Depts/dpa/ead/overvies.html].
20) UNDP, *FAST FACTS*, UNDP, 2006.
21) UNDP Democratic Governance Group, *Annual Report 2007*, UNDP, 2007, p.2.
22) *Ibid.*
23) Democratic Governance Thematic Trust Fund, *Annual Report 2006*, UNDP, 2006.
24) 近藤正規『ガバナンスと開発援助―主要ドナーの援助政策と指標構築の試み』平成14年度国際協力事業団客員研究員報告書、2003年、39-40頁。
25) UNDP, 2002, *op.cit.*, pp.36-45.
26) UNDP, *Governance Indicators: A Users' Guide*, Second Edition, UNDP, 2007.
27) たとえば、拙著、前掲書、第3章参照。
28) United Nations, U.N. Doc.A/62/296, *op.cit.*, Sec. IV and Annex.
29) ロシアも、2007年の総会の ICNRD 決議の採択の過程で、デモクラシーには特定のモデルは存在しないことを強調し、強制的にデモクラシーの独自のアプローチを押し付けるやり方は、最も好ましくない結果を生むだろうと発言した。総会議事録、UN.Doc.A/62/PV.46.
30) "As Democracy Push Falters Bush Feels Like a 'Dissident'," Washington Post, August 20, 2007.
31) "President Speaks to the United Nations General Assembly," [http://www.whitehouse.gov/news/releases/2004/09/print/20040921-3.html] 2005/06/25.
32) United Nations, In Larger Freedom, Report of Secretary-General, U.N.Doc. A/59/2005, para.151.
33) "26 Countries Back U.N Democracy Fund Plan," *Washington Post*, June 17, 2005。
34) オーストラリア政府の見解を参照。United Nations, Support by the United Nations System of the Efforts of Governments to Promote and Consolidate New or Restored Democracy, Report of the Secretary-General, U.N. Doc. A/62/302, paras.3 and 4.
35) Raja C. Mohan, "Balancing Interests and Values: India's Struggle with Democracy Promotion," *The Washington Quarterly*, Vol.30, No.3, 2007, pp.99-115.
36) キューバ代表の発言。総会議事録、UN.Doc.A/60/PV.78. 同様の反対は、世界サミット成果文書の採択の過程でも既に存在した。特に中国は、国々を「民主国」と「非民主国」

に分類することに反対した。Position Paper of the People's Republic of China on the United Nations Reforms, June 7, 2005, [http://www.china.org.cn/english/government/131308.htm] 2009/11/15.
37) Doha Declaration, ICNRD-6, Doha, 29 October-1 November 2006, para.11.
38) 池田明子「市民団体と社会的弱者を支援して」『外交フォーラム』2008年5月号、10-12頁。
39) 2009年度は、オーストラリア、フランス、ドイツ、インド、日本、カタール、アメリカ。
40) 以上は、UNDEF の HP を参照。[http://www.un.org/democracyfund/].
41) 2008年2月27日 UNDEF 関係者へのインタビュー。
42) UNDEF, "Project Proposal Guidelines: Third Round," 2008, [http://www.un.org/democracyfund/X3rdRound.htm] 2009/9/16.
43) UNDEF, UNDEF Update, No.2, p.3. 第3回の審査を踏まえて、UNDEF より、高得点を採る必要性、明確さ、革新性、デモクラシーとのつながり、プレゼンテーション、資金に見合う値打ち、予算、タイミングが「教訓」として示されている。UNDEF, A List of Lessons Learned from Applications in the Third Round, 2009, [http://www.un.org/democracyfund/Docs/feedback_thirdround_.pdf] 2009/10/1.
44) UNDEF, Project Proposal Guidelines, 2006.
45) 2008年2月27日、UNDEF 関係者へのインタビュー。
46) UNDEF のパンフレットより。UNDPI, DPI/2440, 2006.
47) UNDEF, "A summary of the projects, an analysis in the form of a number of pie charts and explanation of each individual project," September 2008, [http://www.un.org/democracyfund/Docs/2ndRound7Oct.pdf]2009/11/15.
48) UNDEF Update, No.3, 2009, p.1. 2009年9月段階ではテーマ別の割合などは未公開。
49) Freedom House, UN Democracy Fund: A First Year Analysis, December 22, 2006.
50) UNDEF, "Situating the UN Democracy Fund in the Global Arena," [http://www.un.org/democracyfund/XSituatingDemocracy.htm] 2008/10/02.
51) UNDEF, Situating the UN Democracy Fund in the Global Arena, op.cit.
52) Ibid.
53) UNDEF, UNDEF Update, No.2, p.3.
54) 2008年2月27日 UNDEF 関係者インタビュー。
55) 事務総長自身同様の指摘をしている。United Nations, Support by the United Nations System of the Efforts of Governments to Promote and Consolidate New or Restored Democracy, Report of the Secretary-General, U.N.Doc.A/64/372, 28 September 2009, paras.90-93.
56) UNDEF, UNDEF Update, No.2, p.1.

第6章　平和活動と民主化支援
―― デモクラティック・ピースの構築へ向けて

1　はじめに

　冷戦終結以後、国際連合（以下、国連）を中心に国際機構による平和活動が世界各地で活発に行われてきた。その活動の重要な柱の一つが民主化である。民主化が重視される背景には、「デモクラティック・ピース」の思想、すなわち、各国が民主化されれば国際社会および国内社会に平和がもたらされるという国際的に広く共有される信念がある[1]。実際、民主的とされる国家の間では長らく戦争が生じていない[2]。国内でも、デモクラシーは不満表出や政治的対立の非暴力的手段を提供することで平和をもたらす[3]。しかし、民主化の途上にある国家はむしろ武力紛争を引き起こしやすいともいわれる[4]。また、民主化は、急速な経済の自由化を伴い国内外の経済格差を生み出すなど、かえって国内紛争の原因をつくるという指摘もある[5]。実際、紛争終了後5年以内に半分以上の国家が暴力的状態へ逆戻りしているとされる[6]。

　安定したデモクラシーが最終的に持続的な平和をもたらすとしても、課題は、紛争後ないし紛争の恐れのある社会において、どのように民主化を進め、国際社会はそれをいかに支援するかである。最近では、民主化に焦点を合わせた平和活動の研究も次第に増えてきている[7]。しかし、平和活動の議論全体では、依然として民主化の問題は副次的な扱いである。そもそも、デモクラシーや民主化を中心に分析することは、常に曖昧さや政治性がつきまとい困難が伴う作業である。結果として、平和活動での民主化の進め方と支援について、今なお国際的に共有された戦略は存在しない[8]。

　他方で、これまで各章でみてきたように、1980年代後半以降、世界的な「民

主化の波」を受けて民主化研究が急速に発達した。民主化支援も1990年代以降活発になり、その研究成果は批判も含めて着実に蓄積されつつある。そこでは民主化の過程や民主化支援の方法、その課題が明らかになっている。しかし、それらの研究成果が、民主化にとって「特殊な」環境である紛争後の国家の民主化問題と結び付けられて十分に議論されてきたとは言い難い。たとえば、ジャースタッド（Anna Jarstad）は、民主化と平和構築の間でジレンマが生じる状況として、どの集団が平和と民主化の過程で代表されるべきかという問題に関わる「水平のジレンマ（hrizontal dilemma）」、少数のエリート主導か多数の関与を求めるかなど効率性と正当性の間の難しい選択を伴う「垂直のジレンマ（vertical dilemma）」、民主化と平和構築の過程の国際的な統制か地元の統制かというオーナーシップの問題に関わる「システム上のジレンマ（systematic dilemma）」、選挙の実施のタイミングなど民主化と平和構築への短期的な効果と長期的な効果の間のトレードオフに関する「時間上のジレンマ（temporal dilemma）」を指摘している。

　そこで本章は、民主化および民主化支援の最近の研究成果と結びつける形で、国連を中心とした平和活動のあり方を検証する。ただし、デモクラシーや民主化、民主化支援をめぐる議論は多岐にわたり、国連の平和活動の実績も膨大である。本章では次のように議論を進める。まず、現在の民主化研究と民主化支援活動の現状から、今後の国連の平和活動における民主化支援にとって特に重要と思われる点を、これまでの本書での考察を踏まえて改めていくつか導きだす。次に、それらの点に沿って、国連の特に紛争後の平和活動における民主化支援はどうであったか、また、どのような課題があるかを考察する。以上の作業を通じて、本章が、平和活動の研究に新たな視座を与えると同時に、デモクラティック・ピースの構築において国際機構が果たしうる役割を考える一助となるようにしたい。

2　民主化研究と民主化支援の経験から

　政治体制としての「デモクラシー」の内容をめぐっては、今なおさまざまな

第6章　平和活動と民主化支援——デモクラティック・ピースの構築へ向けて

論争が存在するが、主たる要件については一定の国際的な合意が形成されつつある[12]。たとえば、2002年に国連人権委員会で採択された「デモクラシーを促進し定着させる更なる手段」決議2002/46では、「デモクラシーの本質的な要素には、人権と基本的自由の尊重、結社の自由、表現と意見の自由、権力へのアクセスと法の支配に沿ったその行使、普通選挙権と秘密投票による人民の意志の表示としての定期的な自由で公正な選挙の実施、政党と政治組織の多元的なシステム、権力の分立、司法の独立、行政における透明性とアカウンタビリティ、自由で独立した多元的なメディアが含まれる」と明記された[13]。

第3章でもみたように、「民主化」については、一般的に、ある政治体制が上記の要件を満たした政治体制へ移行していく過程である。従来の民主化研究では、民主化の過程は、民主的政治体制への移行が決定され最初の競合的選挙が実施される「移行」期から、少なくとも有力な政治アクターが民主的手続きを尊重するようになるまでの「定着」期に分けられてきた[14]。

最近の研究は、民主化の過程を単線的かつ楽観的に捉えたかつての「移行パラダイム」から離れ、民主化とはより動的で困難な過程であることを明らかにしている[15]。すなわち、移行から定着に至る民主化の過程は単線的ではなく、移行期でも定着期でも「中断」や「停滞」、「逆行」が起きうる。また、政権内外のアクターの行動だけではなく、経済発展レベルや政治の歴史、制度的遺産、民族構成、社会文化的伝統といった構造的要因も民主化に大きな影響を与える。さらに、政府の機能や能力、正統性の根拠である「国家性（stateness）」、あるいはガバナンスも民主化には不可欠である[16]。実際に、これまで多くの国家が民主化の途上で、「非自由主義的民主主義体制」ともいわれる停滞状態に陥ったり、軍事クーデターや民主的に選ばれた政権自身による中断や逆行を経験したりしてきた[17]。

民主化支援活動も、以上のような世界の民主化の状況を反映して、本書の各章でみてきたように発展・変化し続けている。これまでの民主化（支援）研究は、民主化の過程は基本的に内発的であり、民主化支援を含めた国際的な要因の影響は、多くの場合、限定的であることを明らかにしている[18]。同時に、民主化を支援するためにどのような活動が望ましいかについても、必ずしも合意は存在

していない。それでも、これまでの章で考察した過去の支援の経験と各国の民主化の現状を踏まえて、国際社会が実効的に支援するためには以下が必要と考えられる。

第1に、民主化の適切な評価基準と評価メカニズムが必要である。1990年代以降、国際機構や国際会議を通じて、デモクラシーや民主化に関する国際規範は「デモクラシーの国際法」といわれるまでに発達してきた[19]。しかし、今なお、文化や宗教、民族の観点から、西欧発祥のデモクラシーの普遍性が疑われている。そのなかで、対象国の特殊な社会的環境を考慮しつつも、民主化の程度を一定程度客観的に評価するための国際的な基準作りが求められている。それに応える試みについては第4章で紹介した。たとえば国際民主化選挙支援機構(Intenational IDEA、以下 IDEA)は、国際アクターだけでなく対象国の国民自身も自国のデモクラシーを評価できるようなハンドブックを2001年に刊行した。同ハンドブックでは、①市民権、法、権利、②代表的で責任ある政府、③市民社会と人民の参加、④国家を超えたデモクラシーの項目に分けて、それぞれ質問形式の細かいチェックリストを列挙している[20]。

第2に、分野と手段の両面で包括的な民主化支援が必要である。冷戦終結当初は、自由で公正な選挙の実施が注目され、国際的な支援も選挙支援に集中した。しかし1990年代後半になると、民主化の定着期での困難の経験から、従来の選挙支援重視から、政府のガバナンス能力の構築、人権の擁護、法の支配、市民社会やメディア、政党の育成、デモクラシー教育といったより幅広い分野への支援の必要が叫ばれるようになった[21]。

また、民主化の中断や停滞、逆行が起きた場合に備えて、対話や説得、外交圧力、さらには国際機構のメンバーシップの停止や経済制裁など、多彩な手段が用意されている必要がある。このような民主化を「擁護」する活動は、第2章でみたように、現在発達しつつある[22]。米州機構(OAS)では、民主的な政治過程が阻害された際に、特別総会を開き、場合によっては参加資格を停止するなどの対応がすでに1990年代前半には定められた。現在では、他の国際機構も同様の制度を設けつつある。民主政権の非立憲的な転覆への対応を定めた条項は「デモクラシー条項」ともいわれ、OASに加え、欧州連合(EU)やアフリカ

連合 (AU) など多くの国際機構で採択されている[23]。もちろん、より強制的な手段になるほど、国際機構には国家主権の観点から慎重かつ正当な政治的判断が求められる。しかし、多彩な手段の存在自体が、予防として民主化の擁護に貢献しうる。

第3に、長期的な視点からの民主化支援が要請されている。まず、民主主義体制の定着を支援するために、上記の社会的・経済的側面を含めた包括的な支援が必要である。同時に、たとえば選挙の費用調達など、国際的な支援終了後も対象国自身が民主的制度を自力で維持できるような配慮が求められる[24]。また、支援の過程で、地元のNGO、地域社会、女性、高齢者など「下からの参加」を組み込むことも、長期的な民主主義体制の定着の観点から重要である[25]。

第4に、民主化支援に必要な正当性の確保である。第2章などで明らかにしたように、発達する民主化支援活動に対して、対象国の政権が陰に陽に抵抗する「バックラッシュ」が広がっている[26]。それらの政権は、民主化活動を行う国内NGOに対する国外からの資金援助を制限するなど、民主化支援活動を妨害する「技術」を発展させている[27]。そのような動きに対処することが、現在の民主化支援活動の課題のひとつである。

そもそも、このような民主化支援への反発の背景には、政権の自己保身だけでなく、西欧的なデモクラシーの押し付けや近年続いたアメリカによる単独主義的なデモクラシー推進への人々の不満がある。そのため、国際アクターは、民主化支援が国際的に支持されかつ相手国国民にも受け入れられるよう、正当性を確保しなければならない[28]。そのひとつの方法は、先述の「デモクラシー条項」のように、多国間の枠組みを活用することである。また、民主化支援の過程に現地の関係アクターを広く巻き込むことも有効であろう[29]。

3　国連の平和活動における民主化支援の現状と課題

前節の民主化と民主化支援活動の経験は、国際機構による平和活動における民主化支援にも重要な示唆を与える。もちろん、平和活動が行われる環境は民主化や民主化支援にとって特殊な面があり、単純には適用できない。また、ひ

とつの国際機構のみが特定の国家における平和活動と民主化支援を担ってきたわけではない。しかし、その示唆を踏まえて平和活動における民主化支援のあり方を検討することは、今後の方向性を考える上で有意義であろう。そこで本節では、前節で明らかにした点に沿って、紛争後の活動を中心に、国連の平和活動における民主化支援の現状と課題を考察する。

1　国連平和活動における民主化の評価基準と評価メカニズム

　平和活動においても、民主化を評価する適切な基準や評価のメカニズムを設けることが必要となる。国連では、当初は内政干渉への警戒が強かったものの、1990年代後半以降、デモクラシーや民主化に関する国際規範の形成が進んでいる[30]。国連人権委員会では、1999年には「デモクラシーへの権利」決議1999/57、2002年には先述の「デモクラシーを促進し定着させる更なる手段」決議2002/46が採択された。それらを通じて、人権の尊重、法の支配、定期的な自由で公正な選挙の実施、政党と政治組織の多元的なシステム、権力の分立、自由で独立した多元的なメディアなど、デモクラシーの要件が明確になった。

　しかし、上記の要件が制度として存在するかをみるだけでは民主化を測ることはできない。自由で公正な選挙が定期的に実施されるとともに、民主的制度や手続きの機能の程度や、それらに対する政治エリートの姿勢を調べることが必要である[31]。同時に、当事国も含めて納得しうる基準も求められる。国際アクターによる一方的な評価は反発を招き、結果的に民主化支援活動の正当性と実効性を低下させる。現地の政府や社会が評価に参加しうる仕組みが工夫されなければならない。

　現在の国連では、民主化の進捗状況を測る総合的で客観的な基準や評価のメカニズムは存在していない。たしかに選挙監視に関しては、一定の評価の基準が存在する。国連は、1980年代終盤から国連ナミビア独立支援グループ（UNTAG）、国連モザンビーク活動（ONUMOZ）、国連カンボジア暫定統治機構（UNTAC）と続いた大規模な平和維持使節団を通じて、選挙支援の実践を重ねた。並行して国連としての選挙支援の制度化が始まり1992年には事務局内に選挙支援ユニット（現、選挙支援部）が設立された。支援が重ねられるなかで、選

挙の自由さや公正さに関する評価の基準が形成されていった。2005年10月には、国連は欧州安全保障協力機構（OSCE）やIDEAなどとともに国際的な選挙監視に関する「行動規範」を作成した[32]。ただし、現在、地域機構との分業の推進と政治的なリスクを避ける理由から、国連自体が監視団を派遣して選挙の正当性を評価することを避け、他の機関に判断を委ねる傾向がみられる[33]。

選挙以外のデモクラシーの要件に関する評価については、各分野を専門とする個々の国連機関に実質的に委ねられている。たとえば、UNDPはガバナンスを中心に、国連人権理事会は人権分野を中心に一定の評価を行う。ただし、2002年度の人間開発報告書以来、「民主的ガバナンス」の推進に力を入れているUNDPも、自前の評価基準は有していない。国別の順位づけに反対する加盟国への配慮から、人権NGOのフリーダムハウスの指標やメリーランド大学によるPolity IVデータセット、世界銀行のガバナンス指標など他機関による評価を網羅的に紹介するだけである[34]。また、「法の支配」のように、明確な判断基準や評価を担う機関自体が未発達の分野すら存在する[35]。

このように、現在のところ、民主化の評価を担う機関は国連には存在していない。そのため、国連の平和活動では、個々の使節団や参加する機関が評価を行うことになる。安全保障理事会（以下、安保理）の決定で派遣される平和維持使節団の場合は、安保理決議に明記された目標に沿って、安保理が事務総長の報告書などをもとに進展を評価してきた。しかし、使節団の活動で民主化が目標とされる場合でも、安保理では民主化の進展に関する判断基準は必ずしも明確ではなく、アンゴラの第二次国連アンゴラ検証団（UNAVEM II）のように、形式的な選挙過程の進展に偏重した、性急な判断が下されることもあった[36]。

使節団が終了後は、やはり平和構築活動に関係する機関が個々に評価を行ってきた。たとえば、カンボジアでは、1993年のUNTAC終了後は国連人権高等弁務官事務所カンボジア・オフィス（COHCHR）や人権に関する事務総長特別代表が調査を行い、総会と人権委員会（当時）に随時報告した[37]。

今世紀に入り紛争後平和構築が注目を集めるようになると、民主化に関連した分野を含めて平和構築の進捗状況を評価する枠組みが発達してきた。2006年に活動を開始した平和構築委員会（PBC）は、特定の加盟国について、紛争後

の平和構築に関する助言とその進捗状況の評価を実施する。そこでは、対象国ごとに、対象国レベルと関係パートナー間での協議の上、「平和構築のための戦略枠組み」が作成される。作成から実施まで、対象国のオーナーシップと支援諸機関のパートナーシップが強調され、また、対象国内の女性や市民社会の参加が重視されている[38]。

たとえば、ブルンジの「平和構築のための戦略的枠組み」では、平和構築の目的として、政府と反政府勢力との間の停戦合意の実施の完遂、治安部門の改革と市民の武装解除の継続、人権の促進、紛争の影響を受けた人々の社会経済的な回復などとともに、グッド・ガバナンスの促進が含まれた[39]。その進捗状況は、ほかの分野と同様に、パートナー調整グループ、マトリクスと進捗報告書、平和構築委員会のレビュー会合より構成される「追跡と監視メカニズム」を通じて測られる[40]。しかし、このPBCの試みが、平和活動における民主化の総合的な評価のメカニズムのモデルになるかどうかは、現在のところ不明である。

2 平和活動における包括的な民主化支援

平和活動においても、民主化に焦点を合わせた多彩な分野への支援と、必要に応じた多様な支援の手段が織り込まれる必要がある[41]。まず、紛争後の平和維持活動で自由で公正な選挙が行われる場合、民主化の促進のためには、特殊な環境が配慮されつつも、選挙の技術的な側面への支援だけでなく、選挙管理委員会の中立性の問題など選挙過程の政治的側面にも注意が払われなければならない[42]。

同時に、民主的制度が実効的に機能し、それを支える社会経済的環境をつくるために、政府のガバナンス能力構築、政党の育成、人権、法の支配、独立したメディア、市民教育といったより広い分野で支援が行われる必要がある。加えて、治安分野への支援で民主的統制の強化や武装勢力の政党への転換に重点を置くなど、各分野に「民主化の視点」を導入することが求められる[43]。実際、1990年代以降の国連の多機能化した平和維持使節団では、文民行政、選挙、人権など民主化に関連する分野への支援が広く行われてきた。

2000年のいわゆるブラヒミ報告書では、複雑化した平和維持活動の政治分

析、軍事作戦、文民警察、選挙支援、人権、人道援助、難民・避難民、広報、兵站、財政と人事といった諸活動を、平和構築につなげつつ、統合的に計画・支援を行う必要性が指摘された[44]。それを受けて、「統合アプローチ」が提案され、2006年以降、ブルンジ統合事務所（BINUB）やシエラレオネ統合事務所（UNIOSIL）といった統合使節団が派遣されている[45]。そこでも、多くの国連機関が関与して、治安部門改革、ガバナンス、選挙、人権、法の支配、メディアなど各分野の支援が実施されてきた。

　また、最近の国連では、平和維持活動とより一体になる形で平和構築活動の重点化が進んでいる。ブラヒミ報告書では、兵士の文民社会への統合や紛争解決と和解技術の推進とともに、法の支配の強化、監視や教育、過去と現在の濫用の調査を通じた人権の尊重の改善、選挙支援や自由なメディアへの支援を含めた民主的発展への技術支援が、平和構築の活動に含まれた[46]。この概念を踏まえて、最近は紛争後、最初に派遣される平和維持使節団に続いて、平和構築事務所や先述の統合事務所が設立されて、民主化に関連した支援を行っている。また、先述のPBCの国別の取り組みも、民主化支援も含めた平和構築として画期的な試みである。

　しかし、これまでの国連の平和活動における民主化支援では、特定の政体の押し付けという印象を避けるためや援助の「出口戦略」としての利用から、選挙の実施が偏重される傾向にあった[47]。そのために、選挙の実施に関連する支援に比べ、政党の育成や自由なメディアといった他分野の民主化支援の比重は低く置かれた。たしかに、モザンビークのONUMOZやカンボジアのUNTACなど多機能化した平和維持活動使節団では、武装勢力の政党への転換や自由なメディアなどへ幅広い支援が行われてきた。しかし、それらは選挙の実施に必要な限りでのアドホック（一時的）なものであり、デモクラシーの定着に必要な制度構築に貢献したとは言い難い[48]。また、民主化の観点から分野ごとの支援の充実度をみる限り、比較的新しい活動であるシエラレオネのUNIOSILでも選挙の実施に偏っている[49]。

　その原因のひとつは、現在の国連に、民主化支援を専門とする、あるいは民主化関連する活動を調整する責任を負った機関や部局、会議体が存在していな

いことにある。UNDP は、「民主的ガバナンス」の名のもとに、議会の発達、選挙システムと過程、司法と人権、地方分権、行政機関など多様な分野について技術的な支援を活発化している[50]。並行して、選挙支援に関しては事務局の選挙支援部、人権については人権高等弁務官事務所が援助を実施している[51]。2005年には国連民主主義基金（UNDEF）が設立され、他の国連機関との重複を避けつつ、ジェンダーや社会的弱者の政治参加などを支援する団体への助成を行っている[52]。しかし、民主化に関連した国連の支援活動全体を調整する機関は存在しない。

調整という意味では、PBC によってブルンジとシエラレオネで試みられている戦略枠組みを通じた総合的な支援は、よりバランスの取れた民主化支援につながる可能性がある。しかし、そもそもどの国が PBC の支援の対象となるかは対象国自身の要請による。そのため、PBC の関与が国際的にみて必要と思われるにもかかわらず、申請が行われないこともありうる。また、経済復興支援を望む対象国とガバナンスなど民主化に関連が強い分野への支援を望む国連との間で、優先順位をめぐる意見の相違が存在する[53]。それは、安保理や PBC での先進国と途上国との間での意見の相違の反映でもある。

また、平和維持から平和構築を通して、民主化の過程が脅かされたときに、十分な対応ができるかという問題がある。現在の国連では、OAS のように民主化の擁護のための活動が制度化されていないため、安保理より派遣される使節団が終了した後に問題が生じやすい。安保理の使節団が派遣されている段階では、カンボジア UNTAC におけるポルポト派の選挙不参加問題への対応の例にみられるように、安保理を通じて対話から説得、外交圧力、経済制裁など多彩な手段が採られる可能性がある。しかし、使節団が終了し、安保理の議題から外れた場合は、国連として行使しうる手段は限定されることになる。そのことは、次の長期的な視点での民主化支援の問題にもかかわってくる。

3　平和活動における長期的な視点での民主化支援

過去の経験から、平和活動においても、民主化支援は長期的な視点で行われることが必要である。まず、平和創造から紛争後平和構築段階まで、民主化の

第6章　平和活動と民主化支援——デモクラティック・ピースの構築へ向けて　175

持続可能性に配慮して支援が実施されなければならない。また、平和維持活動のもとで最初の民主的選挙が行われ民主的政治体制への制度上の移行が終わっても、その定着には困難が伴うため、国際社会による関与の継続が考慮される必要がある。そこには、民主化の逆行や中断、停滞に対応する擁護の活動も含まれる。

　まず、平和創造の段階では、紛争当事者の交渉で、当該国にとって最適な民主化の戦略が織り込まれなければならない。詳細な内容の決定は平和維持活動下で行われる場合も多いが、大統領制が議院内閣制か、多数決型か多極共存型かなど、対象国の民族構造や社会経済構造に適するように立憲体制が工夫される必要がある。[54] 実際の決定過程は個別の状況に左右されるものの、国内の政治アクターによる民主的ルールの尊重がデモクラシーの定着を示す一つの基準であるならば、誰が参加すべきか難問ではあるものの、より多くの国内当事者が、民主化の当初より、すなわち平和創造の段階からかかわることが好ましい。[55]

　実際、多くの和平交渉の場で、戦後の政治構想として民主化が和平合意に織り込まれるよう、交渉過程から国連も参加して紛争当事者に働きかけが行われてきた。しかし、1993年のソマリアの和平合意（アディスアベバ合意）のように、紛争当事者間で民主化の構想が共有されないまま、和平合意が結ばれることもある。[56] 他方、アフガニスタンの事例では、ブラヒミ（Lakhdar Brahimi）国連事務総長特別代表が早い段階より和平交渉に関与し、2001年12月のボン合意に至るまで関係諸勢力と協議を行い、伝統的な会議体であるロイヤ・ジルガを活用する方法を合意に織り込んだことで、民主化の初期の過程が円滑に進んだ。[57]

　和平合意を受けて派遣される平和維持使節団やそれに続く平和構築活動では、先述したように民主化に関連する支援が広範に行われている。また、EUやOSCEといった地域機構に引き継がれる場合もある。しかし問題は、国際的な支えがなくとも当該国の民主制度が自ら機能するように支援がなされるかどうかである。過去の例では、その点の評価は厳しい。たとえば、UNTACのもとで行われた選挙は高価すぎるものであり、カンボジア自体の選挙実施能力の構築にはつながらなかったとされる。[58] 最近でも、シエラレオネのUNIOSILでは、2007年の選挙の計画段階で現地政府が支弁できるのは費用の三分の一以下

(2600万ドルのうち850万ドル)に過ぎなかった。[59] 対象国自身の能力構築に貢献する民主化支援を行うことが、平和活動ではいっそう必要である。

　長期的な視点をもつということは、民主化を急がないことも意味する。特に、紛争後最初の選挙の実施を急ぐことは、民族対立を先鋭化するなど危険である。[60] 国連ルワンダ支援団(UNAMIR)は選挙の準備を急いで民族間の対立をあおってしまい、1994年の内戦につながった。[61] その後の内戦後最初の国政選挙(憲法に関する国民投票)は、政治的安定が重視され、2003年まで先延ばしにされた。[62] 治安や人道援助といった民主化以外の重要分野の現状に配慮しつつ、安定した民主化の進展を考えることが必要である。[63]

　ただし、過度の治安や政治的安定の優先は、憎悪や不満の感情を未解消のままにしたり、権威主義的な政治構造を正当化するなど、結果的に将来の政治的不安定の原因となりうる。たとえば、カンボジアでは、政治的安定の要請から、UNTACの下の選挙後、第1党になったフンシンペック党と第2党に敗れたカンボジア人民党の間で連立政権が組まれた。しかし、国家機関はカンボジア人民党の統制下に置いたままであったため、その後の政府の権威主義化につながったとされる。[64]

　また、国連は平和活動の終了後もどの程度民主化支援を続ければよいのか、という問題がある。もちろん、対象国の民主化が順調に進展し、国際社会の支援を必要としなくなることが基本的に望ましい。しかし、民主化評価の合意された基準が存在しないなか、支援の継続や終了の判断は難しい。しかも、平和活動後も民主化支援が依然必要な場合で、政権が民主化への取り組みに積極的でないとき、国連の民主化支援の継続には困難が生じる。逆に、国連を含めた国際社会も、紛争後最初の選挙が終わった後は次第に当該国の民主化への関心を失っていく。

　この点に関連して、先述のように、平和維持使節団の活動が終了し、次第に国際社会の関心が薄らぎ、安保理の関与が弱まるなかで、民主化の中断や逆行、停滞が起きた際に、民主化の擁護をどのように行うかが問題となってきた。[65] カンボジアではUNTACの終了後、COHCHRや事務総長特別代表より政治的暴力の増加が指摘されていたにもかかわらず、1997年の政変が起きるまで国連は

有効な手を打つことができなかった。[66]

4 平和活動における民主化支援の正当性

　最後に、平和活動における民主化支援には、国際的な正当性の確保が不可欠である。先にも述べたように、民主化支援は内政干渉を恐れる諸国から警戒を招きやすい。たしかに、国連による多国間支援自体、アメリカなどによる二国間支援に比べると正当性が高いといえる。[67]それでも、平和活動で各種の民主化支援を行う際は、国際的、国内的正当性の確保が重要である。特に、民主化の中断や逆行、停滞において、対象国の政権やそのほか民主化を妨害する勢力に対して強い手段で臨む場合は、国際的な正当性が求められる。

　国連の場合の正当化の方法としては、平和活動の根拠となる総会や安保理の決議で民主化支援の目的や内容を極力明確にすること、国連として民主化支援の一般化・制度化を進めること、支援において地域機構や国際NGOと役割を分担すること、支援の過程の早い段階で対象国内の関係アクターの合意を取り付けることなどが考えられる。[68]

　実際に、いくつかの平和維持使節団で上記の試みが行われてきた。アフガニスタンの国連アフガニスタン使節団（UNAMA）では、先述のように、早い段階より事務総長特別代表により、民主化の手順について関係当事者との協議が重ねられた。また、やはり先述のPBCでは、戦略枠組みの作成に当たって、政府に加えて、市民社会、女性、民間セクターなどとの間で公式・非公式会合が繰り返された。[69]

　しかし、安保理や平和構築委員会など国連の意思決定機関では、各国の利害関係から加盟国間の対立がしばしば起きる。また、先述したように、対象国との間で支援内容や優先順位についての意見が異なったりする。さらに、国連機関が民主化支援を行うこと自体に対して、加盟国間で依然として警戒心が根強いのも事実である。そのようななかで広く合意を築き、国際的な正当性を確保することは困難な作業には違いない。合意の範囲を少しずつ広げながら、段階的に取り組んでいく必要がある。

4 小　括

　国連が民主化を加盟各国で推進することで国際社会と国内におけるデモクラティック・ピースを実現しようとするならば、平和活動においても、十分な民主化支援を行うことが必要である。本章では、そのためのいくつかの課題を、民主化研究と民主化支援活動の経験を踏まえて検討した。ここではそれぞれについて繰り返さないが、共通して現れた課題は、平和活動と関係なく、第5章でも指摘したように、まずは国連としての体系的な民主化支援体制を発展させることである。これまで蓄積された国連内外の民主化支援活動の経験から得た教訓を踏まえて、普遍性の高さや、中立性の高さ、法的正当性の高さといった国連の特徴を生かしながら、国連諸機関全体の民主化支援を調整する専門部局を置くなどの制度化を進め、国連自体の民主化支援体制を発達させることが、平和活動での民主化支援の改善のためにも必要であろう。

1) 吉川元『国際安全保障』有斐閣、2007年、136-137頁。鈴木基史『平和と安全保障』東京大学出版会、2007年、第7章。
2) Bruce Russett, with the collaboration of William Antholis et al. *Grasping the Democratic Peace: Principles for a Post-Cold War World*, Princeton, N.J.: Princeton University Press, 1993.
3) Håvard Hegre, Tanja Ellingsen, Scott Gates, and Nils Petter Gleditsch, "Toward a Democratic Civil Peace? Democracy, Political Change, and Civil War, 1816-1992," *American Political Science Review*, Vol.95, No.1, 2001, pp.33-48. なお、本稿では、主に「民主的政治体制」を示す語として、イデオロギー的表現（「〜主義」）を含む「民主主義」ではなく「デモクラシー」を用いる。
4) Edward D. Mansfield and Jack Snyder, *Electing to Fight: Why Emerging Democracies Go to War*, Cambridge, Mass.: MIT Press, 2005.
5) Roland Paris, *At War's End: Building Peace After Civil Conflict*, Cambridge, U.K.: Cambridge University Press, 2004.
6) United Nations, In Lager Freedom, Report of the Secretary General, 2005, para.114.
7) Sorpong Peou, *International Democracy Assistance for Peacebuilding: Cambodia and Beyond*, Basingstoke [England]; New York: Palgrave Macmillan, 2007. 吉川、前掲書。鈴木、前掲書。
8) Krishna Kumar and Jeroen de Zeeuw, "Democracy Assistance to Postconflict Societies," in Jeroen de Zeeuw and Krishna Kumar (eds.), *Promoting Democracy in Postconflict*

第6章 平和活動と民主化支援——デモクラティック・ピースの構築へ向けて 179

Societies, Boulder, Colo.: Lynne Rienner, 2006, p.17.
9) See, Peter Burnell (ed.) *Democracy Assistance: International Co-operation for Democratization*, London: Frank Cass, 2000. Thomas Carothers, *Aiding Democracy Abroad: The Learning Curve*, Washington, D. C.: Carnegie Endowment for International Peace, 1999.
10) Nancy Bermeo, "What the Democratization Literature Says-or Doesn't Say-About Postwar Democratization," *Global Governance*, Vol.9, No.2, 2003, pp.159-177. See also, Jochen Hippler, "Democratization after Civil Wars: Key Problems and Experiences," *Democratization*, Vol.15, No.3, 2008, pp.550-569. Anna K. Jarstad and Timothy D. Sisk (eds.), *From War to Democracy: Dilemmas of Peacebuilding*, Cambridge: Cambridge University Press, 2008.
11) Jarstad, Anna K., "Dilemmas of War-to-Democracy Transitions: Theories and Concepts," in Jarstad and Sisk (eds.), *op.cit.*, pp.17-36.
12) Georg Sørensen, *Democracy and Democratization: Processes and Prospects in a Changing world, 3 rd (ed.)*, Boulder: Westview Press, 2008, ch.1.
13) United Nations, Further measures to promote and consolidate democracy, the United Nations Commission on Human Rights resolution 2002/46, 23 April 2002, para.1.
14) Peou, 2007, *op.cit.*, pp.9-20. Sørensen, *op.cit.*, ch.2.
15) Thomas Carothers, "The End of the Transition Paradigm," in Thomas Carothers, *Critical Mission: Essays on Democracy Promotion*, Washington, D.C.: Carnegie Endowment for International Peace, 2004, pp.167-183. Sørensen, *op.cit.*, ch.3.
16) Francis Fukuyama, *State-building: Governance and World Order in the 21st Century*, Ithaca, N.Y.: Cornell University Press, 2004.
17) Fareed Zakaria, *The Furure Of Freedom: Illiberal Democracy at Home and Abroad*, New York and London: W.W.Norton, 2003.
18) Sørensen, *op.cit.*, ch.4.
19) 桐山孝信『民主主義の国際法』有斐閣、2001年。
20) International IDEA, *International IDEA Handbook on Democracy Assessment*, The Hague: Kluwer Law International, 2001. See also, International IDEA, *Assessing the Quality of Democracy: A Practical Guide*, Stockholm: International IDEA, 2008.
21) Kumar and Zeeuw, *op.cit.*, p.3. 国際協力事業団『民主的な国づくりへの支援に向けて——ガバナンス強化を中心に—』国際協力事業団、2002年、4頁の表を参照。
22) Morton H. Halperin and Mirna Galic (eds.), *Protecting Democracy: International Responses*, Lanham: Lexington Books, 2005.
23) Organization of American States, the Inter-American Democratic Charter, Chapter IV. European Union, the Treaty of Nice, Article 7. African Union, African Charter on Democracy, Elections, and Governance, Chapter 8.
24) Krishna Kumar, "International Assistance for Post-Conflict Elections," in Burnell, 2000, *op.cit.*, pp.202-203
25) Peter Burnell (ed.), *Democratization through the Looking-glass*, Manchester: Manchester University Press, 2003.

26) Thomas Carothers, "The Backlash against Democracy Promotion," *Foreign Affairs*, Vol.35, No.2, March/April 2006, pp.55-68.
27) Carl Gershman and Michael Allen, "The Assault on Democracy Assistance,". *Journal of Democracy*, Vol.17, No.2, 2006, pp.36-51.
28) 下村恭民「『民主化支援』の混迷」『アジ研ワールド・トレンド』No.101、2004年、19頁。
29) Tanja Hohe, "Delivering feudal democracy in East Timor," in Edward Newman and Roland Rich (eds.), *The UN Role in Promoting Democracy: Between Ideals and Reality*, Tokyo: United Nations University Press, 2004, pp.302-319.
30) 拙著『国際連合と民主化―民主的世界秩序をめぐって』法律文化社、2004年、第5章参照。
31) Peou, 2007, *op.cit.*
32) Declaration of Principles for International Election Observation and Code of Conducts for International Election Observers, Commemorated October 27, 2005, at the United Nations, New York.
33) United Nations, Strengthening the role of the United Nations in enhancing the effectiveness of the principle of periodic and genuine elections and the promotion of democratization, Report of the Secretary-General, UN.Doc.A/62/293, 23 August 2007, para.24.
34) 近藤正規『ガバナンスと開発援助―主要ドナーの援助政策と指標構築の試み』平成14年度国際協力事業団客員研究員報告書、2003年、39-40頁。UNDP, *Human Development Report 2002 : Deepening Democracy in a Fragmented World*, New York: Oxford University Press, 2002, pp.36-45. UNDP, *Governance Indicators: A Users' Guide*, Second Edition, UNDP, 2007.
35) United Nations, Uniting our strengths: Enhancing United Nations support for the rule of law, Report of the Secretary General, UN.Doc.A/61/636-S/2006/980, 14 Decmber 2006..
36) Paris, *op.cit.*, pp.63-69.
37) Sorpong Peou, "The UN's Modest Impact on Cambodia's Democracy," in Newman and Rich, *op.cit.*, pp.258-281.
38) PBCの設立の経緯と活動内容について、山内麻里「国連における平和構築の潮流―平和構築委員会設立」『外務省調査月報』2006年、No.2、25-44参照。
39) United Nations, Strategic Framework for Peacebuilding in Burundi, UN.Doc.PBC/1/BDI/4, Annex.
40) United Nations, Monitoring and Tracking Mechanism of the Strategic Framework for Peacebuilding in Burundi, UN.Doc.PBC/2/BDI/4, 27 November 2007.
41) Jeroen de Zeeuw, "Projects Do Not Create Institutions: The Record of Democracy Assistance in Post-Conflict Societies," *Democratization*, Vol.12, No.4, 2005, pp. 500-501.
42) Jeroen de Zeeuw and Luc van de Goor, "Findings and Recommendations," in Zeeuw and Kumar, *op.cit.*, p.276. 紛争後選挙について、上杉勇司「紛争後選挙と選挙支援」大芝亮、藤原帰一、山田哲也編『平和政策』有斐閣、2006年、243-265頁。
43) Intenational IDEA, *Using Democracy to Manage Conflicts: How the UN is Transforming Peacekeeping Missions*, International IDEA, 2002. UNDP, 2002, *op.cit.*, ch.4.

Zeeuw and Goor, *op.cit.*, p.284.
44) United Nations, Report of the Panel on United Nations Peace Operations, UN.Doc.A/55/305-S/2000/809, 21 August 2000, IV.
45) United Nations Department of Peacekeeping Operations, *United Nations Peacekeeping Operations: Principles and Guidelines*, 2008. 上杉勇司「国連統合ミッションにおける人道的ジレンマ」『国連研究』第8号、2007年、145-178頁。
46) United Nations, Report of the Panel on United Nations Peace Operations, *op.cit.*, paras.13, 37-43.
47) 篠田英朗「平和構築における民主化支援と国連の役割」『国連研究』第5号、2004年、29頁。
48) Peou, 2007. *op.cit.*
49) United Nations, Fifth report of the Secretary-General on the United Nations Integrated Office in Sierra Leone, UN.Doc.S/2007/704, 4 December 2007.
50) UNDP の HP 参照。[http://www.undp.org/governance/index.html]. Richard Ponzio, "UNDP experience in long-term democracy assistance," in Newman and Rich, *op.cit.*, pp.208-229.
51) United Nations, Support by the United Nations system of the efforts of Governments to promote and consolidate new or restored democracies, Report of the Secretary General, UN.Doc.A/62/296, 23 August 2006.
52) UNDEF の HP 参照。[http://www.un.org/democracyfund/].
53) 2008年2月28日、ニューヨークにおける PBC 関係者へのインタビュー。
54) 鈴木、前掲書、163-172頁。
55) Jarstad, *op.cit.*, pp.21-24.
56) 佐伯太郎「和平交渉のディレンマ—ソマリア和平の挫折と国際社会」『平和研究』第30号、2005年、59-77頁。
57) Richard Ponzio, "Transforming Political Authority: UN Democratic Peacebuilding in Afghanistan," *Global Governance*, Vol.13, 2007, p.260.
58) Kumar and Zeeuw, *op.cit.*, pp.13-14.
59) United Nations, Fifth report of the Secretary-General on the United Nations Integrated Office in Sierra Leone, UN.Doc.S/2006/269, 28 April 2006, para.33.
60) Reilly, Benjamin, "Post-war Elections: Uncertain Turning Points of Transition," in Jarstad and Sisk, *op.cit.*, pp.157-181.
61) Paris, *op,cit.*, pp.69-78.
62) Kumar and Zeeuw, *op.cit.*, pp.12-13.
63) Jarstad, *op.cit.*, p.25.
64) *Ibid.*, pp.14-15.
65) Peter Wallensteen, "International Responses to Crises of Democratization in War-torn Societies," in Jarstad and Sisk, *op.cit.*, pp.213-238.
66) Peou, 2004, *op.cit.*
67) Edward Newman, "UN democracy promotion: Comparative advantages and constraints," in Newman and Rich, *op.cit.*, p.195. 篠田、前掲論文、37-38頁。

68) Jarstad, *op.cit.*, pp.23-24.
69) United Nations, Report of the Peacebuilding Commission on its first session, UN.Doc.A/62/137/-S/2007/458, 25 July 2007.

第7章　日本と民主化支援
　　——1990年代以降の日本の民主化支援活動

1　はじめに

　これまでの章で繰り返し述べてきたように、現在、世界各国と民主化と民主化支援は岐路に立っているといえる。そのような国際情勢の中で、今なお有力な先進民主主義国の一つである日本がどのように国際的な民主化支援に関わるかは、国際政治全体の動向に影響を与えるものであろう。同時に、日本自身にとっても、国外の民主化にどう関与をするかは大きな外交のテーマであり、そうでなければならない。

　日本が民主化の問題にどのように対するかは、特にアジア外交にとって大きな意味がある。現在、東アジア共同体構想が注目を集めている。東南アジア諸国連合（ASEAN）のASEAN＋3（日本、中国、韓国）の首脳会議や2005年12月14日の第1回以降開催されてきた東アジア首脳会議（EAS）などで「東アジア共同体」の創設が活発に議論されている。それは、東アジアで地域共同体の設立を目指す計画である。[1] しかし、よく比較される欧州統合は、そもそも人権やデモクラシー、市場経済といった価値観を共有する国々によって進められた。欧州連合（EU）が拡大する際には、新規加盟国に必ずそれまでのEC／EUの価値の共有を要求してきた。他方、中核となるASEANを含めて東アジア共同体を進める国々は、EU諸国と比べて多様な政治体制を有している。日本や韓国のような自由民主主義体制から、中国やベトナムの共産主義体制まで含んでいる。さらにミャンマーのような軍事政権も存在する。現在の東アジア共同体の主な構想は先行する経済協力を基軸とするが、将来的には政治体制の相違の問題は避けて通れない。[2] また、アジアにおける民主化の推進に熱心なアメリカ

やEU諸国との関係がそれをさらに複雑にさせよう。それゆえ、東アジア共同体構想を含めてアジア諸国との関係強化に力を入れる日本にとって、デモクラシーや民主化を外交でどのように扱うかは大きな課題である。

しかしながら、序章でもみたように、そもそも民主化支援の研究自体が未発達であり、日本による民主化支援や広く民主化への関与に関する研究は乏しいのが現状である。そこで本章では、本書ですでに検証してきた民主化支援の国際的な動向を踏まえながら、日本の民主化への関与を分析し、その特徴の一端を明らかにしたい。なお本章では日本の政府の動向を分析の中心的な対象とする。まず、次節では、日本の民主化支援活動の既存の評価をみる。その上で第3節では、改めて日本の民主化支援の歴史を概観する。第4節では、個々の日本の民主化支援活動について具体的に検討する。

2　日本の民主化支援活動に関する先行研究

先にも述べたように、そもそも民主化支援活動の研究自体が限られている。その中での日本の民主化支援に関する研究もやはり限定されたものであった[3]。これまでの日本の民主化支援活動の研究は、特に政府開発援助（ODA）の文脈で行われてきた。1992年6月に閣議決定された「政府開発援助大綱」（以下、ODA大綱）がその4原則でODA提供の際に対象国の民主化の進展状況を考慮することを求めるようになった。それを受けて、下村らにより一種の政治的コンディショナリティとしてのODA大綱4原則の運用に関する研究が行われた[4]。そこでは、日本のODA大綱4原則が、軍事クーデターなど人権や民主化の後退の事例に対して一定程度一貫して適用されていることなどが明らかにされた。また、ODAの枠組みの中で行われる民主化支援の研究も行われてきた[5]。しかし、それらODAと関係した活動は、広い意味での民主化支援活動の一部に過ぎず、それらをみるだけでは日本の民主化支援活動の全体像を捉えることはできない。

日本の民主化支援全体に焦点を当てた研究として、アメリカのNGO「デモクラシー連合プロジェクト」（Democracy Coalition Project、DCP）による興味深い試

みが存在する。それは、民主的に選出された政府の転覆への対応、選挙過程の不正な操作に対する対応、国際的な民主化努力への支持の程度、強固な独裁国家への政策をそれぞれ評価し、「デモクラシー擁護の評点 (Defending Democracy Score)」として「大変良い (very good)」、「良い (good)」、「まずまず (fair)」、「良くない (poor)」の4段階で評価を与えるものである。2002年の研究では、カナダの「大変良い」、アメリカの「良い」に対して、日本には「まずまず」の評価が与えられた。そこでは、日本の民主化支援が、経済発展と社会的安定が不可欠であるという信念によって形成され、同時に商業や政治的利益、安全保障への配慮で制約されることが多いことが指摘された。ただし、DCPによる評価には、ミャンマーや中国を「強固な独裁国家」として、日本がそれらと関係を結ぶことをマイナスと評価するなど一定の偏向がみられる。

そもそも、第1章で整理したように、民主化支援には多様な活動が含まれる。日本の民主化支援活動の特徴をつかみ評価するためには、多面的に分析していく必要がある。そこで本章では、国際的な民主化支援の体制作りへの貢献と、民主化の「促進」および「擁護」の活動、それぞれで日本がどのように活動を行ったのかを検討することで、日本の民主化支援活動の全体像を明らかにしたい。次節では、個々の活動に入る前に、まず日本はデモクラシーや民主化をどのように外交で扱ってきたのかを概観する。

3 日本の民主化支援の歴史

ここでは、日本政府がどのようにデモクラシーや民主化を捉えて外交全体に位置づけてきたか、そしてどのように民主化支援活動を発達させてきたかを、過去の外務省の『外交青書』を中心に明らかにする。

戦後の日本は、「自由民主主義諸国の一員」であるという認識を、「アジア・太平洋地域の一国」としての認識とともに、外交の基本的な立脚点としてきた。しかし冷戦下では、その立場は日本が西側陣営の一国であるということを示しており、東側諸国の反発を受けかねない民主化支援活動の実行を困難にさせた。また、民主化支援は、長らく植民地支配を受けてきた新興独立諸国から「内

政不干渉」や「新植民地主義」として批判される恐れもあった。結局、冷戦時代においては、日本はほとんど民主化支援活動を実施することはなかった。

しかし、冷戦終結前後より、東側諸国が急速に政治と経済の自由化を進めていく中で、日本は、ほかの西側先進民主主義諸国ともに民主化への支援を表明するようになった。1990年7月のG7ヒューストン・サミットの「政治宣言」は、次の10年を「デモクラシーの10年」として、積極的に民主化を支援することを誓った。それを受けた1990年版の『外交青書』は、「民主化の支援」の項が特に設けられている。そこでは、「『民主化』という場合、今日まで国際社会で合意を得た正確な意味内容についての定義は存在しない」としつつも、民主化には「複数政党制の下での自由選挙の実施」や「人権の尊重」が含まれているとして、民主化の内容を示した[8]。

しかし同時に「ある特定の型の民主主義の押し付けはあってはならない」し、「民主化、自由化の選択は第一義的にその国の国民自身が行うべき」であり、「国によっては民主主義より貧困との戦いが先との考え方もありうる」として、民主化支援に慎重な態度もみせた[9]。結果、「支援を要請する場合には、先進民主主義諸国はこれに支援を与えていくことが重要」（波線は筆者）として、少なくとも本書でいう強制アプローチによる民主化支援を避ける姿勢を明確にした[10]。しかも、1992年版の『外交青書』にあるように「支援にあたっては（中略）性急に結論を求めるのではなく、対話を通じてその進展を着実に促していくことが重要である」として、説得アプローチを強調した[11]。また日本は、民主化の基盤を作る経済・社会協力を重視する方針も示すようになった。たとえば1990年版の『外交青書』では「『民主化』という場合には、複数政党制の下での自由選挙の実施といった政治運営上の制度のみならず、（中略）経済的自由や市場指向経済といった側面を含んでいることに留意しなければならない」とした[12]。

1991年4月には政府開発援助（ODA）4指針が国会において表明され、翌年6月には、ODA大綱が閣議決定された。そこでは、ODA供与の際に、①環境と開発の両立、②軍事や国際紛争への使用の回避、③軍事支出の動向やミサイル・大量破壊兵器の開発とともに、④開発途上国における人権・民主化の促進と市場志向型経済導入の努力にも注意を払うことという4原則が明記された。

これはいわば政治的コンディショナリティといえるものであり、その後さまざまな機会に運用された。[13] ただし、明確な基準をもとに自動的に発動されるのではなく、相手国の経済・社会状況や日本との二国間関係などを踏まえて、「総合的に」判断される方針も示された。[14] 1993年版の『わが国の政府開発援助』(以下、『ODA白書』)でも「民主主義について一つのモデルを設定してそれに外れれば援助を直ちに見直すといった方針は現実的でないし適当でもなかろう」とした。[15] また、1992年には「国際連合平和維持活動等に対する協力に関する法律」(国際平和協力法)が制定され、紛争後間もない地域での国連等による国際選挙監視団への協力が可能になった。[16] 国際平和協力法の枠外でも、外務省設置法に基づき、1989年5月のパナマ大統領選挙を皮切りに選挙監視要員が派遣されるようになった。[17]

このように冷戦終結間もない時期、自由民主主義体制の拡大による「歴史の終焉」が世界的に宣伝される中で、日本は、デモクラシーを普遍的なものとして捉え、民主化支援へのコミットを明確に表明するようになった。また、実際の支援活動では、ODA停止の根拠としうるODA大綱を採用しつつも、強制的なアプローチよりも、相手国との対話や合意を重視する方針を示すようになった。この方針はその後も維持されていく。たとえば1995年度版の『外交青書』では、「日本の人権外交」として日本は「単に各国の人権侵害を指摘し、対決的なアプローチを採るのではなく、各国の人権状況の改善のためにいかなる対応を行うのが効果的であるかを踏まえた現実的なアプローチが必要である」との認識を示した。[18] 1997年版の『外交青書』も、「各国の人権状況の改善を進めていくためには、人権状況に問題のある国に対して国際社会として懸念を表明する一方で、当該国との対話を通じて改善への努力を促し、その改善努力を支援してゆく姿勢が不可欠である」とした。[19]

また、日本政府は、民主化の基盤を作る経済・社会協力を重視する方針も改めて明確にしていった。たとえば1995年度の『ODA白書』は、「一般に欧米諸国や国際機関は直接的なアプローチをとることが多く、選挙支援、憲法等基本的法律の整備への支援、行政官、警察官に対する研修等の援助」を行っているが、日本の場合は、そのような直接的な支援よりも、民主化に不可欠な基礎と

しての経済発展や基礎的ニーズへの協力を重要視しているとした[20]。そこには、経済発展が進む中で民主政治が安定するようになった日本の経験に裏付けられた信念が反映されているといえる[21]。

その一方で、開発援助の枠組みで民主化を直接支援する活動の拡充が図られていった。1996年6月のG7のリヨン・サミットでは、民主化に関する技術協力を進めるため、「民主的発展のためのパートナーシップ」(PDD) を表明した。これは従来行われてきた民主化と人権の擁護・促進に関連する技術協力を、より積極的かつ総合的に二国間および多国間援助を通じて実施しようとするものである。PDD は、開発援助の枠組みの中で国際協力事業団 (現、国際協力機構、JICA) によって実施される。その後は、民主化の経済・社会基盤を重視する方針とあわせて、日本の民主化支援は、開発援助の枠組みの中でのガバナンス支援と強く結びつくようになった。

2002年3月に刊行された JICA の調査研究報告書『民主的な国づくりへの支援に向けて―ガバナンス強化を中心に―』において、民主化およびガバナンスの概念整理と、国際的な民主化支援の動向、日本が行ってきた民主化・ガバナンス支援の検討が行われた。その結果、民主化の構成要素を①民主的制度、②民主化を機能させるシステム (＝政府と市民社会のガバナンス改善)、③民主化を支える社会・経済基盤に分けた上で、日本の実績と比較優位から、特に②民主化を機能させるシステムへの支援に重点を置くべきことが提言された。同時に、政治的コンディショナリティによる「間接支援」の限界も指摘された[22]。

2004年11月には、やはり JICA から調査研究報告書『JICA におけるガバナンス支援―民主的な制度づくり、行政機能の向上、法整備支援―』が刊行された。そこでは、ガバナンスの概念と日本が行ってきたガバナンス支援が整理され、JICA の支援の方針がさらに明確になっていった[23]。そこでは、まず、これまでの経験からガバナンス支援の基本的な考え方として、相手国政府との対話と合意を重視する「選択肢提供型」あるいは「共同思考型」のアプローチが示された[24]。また、JICA の具体的役割として、新たな制度や仕組みづくりのための選択肢を提供し、A) 政府機関や関係者の意識変化を喚起すること、B) 新たな制度あるいは仕組みづくりを支援すること、C) 制度や仕組みの運用のための施策や手法

の開発や、組織改善、人材育成を支援することが挙げられた。その上で、支援の経験としてはC)が最も多く、それが日本の比較優位であるとした。[25]

　同報告書では、さらに、ガバナンスの主要課題が、①政治体制の側面（民主化へむけた政治体制の構築）、②政府機能の側面（行政機能）、③仕組みや制度の側面（法制度整備）に整理された。その上で、①の政治体制の側面では、民主的制度づくりへの支援として、選挙支援、立法府支援、警察・刑事司法支援などが挙げられた。同時に、日本の支援の特徴として、第1に「米国の例にみられるような民主主義体制そのものを目的とはせず、相手国の主体性重視を基本としながら、基本的自由の尊重や人権の擁護・促進に向けた途上国の民主的発展を、開発援助の一環として支援してきている」こと、第2に「上述の原則に従いつつ、得意とする（あるいは可能な）部分に限定して人づくりや制度づくりを側面的に実施している」ことを挙げた。[26]

　少しさかのぼって、2000年版の『外交青書』では、コンディショナリティの適用といった強制的なアプローチよりも、やはり対話を重んじるアプローチが強調された。すなわち、「人権問題に対処するにあたっては、実際の人権状況改善につながる現実的アプローチが重要と考え、（1）対話、（2）協力、（3）明確な意見表明（批判）、の三つの方法をバランス良く組み合わせる」べきとした。[27]

　その後の『外交青書』では、民主化支援の扱い自体が薄くなり、民主化はもっぱら開発援助の文脈において取り上げられるようになった。たとえば2004年版の『外交青書』では、民主化支援は、03年8月に改定されたODA大綱に関する部分でわずかに言及されただけであった。[28]同様の内容は2005年版の『外交青書』でも繰り返された。[29]なお、改定された新ODA大綱では、民主化の促進状況の状況に注意を払うことなどの「原則」はそのままであったが、「基本方針」として「グッド・ガバナンス」に基づく発展途上国の自助努力への支援や「人間の安全保障」の視点が新たに明記された。2006年版の『外交青書』では特に民主化支援に言及された部分がなくなった。この状況は、1999年8月に策定された旧ODA中期政策と異なり、2005年2月に新たに策定された新ODA中期政策では、重点課題から民主化支援がなくなったことにも現れた。[30]

それが2007年3月発行の07年版『外交青書』では、一転して「自由と繁栄の弧」の構想が「新たな日本外交の柱として位置付け、外交の新機軸」とするものとして打ち出されることとなった。[31]「自由と繁栄の弧」の構想は、当時の安倍政権の麻生外務大臣が2006年11月30日に行った「『自由と繁栄の弧』をつくる－拡がる日本外交の地平」と題する政策スピーチに端を発する。[32] 同構想で、日本は、「自由、民主主義、基本的人権、法の支配、市場経済」といった「普遍的価値」を重視しつつ、「北欧諸国から始まって、バルト諸国、中・東欧、中央アジア・コーカサス、中東、インド亜大陸、さらに東南アジアを通って北東アジアにつながる地域において、普遍的価値を基礎とする豊かで安定した地域」を形成することを目指す。[33] その目的を達するため、アメリカや西欧諸国、オーストラリアやインドなど基本的価値を共有する国々と協調しながら、東欧やGUAM諸国（グルジア、ウクライナ、アゼルバイジャン、モルドバ）、中央アジア諸国、ASEAN諸国などの民主化を、民主化支援を含む政府開発援助や貿易・投資を通じて積極的に支援するべきした。

　このように人権や民主主義を外交の前面に打ち出すことは「価値の外交」であり、「主張する外交」[34]として日本外交には従来なかったものであった。この「自由と繁栄の弧」構想は、2005年以降デモクラシーの推進に力を入れる第二期ブッシュJr.政権との関係強化を進める安部政権の方針と連動していた。[35] 実際の政策としては、2007年の国連民主主義基金（UNDEF）への1000万ドルの拠出、国内では外務省の主催で同年2月に「自由と繁栄の弧をめざして―日本の人権・民主主義外交の新たな展開―」と題されるシンポジウムおよび08年2月に「日本の人権・民主主義外交の課題と展望」と題されるシンポジウムの開催、やはり同月国内のNGOがUNDEFに応募するなど民主化支援にかかわるよう促すための「NGOによる民主化支援セミナー」の開催などが行われた。[36]

　ただし、同構想が中国やロシアを「包囲」する政策であるとの内外の懸念に配慮して、「日本としては、今後、外交政策の中で、『自由と繁栄の弧』の形成という概念の下、政治的安定や経済的繁栄とバランスをとりつつ、価値観の押しつけや体制変更を目指すのではなく、それぞれの国の文化や歴史、発展段階の違いに十分配慮しつつ、普遍的価値の実現に取り組んでいく」として、押し

付けではないことも強調されている。また、発端となった麻生外相の講演でも、あくまで「民主主義の伴走者」としての日本の役割が強調されていた。

　2008年7月には、先述のシンポジウムなどでの議論やそれまでの政策を踏まえて、人権・デモクラシー分野における日本政府の基本的な考え方が公表された。デモクラシーの分野については、デモクラシーや市場経済の制度が持つ普遍性を念頭に置きつつも、デモクラシーには特定のモデルはなく多様な形態があることが基本的な考え方として示された。そのための施策としては、先述のPDDやUNDEFの効果的活用、第6章でみた「新興および復興民主主義諸国国際会議」(ICNRD) や「民主主義諸国共同体」など各種国際フォーラムへの参加が挙げられた。また、人権・デモクラシー分野での協力における日本の視点として、①「日本の経験の活用」、②人間の安全保障の視点を踏まえた「個人に着目したアプローチ」、③「市民社会の強化」、④「自由権と社会権のバランス」、⑤「開発・平和構築との連携」、⑥相手国との対話・協議を通じた共同作業を重視してその自主性（オーナーシップ）を重んじ、かつ人材育成などを通じた長期的コミットメントを重視するという意味での「対話、自主性の尊重」が示された。

　その後、2007年9月に安倍政権を継いだ福田政権が中国・韓国を重視とするアジア外交に軸足を移したことで、08年度の『外交青書』の記述の少なさからもうかがえるように「自由と繁栄の弧」の構想は次第に後退していった。確かに2008年9月に成立した麻生政権では、麻生首相の就任直後に行われた国連総会での演説や09年1月のダボス会議で再び価値観外交や「自由と繁栄の弧」について言及がなされたが、以前ほど目立ったものではなくなった。

　以上、『外交青書』や『ODA白書』等で示された日本政府による方針をみた限り、第1に、ODA大綱や「自由と繁栄の孤」の例はあるとしても、そもそもデモクラシー・民主化および民主化支援自体、日本の外交政策で優先順位が高いとはいえない。近年では、人権や平和構築、人間の安全保障、ガバナンスといった隣接分野の陰に隠れつつある。この点、第2章でみたように、民主化および民主化支援にさらに高い優先順位を与えるようになった国際社会全体の潮流からは少し外れているように思われる。

第2に、民主化支援の手法として、経済制裁や政治的コンディショナリティなど強制アプローチよりも、相手政府との対話を重んじる説得アプローチや相手政府の要請を受けて支援する合意アプローチを重視する方針は明確であるといえる。第3に、そのような非強制的なアプローチの中でも、政治制度など政治体制の転換に直接かかわる分野の支援より、経済開発や人間の安全保障、ガバナンスなど民主主義体制を機能させるメカニズムや経済・社会的基盤へ向けた間接的な支援を重視する姿勢を示してきた。第4に、日本政府の民主化支援を担う主たる機関としては、開発援助機関であるJICAが中心であり、アメリカや欧州諸国のように民間の民主化基金やNGOを支援のチャンネルとして活用することはほとんど検討されてこなかった。

4　日本の民主化支援の実践

1　国際的な民主化支援体制構築への貢献

　続いて、日本の民主化支援活動の実践について検証し、その特徴を明らかにしていきたい。第1章および第3章でみたように、民主化支援活動には国際レベルの活動と国内レベルの活動がある。まずは、国際レベルの活動のうち、民主化支援体制の構築への日本の貢献をみる。

　日本は、自国自身による民主化支援とは別に、国際的な民主化支援体制の構築へ向けてさまざまな貢献してきた。まず、日本政府は先進国首脳会議や国連といった国際的な場を通じて、デモクラシーや民主化に関連する国際的な規範作りを支持・推進してきた。たとえば、国連では、1990年代末以降、国連人権委員会の「デモクラシーへの権利の促進」決議1999/57や「デモクラシーの促進と定着」決議2000/47などデモクラシーや民主化に関連する一連の決議が採択されたが、日本は、それらの決議の採択を一貫して支持してきた。また、1993年のウィーン人権会議へ向けて開かれたバンコク地域会合では、日本は、採択されたバンコク宣言の「人権を開発援助を供与するための条件として使用する試みを抑制する」との項を、ODA大綱の立場とは完全には一致しないとして留保した。

ほかにも、民主化支援に関わる情報を交換し、民主化支援のための国際的な体制作りを目指す動きを日本は支援してきた。たとえば日本は、2000年に開催された民主化促進を目的とした2つの国際会議、2000年のワルシャワでの「民主主義諸国共同体」の閣僚級会合および第4回のICNRDに対して、国連開発計画（UNDP）の人造り基金を通じて財政支援を行った[44]。前者は、第2章や第5章でも触れたように、アメリカが主導する国際的な運動である「民主主義諸国共同体」（CD）の最初の閣僚会議であり、後者は発展途上国と国連が中心となり1988年以来開催されてきた会議である[45]。さらに、先述のように2005年に設立されたUNDEFに対しては1000万ドルの拠出を行った。ほかにも、第6章で触れた国連平和構築委員会（PBC）の活動に対しても積極的に協力し、2007年6月にPBCの委員長に日本が就任した際には、シエラレオネの大統領・国会議員選挙の実施に貢献した[46]。

2　民主化の「促進」

第1章で整理したように、民主化支援活動は、それが働きかける民主化の進行方向に合わせて「促進」と「擁護」の活動に分けることができる。ここでは次に、日本の民主化の促進と擁護、それぞれの活動についてみていく。

先述のように、日本はそもそも経済開発のための援助も間接的な民主化支援と位置付けている。それを除くと日本による主な民主化の促進活動には、「民主的発展のためのパートナーシップ」（PDD）を中心とした開発援助の枠組みでの支援、ODA大綱の運用、説得などの外交活動がある。

まず、開発援助の枠組みの下で、JICAを中心に民主化およびガバナンスを促進するための援助が行われている。1996年のG7リヨン・サミットにあわせて、政府はそれまでの取り組みをまとめてPDDとして発表した[47]。PDDには、ODAの通常の協力案件のほか、1995年から開始された、緊急無償資金協力による「民主化支援」も含まれている。このPDDは、相手国政府の要請や合意を元にJICAを中心に実施されるものであり、民主化の促進の合意アプローチにあたる。ただしPDDは、独立した民主化支援プログラムではなく、先述のガバナンス支援のプログラムなどで個々に行われている活動のうち該当するものを集め

たものに過ぎない。また二国間を通じてのみならず、国連機関など国際機構の活動に資金を供出する場合もある。

　PDDの支援項目は基本的に次のように分類されている。まず（1）「各種制度作り」として、専門家派遣、研修員受け入れ、政府指導者等関係者招聘を通じ、法制度、行政制度、公務員制度、警察制度等に関する講義や日本の制度の紹介を行ったり、資金援助をしたりすることで制度作りを支援する。この項目はさらにいくつかに細分化されている。「民主化支援」として、政府指導者や政党若手幹部の招聘を通じ、デモクラシーと自由経済に触れる機会を提供し、また専門家派遣を通じて、議会運営や経済政策の立案への助言などデモクラシーの定着のための支援を行う。また「民主化研究セミナー」を開催し、民主的な社会の建設の参考とするため、日本のデモクラシーを紹介する。さらに「法制度整備・司法セミナー」を開催し、専門家派遣や研修員受入れを通じ、法律についての基本的考え方や日本法制度を紹介し法制度整備を支援する。「行政支援」として、専門家派遣や研修員受入れ、関係者招聘を通じて、行政制度や議会制度、選挙制度、公務員制度等の講義を行い、また資金援助により行政制度作りを支援する。「警察支援」として、専門家派遣および警察官招聘による警察官教育を行い、また資金援助を行うことで警察の組織作りを支援する。

　次に（2）「選挙支援」として、要員派遣や資金援助、研修、機材の供与などを通じて選挙が民主的に行われるように支援する。（3）「市民社会の強化」として、選挙教育や指導者の育成、メディア育成のための支援や研修などを行い、民主化の土台となる市民社会の強化と人材育成に貢献することを目指す。そのために「民主化教育、啓蒙教育」として、選挙教育、啓蒙活動、民主化教育に関する計画を支援する。また「人造り」として、学習援助や、学校建設などによる児童の教育機会の提供、指導者育成に関する活動を支援する。「メディア育成」として、招聘および研修を通じメディアの育成を支援する。（4）「知的支援」として、人権・民主化関連研究や文化、教育施設への助成を行い、またオピニオンリーダーおよび文化人の派遣・招聘を行うことで、民主化を間接的に支援する。（5）「女性の政治参加の拡大」のために、開発における女性の役割や女性の人権などに焦点を当て、女性の地位向上と政治参加の拡大を目

指して支援する。これらのほかに、日本が1999年3月に「人間の安全保障基金」を国連事務局に設立したことがPDDの一環として挙げられる。

『ODA白書』で記載された2000年度から05年度までのPDDのこれまでの主な実施状況をまとめたのが表7-1である[48]。また、開発援助委員会（DAC）によるOECD諸国のODAの統計のうち、民主化支援に関わりの深い「政府と市民社会（Government and Civil Society）」セクターの各細目別に2007年の主要国ごとの支出をまとめたものが表7-2である。それらから次のことが指摘できる。

第1に、表7-1のアジア諸国向け件数の割合にあるように、アジア地域の重視である。それはODA全体の傾向と一致する特徴である[49]。第2に、支援件数の増大である。支援の件数は緩やかだが年々増加の傾向がみられる。第3に、しかし、他の経済開発協力機構（OECD）諸国と比較すると、PDDの支援の規模は小さいといえる。日本の支出額は、GDPが日本より小さいイギリスやスウェーデンよりも少ない。しかも、統計の項目のうち「経済開発政策・計画」はそもそも市場化支援を目的とする面が強く、それを除くと民主化の促進のための日本の支出はいっそう少なくなることになる。また近年JICAに公共政策部が設けられたものの、JICAを含めた日本政府は、米国国際開発庁（USAID）のデモクラシー・ガバナンス事務所のような民主化支援を専門とした部局や個別のプログラムを持たない。加えて日本では、政府とともに民主化支援活動に従事するNGOも限られている[50]。

第4に、PDDを中心としたODAによる日本の民主化の促進活動は、内容面で偏りをみせている。確かにPDDの支援の項目自体は包括的であり、法の支配、民主的で責任のあるガバナンスの制度、政治的自由と競争、市民の参加とアドボカシーの各分野に援助を行うUSAIDと大差はない[51]。しかし、実施状況をみると、市民社会や政党・政治勢力への支援に重点を置くアメリカとは対照的である[52]。表7-2にあるように、日本の援助は、他のOECD諸国と比べても、「経済開発政策・計画」に集中し、「市民社会の強化」や「選挙」、「人権」の分野への援助が極めて少ない。この点は、民主化の経済基盤や政府のガバナンスの強化に重点を置き、かつ内政不干渉の原則に抵触する可能性を極力避けようとする、先述の日本の外交方針が現れているともいえる。

表7-1 民主的発展のためのパートナーシップ（PDD）の主な実施状況

	各種制度作り（①民主化支援②民主化研究セミナー③法制度整備・司法セミナー④行政支援⑤警察支援）（事業数、（ ）はうちアジアでの事業数）	選挙支援（事業数）	市民社会の強化（①民主化教育、啓蒙教育②選挙教育、啓蒙活動③人造り④メディア育成）	知的支援	女性の政治参加の拡大
2000年度	①1（1）②2（0）③5（4）④3（1）⑤5（2）	6	①＋②18 ③22のNGO事業への補助金 ④25のTVチームと約120名の報道関係者の招待など	民主化・開放化支援のための人的交流（東欧）、アジアセンターの事業、欧州評議会への協力	NGO事業補助金・女性自立支援事業（8事業）など
2001年度	①1（1）②3（0）③9（7）④18（5）⑤7（6）	16	②22事業（約0.8億円）	上記と、国際交流基金民主化研究・シンポジウム支援など	NGO事業補助金・女性自立支援事業（9事業）など
2002年度	①＋②4（1）③7（6）④11（5）⑤5（3）	1	③3事業（アフガニスタンとインドネシア）、ほかにアフリカ民主化セミナー	インドネシア対象研究協力	具体例なし
2003年度	①＋②1（0）③11（7）④13（6）⑤8（5）	10	③3事業（パプアニューギニア、アフガニスタン、インドネシア）、ほかにパプアニューギニア・ブーゲンビル復興促進計画	民主化・開放化支援のための人的交流（東欧）、国際交流基金民主化関連シンポジウム支援	日・ヨルダン・エジプト・パレスチナ女性交流、カンボジア・ジェンダー政策立案支援計画プロジェクト
2004年度	①＋②1（0）③11（7）④20（10）⑤6（4）	10	②1事業（インドネシア）	言及なし	カンボジア上記プロジェクト、アフガニスタンの事業
2005年度	①＋②1（0）③10（7）④10（8）⑤5（3）	8	③1事業（アルゼンチン）、ほかにブーゲンヴィル民主化支援計画	言及なし	東ティモール、カンボジア、アフガニスタン、フィリピンでの事業

出所：『ODA白書』（2001〜2006年度）の図表「民主的発展のためのパートナーシップ（PDD）の実施状況」を元に筆者作成

表7-2 2007年の細目別援助の支払い総額

(単位は100万米ドル、小数第1位以下四捨五入。下段はその年のセクター総額に占めるパーセンテージ。)

		「政府と市民社会」セクターの各細目								
		経済開発政策・計画	公共財政管理	立法・司法の発展	政府と行政	市民社会の強化	選挙	人権	情報の自由な流通	女性の平等組織と制度	合計
援助国	オーストラリア	57.7 (12.0)	87.3 (18.1)	182.6 (37.9)	116.8 (24.3)	26.5 (5.5)	5.6 (1.2)	0.3 (0.1)	1.3 (0.3)	3.5 (0.7)	481.6 (100)
	カナダ	148.7 (22.2)	22.5 (3.4)	46.6 (7.0)	256.0 (38.2)	126.4 (18.9)	5.6 (0.8)	55.1 (8.2)	4.9 (0.7)	3.6 (0.5)	669.4 (100)
	フランス	1.5 (2.0)	6.8 (9.2)	4.0 (5.4)	56.6 (76.6)	n/a (0.0)	5.0 (6.8)	n/a (0.0)	n/a (0.0)	n/a (0.0)	73.9 (100)
	ドイツ	146.0 (17.7)	15.4 (1.9)	51.9 (6.3)	188.3 (22.9)	290.2 (35.3)	5.6 (0.7)	30.5 (3.9)	79.3 (9.6)	15.9 (1.9)	823.1 (100)
	イタリア	2.8 (4.0)	0.2 (0.3)	13.2 (18.8)	3.9 (5.6)	27.5 (39.2)	0.1 (0.1)	12.4 (17.7)	0.1 (0.1)	10.0 (14.2)	70.2 (100)
	日本	234.3 (93.6)	n/a (0.0)	0.5 (0.2)	4.2 (1.7)	1.1 (0.4)	7.8 (3.1)	0.2 (0.1)	1.9 (0.8)	0.2 (0.2)	250.2 (100)
	オランダ	22.9 (6.5)	24.0 (6.8)	38.9 (11.1)	155.8 (44.4)	39.0 (11.1)	12.1 (3.5)	36.9 (10.5)	7.7 (2.2)	13.4 (3.8)	350.7 (100)
	スペイン	23.5 (7.2)	0.4 (0.1)	22.5 (6.9)	52.1 (16.0)	39.6 (12.1)	4.3 (1.3)	20.4 (6.3)	0.1 (0.0)	163.1 (50.0)	326.0 (100)
	スウェーデン	4.00 (1.1)	35.0 (9.5)	21.6 (5.9)	66.3 (18.0)	70.3 (19.1)	8.7 (2.4)	139.3 (37.8)	20.1 (5.4)	3.6 (1.0)	368.9 (100)
	イギリス	263.7 (40.0)	154.7 (23.5)	32.8 (5.5)	62.2 (9.4)	54.3 (8.2)	74 (11.2)	15.3 (2.3)	1.5 (0.2)	0.7 (0.1)	659.2 (100)
	アメリカ	346.3 (9.7)	72.6 (2.0)	913.5 (25.5)	1502.8 (42.0)	407.6 (11.4)	151.4 (4.2)	59.0 (1.6)	121.8 (3.4)	5.5 (0.2)	3580.5 (100)

出所：OECD Database, DAC Credit Reporting System, [http://stats.oecd.org/Index.aspx?DatasetCode=CRSNEW] を元に筆者作成

　PDD を直接的な民主化支援活動としたら、1992年の ODA 大綱の4原則を一種の政治的コンディショナリティとして運用する方法は、より間接的な民主化の促進活動である。「アメ」として民主化への取り組みに報いる ODA 大綱のポ

ジティヴ・リンケージは、「ムチ」であるネガティヴ・リンケージと組み合わされることで民主化の促進の半強制アプローチとなる。実際、外務省によってこれまでODA大綱4原則の人権・民主化の関するポジティヴ・リンケージとして言及された事例の多くは、1992年以降民主化の侵害を理由にネガティヴ・リンケージとして援助が停止された後、民主化の回復あるいは進展を理由に援助が再開されたものである。[53] そうでないODAのポジティヴ・リンケージの事例は、ODAの4指針やODA大綱採択以前に、社会主義国家(1991年モンゴル)や民主的でない国家(1994年南アフリカ)、内戦下にあった国(1992年のエルサルバドル、93年のカンボジア)が、採択後に民主化を開始した場合である。[54]

他方で、1992年に本格的な援助を再開したベトナムの事例のように、民主化が疑わしい場合でも、同じODA大綱の原則にある市場経済化の努力が評価されてODAのポジティヴ・リンケージがなされる場合がある。[55] そこには先にみた経済発展が間接的に民主化につながるという日本政府の思想が反映されているともいえるが、民主化よりも経済的利益を優先させているという印象を国際社会に与えかねない。[56]

PDDや政治的コンディショナリティのほかにも日本は、多国間会合や国際機関の場でODAを活用した外交を行い、特定の国や地域の民主化を促進してきた。たとえば、日本は1990年に始まった「中米支援民主開発パートナーシップ」に積極的に協力し、93年10月に始まった「アフリカ開発会議」(TICAD)のプロセスでは主導的役割を果たしてきた。[57] また、日本は、国連の人権分野での活動を支援し、国連が各国による人権状況改善努力を支援するための諮問サービス基金等の各種基金に資金を供出すると同時に、1982年以来国連人権委員会(現、人権理事会)のメンバーとして討議や決議案の検討に積極的に参加してきた。[58]

いくつかの事例では、日本は説得アプローチを通じて民主化を促してきた。たとえば、民主的選挙の実施を最終目標とする1980年代後半からのカンボジアの和平プロセスでは、日本は積極的に参加して外交活動を展開した。[59] また、中国に対して、1989年の天安門事件以降長期的に経済制裁を継続した欧米と異なり、日本は改革への期待を表明しながら早期に援助を再開し、政治対話とODA

を通じて改革・開放政策を後押ししてきた。次の民主化の擁護にも関わるミャンマーの民主化問題では、「建設的関与（constructive engagement）」の方針を採るASEAN諸国とともに、停止したODAの一部を再開しつつ、ミャンマー政府へ説得や仲介を度々行ってきた。しかし、紛争後の復興や経済開発ではなく民主化自体を主たる目的にして日本が説得アプローチを展開した事例は限られている。

3 民主化の「擁護」

民主化の「擁護」は、第1章でまとめたように、クーデターや民主的政権の権威主義化（＝「侵食」）による民主化の現段階からの後退を防ぐための活動である。日本政府がこれまで実施してきた民主化の擁護の手段としては、まず半強制アプローチとして、ODA大綱の運用のネガティヴ・リンケージがある。しかし日本政府は、ODA大綱で大まかな方針を示すだけで、不正な選挙やクーデターの際に援助を禁じるアメリカの対外援助法のように、非立憲的な民主的政権の転覆の際の明確な手続きを法律等で事前に定めるといったことは行っていない。そもそも日本は、先にもみたように強制よりも説得や合意アプローチをむしろ重んじている。

説得アプローチによる擁護として、日本政府は、クーデターなどで民主的政権が転覆した際に、使節団や特使を派遣するなどの外交手段で当該勢力と対話を行い、政権の回復や民主的過程の侵食の停止を求める場合がある。たとえば、2002年8月、当時の川口外務大臣がミャンマーを訪問して軍事政権と民主化勢力双方と対話を行うなど、ミャンマーに対してはたびたび働きかけを行ってきた。また、二国間だけではなく国連など多国間の場を利用する場合もある。たとえば日本は、「世界における人権状況の改善のため日本は、国連の人権分野での活動に積極的に参加し、これを支援するとともに、人権状況に問題があると思われる国には、国連人権委員会等において懸念を伝達してきた」とする。

合意アプローチによる擁護としては、まず日本は、「アフリカン・ピア・レビュー・メカニズム」（APRM）を備えるアフリカのNEPADに協力するなど、

「デモクラシー条項」や予防措置を備える地域的国際機構や協定を間接的に支持・協力してきた[64]。また、日本は1990年代より選挙監視活動を実施し、不正な選挙が行われないように監視を行ってきた。

選挙監視活動は、民主化の促進の側面もあるが、民主化の後戻りを防ぐ擁護の活動でもある。日本の選挙監視活動は、国際平和協力法に基づくものと、外務省設置法に基づくものとに分かれる。国際平和協力法に基づく場合、選挙監視活動の大半は、国連の平和維持活動に付随して行われる。また、開発援助の枠組みでの技術援助と組み合わされる場合もある。さらに、欧州安全保障協力機構（OSCE）や米州機構（OAS）などの国際機構が派遣する国際選挙監視団に選挙監視員を派遣する場合も多い。いずれにせよ基本的に相手政府の合意のもとに派遣される。これまで実施された選挙監視活動を年別および地域別にまとめたものが表7-3である。それをみる限り、1990年代以降に一定数の選挙監視活動が行われ、また地域的にも幅広く行われている。

他方で、その中身については、2004年のインドネシア大統領選挙に44名を派遣した事例や06年1月のパレスチナ立法評議会選挙に22名を派遣した例など一部の選挙を除いて、小規模で短期的な選挙監視活動が目立つ[65]。近年の国際的な選挙監視の傾向として、投票日当日前後の短期的な監視よりも、選挙前の早い時期から選挙終了後までにわたる長期的で細部にわたる監視活動が重視されつつある[66]。その理由としては、選挙の不正や操作は投票日よりもその準備段階で行われることが多いためである。実際、アメリカやEUは早い段階より選挙監視団を送り込み、不正がみられる際には早期に勧告を政府に対して行う。それらが受け入れられない場合は、不正の可能性の高い選挙にお墨付きを与えるのを避けるために、投票日までに監視団を撤退させることもある[67]。その点、日本の選挙監視活動では、長期的で踏み込んだ監視活動を試みることは限られている[68]。

いずれにせよ選挙監視活動の最も重要な目的は選挙の不正を予防することであり、選挙の公正さや自由さが疑わしいときにどう対応するかが問題となる。その場合には、日本政府によって、上記の強制や説得の手段が実行される可能性がある。

表7-3　日本の選挙監視活動（地域・年別）

	89	90	91	92	93	94	95	96	97	98	99	00	01	02	03	04	05	06	合計	(%)	地域別国数	(%)
アジア			2		1	1		1	1	1	2	1	2	3	1	3	2	1	22	(11.9)	21	(11.1)
アメリカ大陸	2	2	2	1	2	2	4	1	0	3	2	4	2	0	1	3	3	8	42	(22.8)	35	(18.4)
ヨーロッパ					1		3	4	4	1	2	9	1	4	2	8	6	6	51	(27.7)	52	(27.4)
太平洋											2						1	1	4	(2.2)	14	(7.4)
中東							1									1	2	1	5	(2.7)	15	(7.9)
アフリカ				4	7	6	5	3	2	2	5	5	1	3	3	4	5	5	60	(33.6)	53	(27.9)
合計	2	2	4	5	11	9	12	10	7	7	11	19	8	10	7	19	19	22	184	(100)	190	(100)

出所：外務省「国際平和協力法によらない選挙監視活動」、2007年1月、外務省「国際平和協力法に基づく日本の協力」、2009年3月を元に筆者作成
注：選挙実施日を基準にカウント。1ヶ月程度の短期間に連続する同一国内の選挙は一つにカウント。参考の地域別国数や地域・国の区分は外務省HP（http://www.mofa.go.jp/mofaj/area/index.html）に準拠。ヨーロッパはNIS諸国を含む。

　疑わしい選挙の事例を含めて、主だった民主化の後退の事例に対する日本の対応をまとめたのが表7-4である。表の事例の多くは、クーデターなど短期的な民主化の後退と不正な選挙の疑いの事例である。政権による長期的な民主政治の「侵食」の事態は含まれていない。

　それらの事例からいえることとして、第1に、全般的に、国際社会で民主化の後退として非難された事態に対しては、日本も同様に批判的な対応を行っている。第2に、それらの事態に対して日本は、平均して穏やかなアプローチで

表 7-4 主な民主化の後退事例への日本の対応

発生時期	国名	事態の概要	日本の対応	主な国際社会の対応
1989/6	中国	民主化運動の弾圧	ODA 停止→他先進国へ再開の働きかけ	経済・外交制裁（欧米諸国）
1990/5	ミャンマー	民主選挙の無視→軍事政権の維持	ODA 停止→随時 ODA 部分再開と説得	経済制裁と外交制裁（欧米諸国）、説得と援助（中国、ASEAN）
1991/9	ハイチ	軍事クーデター	ODA 停止	説得→経済制裁（OAS、国連）→軍事措置（国連）
1992/4	ペルー	民主政権による憲法停止	遺憾→説得	援助停止（米など）、遺憾→説得（OAS）
1993/5	グアテマラ	民主政権による憲法停止	ODA 停止	遺憾→説得（OAS）
1993/6	ナイジェリア	不正選挙→軍事クーデター（93/11）	ODA 停止（94/3）	経済・外交制裁（欧米諸国）、MS（英連邦）
1994/7	ガンビア	軍事クーデター	ODA 停止	援助停止（米）
1997/7	カンボジア	民主政権による政変	遺憾→説得	援助停止（米、独）、説得（ASEAN）
1999/10	パキスタン	軍事クーデター	98年の核実験によるODA停止の継続	援助停止（米、EU）、説得（EU）、MS（英連邦）
1999/12	コートジボアール	軍事クーデター→不正選挙（2000/10）	ODA 停止、（選挙への）遺憾	遺憾と援助停止（米、EU）、サミット等の出席停止（OAU）
2000/4	ペルー	不正選挙の疑い	遺憾	説得（OAS）
2000/5	ハイチ	不正選挙の疑い	遺憾	説得（OAS）
2000/5	フィジー	軍事クーデター	遺憾	援助停止（豪）、外交制裁（豪、新、英、米）、MS（英連邦）
2000/6	ジンバブエ	不正選挙の疑い	—	遺憾（米、EU）
2002/3	ジンバブエ	不正選挙の疑い	遺憾	経済制裁（米、EU）、MS（英連邦）、容認（AU）
2002/4	ベネズエラ	軍事クーデター	遺憾	遺憾→説得（OAS）、一時容認（米）
2002/10	ネパール	国王による議会解散	遺憾	遺憾→説得（EU）
2003/11	グルジア	不正選挙の疑い	遺憾	遺憾（OSCE）、説得（露）

第 7 章　日本と民主化支援──1990年代以降の日本の民主化支援活動

発生時期	国名	事態の概要	日本の対応	主な国際社会の対応
2004/10	ウクライナ	不正選挙の疑い	遺憾	遺憾→説得（OSCE、EU）、容認（露）
2005/2	ネパール	国王による首相解任。内閣解散	遺憾、ODAの慎重な判断	遺憾（米など）
2005/2	トーゴ	非合法的な大統領就任	遺憾	遺憾と説得（AU、ECOWAS）
2005/2-3	キルギスタン	不正選挙の疑い	遺憾	遺憾（OSCE）
2005/3	ジンバブエ	不正選挙の疑い	遺憾	遺憾・制裁の継続（米、EU）、容認（AU）
2005/8	モーリタニア	軍事クーデター	遺憾	遺憾→資格停止（AU）
2006/3	ベラルーシ	不正選挙の疑い	遺憾	遺憾（OSCE）、制裁（EU、米）、容認（露）
2006/9	タイ	軍事クーデター	遺憾→ODAは進捗を確認して判断	遺憾（米、EU）
2006/11-12	フィジー	軍事クーデター	遺憾→ODAは慎重に判断。	援助停止（EU）、説得（太平洋諸島フォーラム（PIF））
2007/9	ミャンマー	デモの武力鎮圧	遺憾→ODA援助をさらに絞り込む	遺憾（UN、ASENA）、説得（UN）、制裁の継続（米、EU）
2007/11	パキスタン	民主的政権による非常事態宣言	遺憾	遺憾（米、EUなど）
2007/12-2008/1	ケニア	不正選挙の疑いとその後の暴力事件	遺憾	遺憾（米、EUなど）、説得（AU）
2007/6	ジンバブエ	不正選挙の疑い	遺憾	説得（UN、AU）、制裁（米、EU）
2007/8	モーリタニア	軍事クーデター	遺憾	資格停止（AU）
2007/10	ベラルーシ	不正な選挙の疑い	遺憾	遺憾（OSCE）、制裁（EU、米）、容認（露）
2009/3	ギニアビサウ	軍部による大統領殺害	遺憾	遺憾（AU、UN）、説得（ポルトガル語諸国共同体）
2009/4	フィジー	大統領による憲法停止	遺憾	資格停止（英連邦、PIF）
2009/6	イラン	選挙後の政情不安	遺憾	遺憾（米、EU）

出所：各年版『外交青書』『我が国の政府開発援助』『ODA白書』、外務省HPおよび次の文献等より筆者作成。Democracy Coalition Project, *Defending Democracy: A Global Survey of Foreign Policy Trends 1992-2002*, Democracy Coalition Project, 2002. Gude, Ken, "Case Studies in Collective Resposes," in Morton H. Halperin and Mirna Galic (eds.), *Protecting Democracy: International Responses*, Lanham: Lexington Books, 2005, pp.63-99.
注：「遺憾」＝遺憾や憂慮の表明のみを行った対応。「ODA停止」は、遺憾や非難の表明を含む。ODA停止の時期がないものは事態発生直後。また人道援助を除いた部分的な停止を含む。日本の事例ではODA四原則・ODA大綱の運用によるもの。「説得」は使節団の派遣など各種外交努力を含む。「MS」＝メンバーシップの停止。

対応している。欧米諸国や地域的国際機構が各種制裁を実施する場合でも、1990年以降のミャンマーや92年のペルーのように遺憾の表明や説得にとどめる事例がみられる。それでも、第3に、日系人であるフジモリ大統領によって引き起こされた1992年のペルーの「自主クーデター」の事例や、アジアにおける97年のカンボジアでの政変など、日本と関係の深い国家での事態に対しては、日本は遺憾の表明にとどまらず積極的に説得など外交的な活動を行っている。ただし、国の戦略的利益がかかわる地域での積極的な取り組みというこの傾向は、2000年のフィジーでの軍事クーデターに対するオーストラリアの積極的な対応のように、日本のみにとどまらない一般的なものである[69]。それが上のソフトなアプローチを好む第2点目と組み合わされて日本の特徴となっている

5 小　括

　以上、日本の民主化支援活動の歴史と実践をみてきた。それを踏まえた日本の民主化支援の全般的な特徴は、第1に、日本は、支援の対象となる民主化の要因のうち経済・社会的基盤と政府のガバナンス能力を重視していることである。それと関連して、第2に、日本は、民主化支援の手法として強制よりも説得と合意のアプローチを重んじている。これら2つの特徴は、経済発展によって民主政治を定着させてきた日本自身の歴史的な経験と、内政への干渉を避けようとする日本の外交政策全体の傾向をそれぞれ反映している。それらの特徴は、冷戦後間もない時期に早々と方針として表明され、今日に至るまで実践されてきた。第3に、日本にとって戦略的に重要なアジア地域では、上記の特徴は特に強く現れている。

　現段階では、これらの日本の民主化支援活動の特徴を欧米諸国のそれと比べて優劣を決めることは困難である。なぜなら、民主化支援活動そのものの是非およびあるべき活動内容、民主化支援活動と民主化の間の因果関係自体が、いまだに論争と研究の途上であるためである。それでも本章の分析から今後の課題としていえることは、第1に、日本は海外の民主化へどのような態度で臨むのか基本的な方針をより明確にする必要がある。1992年のODA大綱の採択か

ら時を経るにつれて、日本の民主化への態度と支援活動の内容は次第にあいまいで不明確なものになっていった。他国と異なったアプローチを採るにせよ、アメリカがデモクラシーの推進に力を入れ同時にそれへの反発が生じている現在の国際関係において、民主化支援へのより明確な態度と支援の具体的な制度やプログラムを改めて示す必要がある。たしかに、先述のように、2008年7月には、前年からのシンポジウムなどでの議論やそれまでの政策を踏まえて、人権・デモクラシー分野における日本政府の基本的な考え方が公表された。しかし、それはすべてのありうる事態を踏まえた総合的なものとはいえず、特に民主化の「擁護」に関して日本の明確な方針と活動のあり方を示さなければならない。

第2に、安全保障や商業的利益など他の国益と民主化支援のバランスをどうとるかである。第2章でみたように、アメリカが民主化の推進の活動でみせる「二重基準」がその外交の正当性を損ない、多くの国で反発を生む原因となった。そのことからもわかるように、民主化支援活動の正当性と実効性を高めるためには、他の国益に配慮しつつもその姿勢に一定の一貫性を持たせることが必要である。第3に、政府だけでなく、日本国内の市民社会が充実して、民主化に関わるNGOが発達することが日本の民主化支援活動の将来にとって必要である。「人民による支配」の追求というデモクラシーの本質から考えても、政府によるトップダウン型の支援でできることには規範的な意味からも限界がある。

また、本章の分析は、日本外交全体に関しても一定の示唆を与えてくれる。ナウ（Henry Nau）によると、国際関係は各国の自己イメージ＝「ナショナル・アイデンティティ」の相違とパワーの分布状況によって規定される。[70] 本章でみた日本の民主化支援活動の特徴が、日本のナショナル・アイデンティティを反映したものと考えると、それは今後のアジアにおける日本とアメリカ、アジア諸国との関係を、パワーのみの観点以外で考える上でひとつの手がかりを与えてくれよう。たとえばアメリカとの関係では、同じ自由民主主義国家でありながら、民主化支援活動の特徴は大きく異なっている。そこから、従来は自由民主主義を柱としたナショナル・アイデンティティを共有するために堅固である

といわれてきた日米同盟は、はたして本当にどの程度堅固なのかが問われてよい。

　このように日本の民主化支援活動を研究することは、日本外交にとっても国際関係全体にとっても必要なことである。しかし最初にも述べたように、日本では民主化支援の研究自体が限られている。しかもその少ない研究は、政治的コンディショナリティと選挙支援、ガバナンス支援に偏っている。しかし、現在の民主化支援の国際的な研究動向は、それらを越えたテーマを扱うようになっている。今後は、より包括的な民主化支援活動の研究枠組みのもとで、日本による民主化支援活動の検証をさらに進めていくことが求められる。特に、日本の民主化支援活動が国内のどのような政治過程を経て行われたのか、また、対象国の民主化にどの程度影響を与えることができたか、さらに、民主化を支援・抑制しようとする他の諸アクターとどのような関係の中で行われたのか、それぞれに関する実証的な研究が望まれる。

1）東アジア共同体構想については、次の文献を参照。伊藤憲一・田中明彦監修『東アジア共同体と日本の針路』NHK出版、2005年。小原雅博『東アジア共同体―強大化する中国と日本の戦略』東京：日本経済新聞社、2005年。進藤榮一・平川均編『東アジア共同体を設計する』日本経済評論社、2006年。進藤榮一『東アジア共同体をどうつくるか』筑摩書房、2007年。
2）拙稿、"The East Asian Community and Democracy"『グローバル化時代における「アジア的価値」に関する実証的・学際的研究』平成18年度研究活動成果報告書、神戸学院大学アジア太平洋研究センター、2007年3月、306-322頁
3）例外として次を参照。Arase, David, "Japanese Policy towards Democracy and Human Rights in Asia," *Asian Survey*, Vol.33, No.10, 1993, pp.935-952. 国際協力事業団（JICA）『民主的な国づくりへの支援に向けて―ガバナンス強化を中心に―』調査研究報告書、国際協力事業団、2002年3月。菅原秀『もうひとつの国際貢献』リベルタ出版、2003年。
4）下村恭民、中川淳司、齊藤淳『ODA大綱の政治経済学―運用と援助理念』有斐閣、1999年。
5）たとえば、国際協力事業団、前掲書。
6）Democracy Coalition Project, *Defending Democracy: A Global Survey of Foreign Policy Trends 1992-2002*, Washington: Democracy Coalition Project, 2002.
7）たとえば外務省『外交青書（1987年版）』、3頁。
8）外務省『外交青書（1990年版）』、38頁。
9）同上、39頁。
10）同上。

11）外務省『外交青書（1992年版）』、24頁。
12）外務省『外交青書（1990年版）』、38頁。
13）下村ほか、前掲書。
14）外務省『外交青書（1992年版）』、36-37頁。
15）外務省『外交青書（1993年版）』、41頁。
16）外務省「国際平和協力法に基づく日本の協力」、2009年3月、[http://www.mofa.go.jp/mofaj/gaiko/pko/kyoryokuhou.html]2009/11/15。
17）外務省「国際平和協力法によらない選挙監視活動」、2007年1月、[http://www.mofa.go.jp/mofaj/gaiko/pko/pdfs/senkyo.pdf] 2009/11/15。
18）外務省『外交青書（1995年版）』、92頁。
19）外務省『外交青書（1997年版）』、110頁。
20）『我が国の政府開発援助（1995年版）』、65頁。
21）Democracy Coalition Project, *op.cit.*, p.104.
22）国際協力事業団、2002年、前掲書。
23）国際協力機構（JICA）『JICAにおけるガバナンス支援—民主的な制度づくり、行政機能の向上、法整備支援—』調査研究報告書、国際協力機構、2004年11月。
24）同上、21頁。
25）同上、22頁。
26）同上、31頁。
27）外務省『外交青書（2000年版）』、113頁。
28）外務省『外交青書（2004年版）』、210頁。
29）外務省『外交青書（2005年版）』、242-243頁。
30）外務省HP、[http://www.mofa.go.jp/mofaj/gaiko/oda/index/seisaku/chuuki.html]参照。
31）外務省『外交青書（2007年版）』、第1章。
32）外務省「拡がる日本外交の地平：外務大臣麻生太郎日本国際問題研究所セミナー講演」、2006年11月、[http://www.mofa.go.jp/mofaj/press/enzetsu/18/easo_1130.html] 2009/11/15。ほかに、麻生太郎『とてつもない日本』新潮社、2007年参照。
33）外務省『外交青書（2007年版）』、第1章。
34）同上、第5章。
35）構想の基には、日本よりも中国を重視するロシア外交の転換の狙いがあったと指摘する記事もある。歳川隆雄「外交敗戦—谷内外務次官の研究」『文芸春秋』2008年1月号、260-269頁。
36）概要および実施報告書については、外務省HPの次のページを参照。[http://www.mofa.go.jp/mofaj/gaiko/jinken.html]。
37）外務省『外交青書（2007年版）』、第1章。
38）外務省「国際社会における人権・民主主義（我が国の基本的考え方）」、2008年7月、[http://www.mofa.go.jp/mofaj/gaiko/jinken/jinken_minshu.html] 2009/9/18。
39）外務省『外交青書（2009年版）』、第1章概観、および外務省「麻生総理の第63回国連総会出席（概要と評価）」、2008年9月、[http://www.mofa.go.jp/mofaj/gaiko/unsokai/63_gh.html] 2009/9/18。
40）JICAによる民主化支援に関する報告書も「要請主義」を提唱している。国際協力事業

団、2002年、前掲書、8頁参照。
41) 菅原、前掲書。
42) それぞれの国連人権委員会の決議採択の際の議事録、U.N.Doc.E/CN.4/1999/SR.57および U.N.Doc.E/CN.4/2000/SR.62参照。
43) 『我が国の政府開発援助（1993年版）』（上巻）、52頁。
44) 外務省『外交青書（2001年版）』、118頁。
45) 「民主主義諸国の共同体」（CD）については、CD理事会のHP参照。[http://www.ccd21.org/]. 本書の第2章参照。
46) 外務省「シエラレオネの大統領・国会議員選挙について」、2007年8月14日、[http://www.mofa.go.jp/mofaj/press/danwa/19/dga_0814.html] 2009/11/15。
47) PDDの概要について外務省HPの次のサイトを参照。[http://www.mofa.go.jp/mofaj/gaiko/pdd/] 参照。
48) 2002年までのJICAによる民主化関連の支援実績に関する具体的なリストは、国際協力事業団、2002年、前掲書、98-110頁も参照。
49) 小浜裕久『日本の国際貢献』勁草書房、2005年、70-71頁参照。
50) 日本では、民主化支援を主たる目的とするNGO自体が限られている、少ない例として、選挙監視活動を行う「インターバンド」やアドボカシー活動を行う「ADP委員会」、「市民によるガバナンス推進会議」（PDG）がある。インターバンドのHP、[http://www.interband.org/]、ADP委員会のHP、[http://www4.ocn.ne.jp/~adp/]、PDGのHP、[http://www.pdgj.org/] 参照。
51) USAID, "At Freedom's Frontiers: A Democracy and Governance Strategic Framework", USAID, PD-ACF-999, 2005.
52) Ottaway, Marina and Thomas Carothers (eds.), *Funding Virtue: Civil Society Aid and Democracy Promotion*, Washington, D.C.: Carnegie Endowment for International Peace, 2000.
53) 1993年度版以降の『我が国の政府開発援助（上巻）』（1997年度版まで）および『ODA白書』にはODAの運用状況が述べられている。
54) 民主化の後退を理由とするODA停止の事例について、本章の表7−4を参照。1998年までのODA大綱4原則の運用全体をまとめたものとして、下村ほか、前掲書、114-116頁参照。
55) 外務省『我が国の政府開発援助（1993年版）』（上巻）、41-42頁。
56) Democracy Coalition Project 2002, p.117.
57) 外務省『我が国の政府開発援助（1993年版）』（上巻）、44頁。TICADについては、外務省「TICAD（アフリカ開発会議）」、[http://www.mofa.go.jp/mofaj/area/ticad/]、2008年6月参照。
58) 外務省『外交青書（1998年版）』、101頁。
59) 今川幸雄『カンボジアと日本』連合出版、2000年。
60) 外務省『外交青書（1990年版）』、153-154頁および『外交青書（1992年版）』、187頁。
61) ASEANの「建設的関与」を含めたミャンマーへの国際社会の対応については、次の拙稿を参照。Sugiura, Koichi, "Changing ASEAN and Different Views of Global Democracy with a Focus on Myanmar", *International Public Policy Studies*, Vol.10, No.2, March 2006,

pp.139-162.
62) 参議院小委員会における ODA 大綱の運用に関する外務省経済局長の答弁を参照。参議院議事録「第141回国会　国際問題に関する調査会対外経済協力に関する小委員会」第3号、1997年11月10日、[http://kokkai.ndl.go.jp/SENTAKU/sangiin/141/1542/14111101542003a.html]。
63) 外務省『外交青書（1998年版）』、101頁。
64) 外務省「日本とアフリカとの連帯─具体的連帯」、2002年6月20日、[http://www.mofa.go.jp/mofaj/area/ticad/tc_rentai.html] 2009/11/15。
65) インドネシアへの選挙支援について、国際協力事業団（JICA）「特集　インドネシアの選挙と民主化支援」『JICA フロンティア』2004年6月号、4-15頁参照。
66) たとえば、2005年に国連や OAS、OSCE、民主化支援 NGO が合意した国際選挙監視の原則に関する宣言を参照。Declaration of Principles for International Election Observation, Commemorated October 27, 2005, at the United Nations, New York.
67) たとえば、軍事政権による不正が指摘された2000年10月のコートジボアールの大統領選挙では、国連や EU、アメリカなどが選挙監視員の派遣を見送った。『読売新聞』2000年10月22日朝刊。
68) たとえば1998年のカンボジアの総選挙の事例について次を参照。餐場和彦「国際的選挙支援活動としての1998年カンボジア総選挙─JIOG（合同国際監視団）の一員による検証」『大阪女学院短期大学紀要』第29号、1999年、7頁。また橋本は、日本の選挙支援が、長期的な民主化の促進の視点に欠け、選挙の実施自体に重点を置いた短期的な支援に限定されていることを指摘している。橋本敬市「国際社会による民主化支援の質的変換─選挙支援の位置づけに関する考察」『国際協力研究』Vol.22, No.1、2006年、32-39頁。
69) フィジーの事例について、次を参照。Gude, Ken, "Case Studies in Collective Resposes," in Morton H. Halperin and Mirna Galic (eds.), *Protecting Democracy: International Responses*, Lanham: Lexington Books, 2005, pp.77-80.
70) Nau, Henry R., *At Home Abroad: Identity and Power in American Foreign Policy*, Ithaca: Cornell University Press, 2002（村田晃嗣ほか訳『アメリカの対外関与─アイデンティティとパワー』有斐閣、2005年）。

終章　民主化支援の課題

1　はじめに

　1974年に民主化の「第三の波」が始まって以来30年以上が過ぎ、自由民主主義による「歴史の終焉」が宣言された冷戦終結からも20年が経過した。しかし、世界各国の民主化の現状は、むしろ「停滞」や「後退」といった言葉で表現されることが多い。すでに1996年には、ブトロス＝ガリ国連事務総長が『民主化への課題』を公表し、民主化の困難さを指摘し、国際社会に対して民主化へのさらなる支援を要請していた。以来十数年が経過し、確かに多様な民主化支援活動が発達し実施されてきたが、必ずしも十分とはいえない。まさに今、改めてこれまでの民主化支援活動を総括し、新たに「民主化への課題」、さらには「民主化支援への課題」を考えることが求められている。本書は、その作業への貢献を目指して、これまで民主化支援活動を多面的に考察してきた。本章では、これまでの本書での考察をまとめるとともに、正当性と実効性の観点から今後の民主化支援の課題と民主化支援研究の課題を整理したい。

2　これまでの考察

　まず序章では、世界各国の民主化および民主化支援活動が現在の国際関係に置かれた状況を概観した。現在、世界的に民主主義体制の権威主義化や民主化の後退・停滞が広がっており、国際的に民主化を支援する活動に対しても、特に2003年のイラク戦争以降、「バックラッシュ（反動）」が起きている状況を指摘した。続いて、民主化支援活動の定義には大きく広義のものと狭義のものが

あることを示したうえで、本書では強制的な手法や外交的手段を含む民主化支援活動の広義の定義を採用することを述べた。序章では、さらに、国内外で総合的な研究の発展が遅れている民主化支援研究の現状と、それを踏まえて、政治的な性質を前提とした民主化支援活動の総合的な研究を目指すという本書の方針を示した。序章の残りでは、国際関係での民主化支援の位置づけについて、現実主義、自由主義、マルクス主義、構成主義といった国際関係論の主な理論的見方を参照して整理した。

続いて第1章では、民主化支援活動をいくつかの基準から分類し、活動全体を概観した。まず、「公的―私的」および「国内的―国際的」の組み合わせに従って、政府や国際機構、NGOなど民主化支援に携わるアクターを分類し、欧州連合（EU）などいくつかのアクターの活動を一部紹介した。次に、特定の国家での民主化の国内的要因に対して働きかける国内レベルの活動と、民主化の国際的要因に対して向けられた国際レベルの活動に分けて、それぞれをまとめた。さらに、支援対象となる分野がアクターによって異なることを示した。続いて、支援の手段・方法を「介入の強度」によって分類し、大きく強制、説得、合意の各アプローチに分けうることを述べた。最後に、民主化の過程からみた活動の目的から、民主化支援活動を民主化の「促進」と「擁護」に分類し、それぞれについて、先のアプローチと組み合わせてその内容をまとめた。

続いて第2章では、第1章の民主化支援の分類と国際関係理論から整理した民主化支援活動の形成・変化の要因を踏まえて、民主化支援活動の発達と変遷の歴史を概観した。そこでは、冷戦前後からの西側先進諸国による民主化支援活動の本格化、1990年代半ば以降の民主化の擁護も含めた制度化の進展と地域的な相違の拡大、今世紀に入っての民主化支援活動全体へのバックラッシュの広がりといった歴史を追った。また、そのような歴史的な変遷の背景には、国家間の権力関係、国際協力を促す共通の利益の存在、国際社会の経済構造、国際社会で広まっている価値・規範といった要因が複合的に働いてきたことも示した。

第3章では、民主化と民主化支援活動の関係を考察した。まず、民主化の過程についてまとめ、民主主義体制の移行からその定着までの過程、およびそこ

に働く諸要因について整理した。続いて、民主化支援が民主化の過程の諸要因に働きかけていく経路を対国内的要因と対国際的要因に分けて、モデル化した。その上で、民主化の移行期と定着期ごとにそれぞれの段階で働く民主化の要因に対して、実際の各種の民主化支援がどのように対応・作用しているのかその経路をまとめた。続いて、これまでの民主化支援活動の実際の民主化への効果と実績を検証した。結果、方法論は必ずしも定まっていないものの、既存の実績評価では一定の肯定的な結論が示されている、しかし同時に、民主化と民主化支援の因果関係を踏まえたよりよい評価のメカニズムの必要性も指摘した。

第4章では、デモクラシーおよびガバナンスの状態の評価（以下、DG評価）の方法について検討した。まずデモクラシーと密接な関連をもつガバナンスの概念と両者の関係についてまとめた。次いで、DG評価の方法をめぐる議論について整理し、評価を実施する国外アクターの性質、ナショナルな機関の役割、評価の独自性、評価の集約の程度、比較・ランキング志向の程度、データの収集・分析の方法論、評価の目的、それぞれに沿ってDG評価を分類し、DG評価全体の特徴をつかむことを試みた。それらを踏まえて、既存の代表的なDG評価の試みについておおむね歴史順に取り上げ詳述した。

結果、外部主体主導の評価から、地域における相互評価および対象国機関が中心となった自己評価へ、さらには多様なアクターが参加する合同評価へと注目されるDG評価の形態が移り変わりつつある状況を明らかにした。また、方法論の未確立やDG評価の重複やずれから生じる対象国の評価への信頼性の低下と負担増大、ナショナル・オーナーシップの限界といった問題を指摘した。その上で、DG評価の政治性の認識、評価の方法論のさらなる開発と実践を通じた修正、デモクラシーの原理をDG評価の過程にも反映させる工夫、デモクラシーとガバナンスの関係の明確化といった課題を提示して締めくくった。

第5章からは、上記の整理を踏まえて、個別のアクターないし分野に注目して民主化支援活動の現状の分析を行った。第5章では、国連システムのなかで唯一「民主主義（デモクラシー）」の名を冠する機関として2005年に設立された国連民主主義基金（UNDEF）の活動に焦点を合わせながら、国連の民主化支援

体制の現状と課題を考察した。国連の民主化支援体制の特徴として、デモクラシーには特定のモデルがないことが繰り返し強調されていること、他の国際機構に比べ、国連全体として総合的かつ体系的に民主化を支援する体制の発達が遅れていること、実際の支援では選挙や行政機関への技術的な支援に偏っていること、支援のアプローチとしては合意アプローチが主流であること、国連の民主化支援活動には加盟国間の民主化支援に対する態度の違いが反映されていることが明らかになった。

その上でUNDEFの活動について検証し、依然として一部の加盟国から警戒されているデモクラシーというテーマを直接扱うことの意義や、従来の国連の支援と違い市民社会の育成に重点が置かれていること、過去の対象となった事業がある程度自由化された国に集中していることを明らかにした。最後に、国連全体とも共通するUNDEFの課題として、国連全体の民主化支援活動におけるUNDEFの位置づけの明確化や、国連の他の機関や活動との調整の必要、多様な政治体制を抱える加盟国との関係で生じる問題への対処、事業がその国の民主化全体へもたらした影響を評価する枠組みの必要といった点を指摘した。

第6章では、民主化および民主化支援の最近の研究成果と結びつける形で、国連を中心とした平和活動における民主化支援を検証した。民主化の評価基準と評価メカニズムの有無、民主化支援の包括性、長期的な視点、民主化支援の正当性の確保といった、民主化支援に求められる点に沿って、国連の特に紛争後の平和活動における民主化支援はどうであったか、また、どのような課題があるかを考察した。結果、2006年に活動を開始した平和構築委員会（PBC）や統合アプローチの導入を通じて改善されつつあるものの、国連平和活動における民主化支援活動には、民主化の進展の評価メカニズムの弱さ、選挙支援への偏重、短期的な視点の強さ、安保理やPBCの意思決定過程での正当性確保の困難さといった問題が依然として存在していることがわかった。

第7章では、日本の民主化支援活動の歴史と実践を分析し、その特徴を明らかにすることを試みた。まず、外務省の『外交青書』や『ODA白書』などを手掛かりに、日本外交における民主化・民主化支援の位置付けを検証した。次いで、国際的な民主化支援体制構築への日本の貢献と民主化の「促進」および

「擁護」に関する日本の活動を考察した。

結果、日本の民主化支援の全般的な特徴として、日本は経済・社会的基盤と政府のガバナンス能力の強化を重視していること、それと関連して、日本は民主化支援の手法として強制よりも説得と合意のアプローチを重んじていることがわかった。これら2つの特徴は、経済発展によって民主政治を定着させてきた日本自身の歴史的な経験と、内政への干渉を避けようとする日本の外交政策全体の傾向をそれぞれ反映しているものである。さらに日本にとって戦略的に重要なアジア地域では、上記の特徴がより強く現れていることを指摘した。その上で、日本の民主化支援活動の今後の課題として、日本は国外の民主化へどのような態度で臨むのか明確にする必要があること、また民主化と安全保障や商業的利益など他の国益とのバランスをどうとるか改めて検討されなければならないこと、政府だけでなく日本国内の市民社会が充実して民主化に関わるNGOが発達することが求められていることを指摘した。

3　民主化支援の特徴と傾向

以上の本書における考察は、民主化支援活動の多様さと民主化の過程の複雑さ、さらに両者の因果関係の複雑さを考えると、より本格的な民主化支援研究へ向けた最初の段階に過ぎないものである。それでも、全体の考察を通じて民主化支援活動についていくつかの重要な特徴および現在の傾向が浮かび上がってきた。

第1に、本書を通じて明らかとなったこととして、民主化支援はやはり本質的に「政治性」を帯びているということである。ここでいう政治性とは、まず国際レベルでは、国際アクターの自己利益追求とそれによって生じる国際アクター間の権力闘争の意味がある。第1章をはじめ各章で描かれたように、デモクラシーの定義や民主化支援の内容および手法について合意がなく、各アクターは自らの戦略や利益に応じてそれらを定めている。たとえば、第7章でみたように、日本は、戦略的利益を有するアジアに重点を置き、説得ないし合意アプローチを重視する姿勢を示してきた。また、特定の国家への民主化支援や

国際的な民主化支援体制作りをめぐって、第2章などでみたように、対象国との間のみならず国際アクター同士の協調・対立がみられる。

　加えて、民主化支援の「政治性」には、民主化支援が対象国の国内レベルでの権力関係に影響を与えるという意味も含まれる。民主化支援は、第3章で触れたように対象国の内の権力関係に直接影響を与える行為である。デモクラシーやガバナンスを評価する行為は、対象国の現政権の評判に影響を与えるものであり、警戒されることがあることを第4章では指摘した。

　第2に、民主化支援への国際的な反発の高まりや信頼性の低下が指摘できる。序章などで繰り返し指摘したようにいわゆる民主化支援へのバックラッシュが起きている。それは確かに、多分にイラク戦争を含めたブッシュ Jr. 政権による強硬な民主化推進外交から生まれたマイナスイメージに起因する部分がある。また、民主化の第三の波によって民主化された国家が十分な実績を生むことができないことで生じた自由民主主義体制への「幻滅」も、その理由として挙げられる。中国やベトナムなどいわゆる「開発（独裁）体制」の経済的な成功によって、以前ほど自由民主主義体制の優位が説得的なものとなっていない。デモクラシー自体への幻滅が民主化支援への熱意の低下の背景にある。

　しかし本書で明らかになった、原因は単なる反動や相対的なデモクラシーの魅力の低下だけではなく、民主化支援自体にも内在している。まず、民主化支援には定義や内容の曖昧さがあった。また、第3章や第4章にあったように、民主化支援が与えた効果の測定やデモクラシーの評価では方法論の欠如からくる支援側の恣意性が付きまとっている。さらには、外交的な手段と技術的な支援を組み合わせた総合的な戦略の不足や、支援を行うアクター間の連携の不十分さといった問題が、民主化支援の効果を低下させており、結果的に支援される側の信頼を損なっている。[1)]

　第3に、民主化支援のいわば「断片化」の問題が生じている。まず、アクターの断片化が存在している。第1章や第2章でみてきたように、民主化支援に関しては、各国政府や国際機構、NGOといった多様なアクターが関与するようになっている。一部の国際機構では、国家間の集団的な支援の実施や問題状況への対応が行われつつある。しかし、民主化支援の分野には開発分野における世

界銀行のような中心的な機関は存在せず、国際社会全体としての民主化支援の協調は未発達なままである。それどころか、アメリカの活動が突出することで、かえって協調的な支援活動が難しくなった。

　次に、民主化支援の断片化には内容面のそれも含まれる。序章で民主化支援を広義と狭義の定義に整理したが、開発援助の枠組み内の技術的な支援に重点を置いた狭義の民主化支援活動と、それ以外の外交的な手段およびより強制的なアプローチによる活動との間の分断が根強く存在している。それは政府と開発援助機関というようにアクターで分かれているだけではなく、同一のアクターでも総合的な民主化支援の戦略をもたないところが多い。たとえば、第5章でみたように、国連の民主化支援活動は、技術的な支援を行うUNDP、市民社会への助成に力点を置くUNDEF、外交的な対応を行う安保理や総会、事務総長というように、民主化支援に関連した活動は個別に行われ一体性に欠けている。

　第4に、これらの良くない傾向を緩和するように現れつつある最近の民主化支援の潮流として、対象国の政治・社会的状況への配慮や、支援の過程への対象国の政府および国民自身の参加が挙げられる。第4章でも述べたように、デモクラシーおよびガバナンスの評価では対象国の国民自身が参加する自己評価ないし合同評価の試みが最近増えている。また、第5章で触れたように、UNDEFは市民社会の育成を目指して、NGOからの提案にもとづいて支援を行っている。ほかにも、米国民主主義基金（NED）も市民社会の育成と合わせて、現地からの提案にもとづく支援活動に力を入れている。第6章では、国連のPBCが「平和構築のための戦略枠組み」の作成と評価に支援対象国自身の政府と市民社会の積極的な参加を求めていることを紹介した。ほかの国際援助の分野と同様に、民主化支援の分野でも技術的な支援に関しては、支援側と対象国の平等なパートナーシップと対象国主導のオーナーシップがキーワードになりつつあるといえよう[2]。

4 民主化支援の課題——「正当性」と「実効性」の観点から

　それでは今後の民主化支援はどうあるべきであろうか。これまでの議論を踏まえ、民主化支援の課題を単純にまとめると、第1に、民主化支援活動が対象国の政府や国民、国際社会に受け入れられるにはどうすべきか、第2に、民主化支援が民主化を実際に進展させるためにはどうすればよいかという2点になるであろう。前者については「正当性」、後者は「実効性」の問題として、最後に考えていきたい。

1　民主化支援の（民主的）正当性の観点から

　政治学や社会学では、ウェーバー（Max Weber）による国家の統治の「正当（統）性（legitimacy）」の議論以来、正当性の議論は古くより存在する。近年でも、デモクラシーが国民国家の器に収まらなくなり、国際レジームの活性化やEUや特定の政策分野のイシュー・ネットワークにみられるネットワーク型のガバナンス（統治）の広がりから、国際関係論や比較政治学でそれらの民主的正当性のあり方が改めて盛んに検討されるようになっている。[3]

　『国際政治事典』によると、政治学・社会学では「正当性」とは「一般的には、支配秩序が正しく妥当であるとの信念」をいう[4]。国際関係論については、同事典では、ハード（Ian Hurd）の「その制度は守られなければならないという行為者の規範的な信念」という定義と、手続き的公正を重視するフランク（Thomas Franck）の「一般的に受け入れられている正しい手続きの原則にしたがって発生し作用していると認識されることにより、対象者を自ら遵守に導く属性」という二つの定義が挙げられている[5]。

　どのような場合に特定の決定や活動は正当性を得るのかについて、大きく分けると、関係者の主観的な承認で測る方法と、第三者が設定した特定の基準の遵守の程度で測る方法とがある。前者は先の事典でいえばハードの定義に関係し、後者はフランクの定義に対応している。実際には、前者の主観的な方法で測る場合、その利害関係者の範囲の設定などの困難さが伴い、後者の客観的な

基準で測る場合もその基準をどのように導き出すかが問題となる。結局、ある活動の正当性の議論は、当事者の主観的な支持を獲得できそうな、第三者が設定する基準を考えることが主軸となっている。

民主化支援に関しても、その「正当な」活動のあり方について常々議論されてきた。民主化支援のアプローチが強制的なものになるほど、国際的な正当性が問題となる。たとえば下村は、援助が民主化の実現を目的とする際の微妙で難しい問題として、①途上国の主権に対する介入をどう正当化し、②一貫した介入ルールをどう維持するかを挙げている。それらに関連して、ダブル・スタンダードと判断基準の恣意的な偏向に留意する必要があると指摘する[6]。

民主化支援と関連の深い平和構築の分野でも、正当性の概念を手掛かりとした分析がみられるようになった。たとえば、東は、先の事典にもあったハードやフランクの正当性の議論を参照しながら、紛争地における「正統性」をもった新政府の樹立に影響を与える5つの大きな要因として、①国連の役割、②どれだけ広範な勢力が政治過程に参加しているか(Inclusiveness)、③現地の人々による主体的な参加と決定、その程度（Local Ownership）、④民生の向上（平和の配当、実際には人々の経済的・社会的状況の改善）、⑤軍事力行使の主体や方法を挙げている[7]。同時に、国連固有の「正統性」の重要性も指摘している[8]。

民主化支援に関しては、その目的は国家のデモクラシーないし民主的正当(統)性を高めることであるが、活動自体は対象国および多数の国際アクターを巻き込んだものであり、制度化の程度は低いものの国際レジームやグローバルなネットワーク・ガバナンスとも共通性がみられる。また、正当性といっても、民主化支援活動の場合は、その活動の目的からも、デモクラシーの原理に適用する形での正当性のあり方、すなわち民主的正当性の確保を目指すべきであろう。それらの点から、近年盛んな国際レジームやネットワーク・ガバナンスの民主的正当性の議論がやはり参考となる。

国際レジームやネットワーク・ガバナンスの民主的正当性の議論でまず参照されるのが、比較政治学者であるシャルプ（Fritz Scharpf）がEUの政体の分析の際に提示した民主的正当性の議論である。シャルプは民主的正当性には、アウトプット指向の正当性（output-oriented legitimacy）とインプット指向の正当性

(input-oriented legitimacy) の 2 つの側面があるとする。民主的正当性の確保の方法として、前者は特定の政策制定や課題解決の実績で正当性を調達する。対して後者は、選挙など意思決定過程への関係者の参加によって調達する[9]。民主化支援に当てはめれば、前者はいかに民主化支援活動が当該国の民主化の進展に貢献したという実績で正当性を確保することであり、後者はその決定過程に対象国の政府ないし国民が参加することで正当性を獲得する。前者については、次の実効性の議論と重なるものであり、ここでは特に後者に絞って議論を進めたい。

　それでは、民主化支援の（インプット指向の）民主的正当性を高めるにはどうすればよいであろうか。ディングワース（Klaus Dingwerth）は、トランスナショナルな意思決定の民主的正当性を評価するために、討議民主主義の議論を踏まえて、①参加と包括性、②民主的統制、③討議の実践（discursive practice）に注目することを主張している。①参加と包括性については、決定の対象となる人々が意思決定過程にどの程度含まれてきたのかで評価される。それは誰が参加しているのかという「参加の範囲（scope）」と、意思決定過程に含まれている人々が実際にどのように参加しているかという「参加の質」に分けられる。②民主的統制については、意思決定者がどの程度有権者の利益に沿って行動しているかという反応性（responsiveness）を高めるための、アカウンタビリティ（説明責任／結果責任）と透明性の程度によって判断される。③討議の実践については、討議の実際の状況や影響力を示す討議性（deliberativeness）と支配的な言説の役割に注目する討議のバランス（discursive balance）に注目することになる[10]。

　ここでは、民主的正当性のために最も重要な要件といえる①参加と包括性に注目して、この議論を民主化支援活動に当てはめる。すると、民主化支援の民主的正当性の向上のためには、民主化支援に関する国際的な意思決定過程への対象国の政府および国民の参加が求められることになる。それは言い換えると「国際レベルのデモクラシー」の実践の一部であり、1996年のブトリス＝ガリ国連事務総長（当時）による報告書「民主化への課題」で既に要求されていたことでもある。実際、デモクラシーおよびガバナンスへの評価や国連平和活動

などにおいて対象国の積極的な参加ないしオーナーシップが推奨される傾向にあることについては、先に指摘したとおりである。それをさらに、広く民主化支援活動が決定される過程にも対象国の国民ないしそれを代表する政府が参加することが、民主的正当性のために求められる。ただし、対象国の政治体制が民主的でない場合など、そもそも政府が国民の意思を代表している保証はない。また民主化支援活動のなかでも、民主的政権の非立憲的な転覆の場合や政権の権威主義化といった民主化の後退の事態に対する「擁護」の活動の際には、誰が決定過程に参加するのか決めることはいっそう難しくなる。

　民主化支援の民主的正当性の向上のために、ディングワースのいう参加の範囲や参加の質をどのように設定するかは難問には違いない。それでも、今後の方向性としては、まず、民主化支援活動における国際アクター間の協調・連携を強め、活動の決定に際しては、当該国が参加した上での国連や当該地域の国際機構を通じた多国間の集団的な決定をできるだけ優先することが考えられる。実際に、米州では、第1章や第2章でまとめたように、民主的政権の転覆の際には米州機構 (OAS) を通じた集団的な対応を行うことがすでに常態化している。政府が民主的でない場合や民主化の後退の事態の場合には、現地へ使節団を派遣するなどして現地の野党勢力や市民社会などから広く意見を集め、それを国際的な意思決定に反映させるよう工夫をすることも一つの方法であろう。実際に、OAS やアフリカ連合 (AU) では、民主化の後退の事態では、いわゆる「デモクラシー条項」にもとづいて、まず現地に使節団を派遣するなどして各勢力間の意見を集め対話による解決を促し、それが難しい場合にはより強制的な措置を採るといった段階的な対応を行っている。また、そのような段階的な手続きをできるだけ多くの諸国が参加する場で事前に「民主的に」採択しておくとこともデモクラシーの原理にかなうことであろう。

2　民主化支援の実効性の観点から

　実効性（有効性）も国際レジームや開発援助などで盛んに表れている概念である。ヤング (Oran Young) は、国際レジームの実効性について「それらのアレンジメントがその形成を促した問題の解決に成功した程度」としている[11]。民主

化支援活動に当てはめれば、バーネルがいうように、「実効性とは、民主主義支援がその目的・目標を達成した程度」となろう。このように実効性を定義した場合、本書の扱った内容の多くが実効性に関わるものといえる。

　実効性を向上させるために必要な条件についてはさまざまに考えられる。第２章および第４章でも触れたが、2005年に、121カ国および国際援助機関が集まったハイレベル・フォーラムで採択された「援助の実効性に関するパリ宣言」では、国際援助の際に考慮されるべき基本原則として、国家のオーナーシップ、援助内容と対象国の政策との調整、ドナー間の調和、成果主義、相互のアカウンタビリティが強調された。もちろん、パリ宣言の対象は主に開発援助の枠組みでの活動であり、民主化支援活動もいわゆる狭義のそれに限定され、たとえば外交的な手段は含まれないことになる。しかし、（広義の）民主化支援活動の実効性の向上を考える際にもそれは手がかりとなる。

　パリ宣言の原則と各章での考察を踏まえると、民主化支援の実効性を高めるためには、第１に、民主化支援を行う国際アクター側に総合的な戦略が必要である。実効的な民主化支援のためには、強制的な方法や外交的な手段と技術的な支援が有機的に組み合わされて、明示された長期的な戦略のもとに実施されることが必要である。たとえば、閉鎖的な権威主義国家の場合、まず貿易などを通じて国家間の関係を深め、次いで開発援助の政治的なコンディショナリティや外交的な説得を通じて市民活動の部分的な自由化を働きかけ、その後、市民社会の育成のための技術的な支援を行って民主化の可能性を拡大させる戦略（いわゆるエンゲージメント戦略）が考えられよう。しかし現在、第５章の国連や第７章の日本政府の例にあったように、担当する部局が同じ政府や国際機構内部で異なるなど、アクターが長期的で総合的な戦略を形成するには障害も多い。各アクター内部で役割分担を明確にし、採りうる手段を踏まえた戦略を構築することが必要である。

　第２に、上記と関係して、対象国の状況に応じた民主化支援活動の工夫が求められる。今なお、対象国の政治的社会的構造を無視して、自由選挙の偏重などの画一的な援助や対応が行われることがある。そうならないように、第３章でその基礎的な作業を行ったが、民主化に影響するさまざまな国際的・国際的

要因を解明し、各種の民主化支援活動と民主化との因果関係を明らかにして、実効的な民主化支援の内容が決定できるような、いわば民主化支援の「テクノロジー」の開発を進めなければならない。

第3に、民主化支援が行われた後にその効果を評価する手法を発達させることが必要である。民主化支援と民主化の因果関係を解明すると同時に、量的方法や質的方法など民主化支援の効果を測定する方法を発達させることがやはり必要である。また、デモクラシーおよびガバナンス評価の改善も並行して行われなければならない。それら評価活動においては、援助の実効性に関するパリ宣言にもあるように、対象国のオーナーシップや参加が尊重されることが、正当性だけでなく実効性の観点からも基本的には好ましいといえる。

第4に、国際アクター間の協調・連携が必要である。ある国家で民主的政府の転覆が起きた場合など、国際アクターが連携しての統一的な行動や、場合によっては役割分担が事態への対処には不可欠である。他国の事例からの学習によって非民主的政権による「生き残り術」がより巧妙化している中で、支援する側にもいっそうの一貫性と連携が要求される。先の正当性のことも含めると、国際機構などを通じた集団的な対応を発達させることが望ましいといえよう。デモクラシー条項など国際的な一貫した手続きの制定と支援のための包括的な国際制度の構築が求められる。現在未発達である中東やアジアでの地域的な民主化支援制度の発達とともに、それらが組み込まれた総合的でグローバルな民主化支援レジームが形成されなければならない。

第5に、平和ないし安定、経済発展、人権といったデモクラシー以外の重要な国際的規範や価値観との調和やバランスが必要である。第6章の平和活動のところでも触れたように、紛争後の国家では政治的な安定と民主化との間でジレンマが生じることがある。その場合に、民主化支援の内容の形成と実施には細心の注意が必要となる。

最後に、民主化支援の結果に対するアカウンタビリティが必要である。民主化支援に関わるアクターは、その決定過程から実施、生じた結果までが公開され、評価された上で、一定の責任をとる必要がある。それは当該アクターの直接の「有権者」(国家の場合は国民、国際機構の場合は加盟国、NGOの場合は会員など

が該当する）へのアカウンタビリティだけではなく、民主化支援の対象国の政府および国民へのアカウンタビリティのメカニズムが求められる。少なくとも、民主化支援の過程の詳細な情報の公開は必要であろう。

5　民主化支援研究の課題

　民主化支援の研究自体にも課題は多い。本書では、今後も探究しなければならない多くの問題を取り上げた。加えて、そもそも民主化に関する事態は絶えず変化し、民主化への新たな脅威は常に生まれる。最近でも、「市民社会によるクーデター」および「弾劾によるクーデター」が民主化への脅威として新たに指摘されている[15]。前者については、2008年末からのタイでの反政府デモのように、民主的に選出された政権に対する不満から、市民の街頭デモによる政府打倒の試みが各国でみられるようになった。後者については、2005年4月にエクアドルで大統領が議会によって罷免されたように、政府内部、特に行政府対立法府の衝突が指摘されている[16]。

　このような民主化を脅かす新たな事態について絶えず原因を解明し、民主化を国際的に支えるための方法を継続的に研究していくことが、民主化支援の今後の研究には求められる。そのためには、まず、本書で試みたように、20年近い経験を踏まえた民主化支援活動のより包括的な研究が必要である。すなわち、民主化支援に関する事例の収集、その学問的、体系的、理論的な分析がいっそう求められよう。

1) ダイアモンドも同様の指摘をしている。Diamond, Larry, *The Spirit of Democracy: The Struggle to Build Free Societies throughout the World,* New York: Times Books, 2008, ch.14.
2) 国際協力でパートナーシップが重視される傾向について、次を参照。拙稿「国家とグローバル化」岩崎正洋・坪内淳編著『国家の現在』芦書房、2007年、193-223頁。拙稿「グローバルな保健パートナーシップ（GHP）の発展とその課題の考察」『公益学研究』（日本公益学会）第9巻、第1号、2009年、51-59頁。
3) Breitmeier, Helmut, *The Legitimacy of International Regimes,* Farnham, Surrey, UK: Ashgate, 2008. Dingwerth, Klaus, *The New Transnationalism; Transnational Governance and Democratic Legitimacy,* Houndmills, Basingtoke, Hampshire; New York: Palgrave

Macmillan, 2007. Hurd, Ian, *After Anarchy: Legitimacy and Power in the United Nations Security Council*, Princeton, N.J.: Princeton University Press, 2007. 拙稿、2009年、前掲論文。木暮健太郎「第1世代から第2世代のガバナンス論へ―ガバナンス・ネットワーク論の展開を中心に―」『杏林大学社会科学研究』第25巻、第1号、2009年、21-45頁。
4）猪口孝・田中明彦・恒川恵市・薬師寺泰蔵・山内昌之編『国際政治事典』弘文堂、2005年、514頁。
5）同上、515頁。および次を参照。Franck, Thomas M., "Legitimacy in the International System," *The American Journal of International Law*, Vol.82, 1988, pp.705-759. Hurd, *op.cit.*
6）下村恭民「『民主化支援』の混迷」『アジ研ワールド・トレンド』No.101、2004年、19頁。
7）東大作『平和構築―アフガン、東ティモールの現場から』岩波書店、2009年、46-52頁。
8）同上、55-56頁。
9）Scharpf, Fritz W., *Governing in Europe: Effective and Democratic?* New York: Oxford Press, 1999, pp.6-28.
10）Dingwerth, *op.cit.*, pp.27-32.
11）Young, Oran R., *Governance in World Affairs*. Ithaca: Cornell University Press, 1999, p.109.
12）Burnell, Peter, "Methods and Experiences of Evaluating Democracy Support: A Moving Frontier," in Peter Burnell (ed.), *Evaluating Democracy Support: Methods and Experiences*, International IDEA and Swedish International Development Cooperation Agency (SIDA): Stockholm, 2007, p.26.
13）Burnell, Peter, "Political Strategies of External Support for Democratization," *Foreign Policy Analysis*, Vol.1, 2005, pp.361-384.
14）Adesnik, David, and Michael McFaul, "Engaging Autocratic Allies to Promote Democracy," *The Washington Quarterly*, 29：2, 2006, pp.7-26. 同様に排除よりもエンゲージメント（関与）を深める戦略を主張するものとして、次も参照。Deudney, Daniel and G. John Ikenberry, "The Myth of the Autocratic Revival," *Foreign Affairs*, January/Februarry 2009.
15）Legler, Thomas, Sharon F. Lean, and Dexter S. Boniface, "The International and Transnational Dimensions of Democracy in the Americas," in Thomas Legler, Sharon F. Lean, and Dexter S. Boniface (eds.), *Promoting Democracy in the Americas*. Baltimore：The Johns Hopkins University Press, 2007, pp.1-18.
16）*Ibid.*

あ と が き

　本書は、前著『国際連合と民主化』(法律文化社、2004年) で取り上げた3つの「民主化への課題」、すなわち、①国家の民主化、②国際機構など国際レベルの民主化、③それらを総合した「グローバル・デモクラシー」の構築のうち、①をさらに追究したものである。しかし、本書での考察の結果として提示できたのは、課題の解決策というよりもむしろさらに多くの課題の存在であったかもしれない。

　本書の原稿提出後、本書でも取り上げたバーネル、ホワイトヘッド、カロザーズら著名な民主化および民主化支援の研究者たちが寄稿して、『民主化への新しい挑戦』と題される論文集が刊行された (Peter Burnell and Richard Youngs (eds.), *New Challenges to Democratization*, New York: Routledge, 2010)。同書は、題名にもあるように現在の民主化および民主化支援が直面する問題を分析したものである。そこでは、西欧型デモクラシーの優位をめぐるイデオロギー争い、1990年代民主化後の政府の実績への幻滅、民主化を好まない勢力による反対の頑強さ、西側先進諸国のデモクラシーへのあいまいな関心、経済格差拡大など国際的な環境の厳しさ、民主化支援活動の種々の限界、民主化支援の評価の困難さ、といった民主化への「新しい挑戦」が論じられている。それらの多くは、本書でも取り上げたものである。

　しかし同時に、同書の編者のバーネルは、それらについて、客観的根拠の弱いまま感情的に使用されがちな「危機」ではなく、困難に打ち勝ち問題を解決する行動の媒介となりうる「挑戦」という言葉であえて言い表すとしている (*Ibid.*, p.4)。本書もまた、民主化および民主化支援の課題について悲観的な見方を示すのではなく、筆者なりに、民主化を支援するために国際社会は何をなしうるかについて前向きな検討を試みたものであった。本書が、読者にとって民主化支援についての理解を深め、同時に、民主化および民主化支援が直面する課題を「挑戦」として取り組むきっかけになったのであれば、筆者としてそれ

に勝る僥倖はない。

　本書の一部の章の内容は、過去に公表した論文を踏まえて執筆された。初出は以下のとおりである。ただし、本書執筆にあたって、大幅に加筆・修正が施されている。

「日本の『民主化外交』―1990年代以降の日本の民主化支援活動」『現代社会研究』（京都女子大学）第9号、2006年12月、23-41頁
「国際的な民主化支援活動の変遷に関する考察」『国際公共政策研究』（大阪大学）第11巻第2号、2007年3月、211-228頁
「国際的な民主化支援活動の分類」『国際研究論叢』（大阪国際大学）第19巻第3号、2007年3月、61-72頁
「国連平和活動における民主化支援の考察―デモクラティック・ピースの構築へ向けて」『平和研究』（日本平和学会）33号、2008年11月、115-134頁
「国連の民主化支援体制とその課題―国連民主主義基金（UNDEF）の活動を中心に」『和洋女子大学紀要』（人文系編）第48集、2009年3月、127-142頁

　また、本書の内容の一部は、2005年度日本国際政治学会、08年度日本国連学会、同年度日本平和学会（春季）、09年度日本政治学会の各研究大会での報告および事前に提出したペーパーを踏まえたものである。

　前著執筆から本書の完成に至るまで、再び多くの人々や団体のお世話になった。まずは、上述の論文公表および報告の機会を与えてくださった各機関および各報告の際にいただいた貴重ご意見にお礼申し上げたい。また、本書で展開された国際関係論および政策分析の知識や手法は、筆者の大学院時代の指導教官である初瀬龍平神戸大学名誉教授（現、京都女子大学教授）および猪又忠徳前神戸大学教授（現、国連合同監査団（JIU）監査委員）の御指導の賜物である。前著に続いて改めて感謝申し上げたい。

　さらに、岩崎正洋日本大学教授をはじめとする現代政治研究会の皆様には、大学院修了以後、たびたび学会報告や研究プロジェクトで御一緒させていただき、感謝を申し上げる次第である。また、廣野良吉成蹊大学名誉教授を代表とし、筆者も理事として2007年の設立から関わっている（特活）「市民によるガバナンス推進会議」（通称、PDG)の関係者の皆様には、筆者の研究を社会に還元し、逆に貴重なご意見をいただく有難い機会をたびたび頂戴した。

過去ポスドク研究員として所属していた、イギリス・サウサンプトン大学政治学部および神戸学院大学アジア太平洋研究センター、大阪大学大学院国際公共政策研究科には、本書の内容に関わる研究のための素晴らしい環境を与えてくださったことに心から感謝申し上げたい。特に、アンソニー・マッグリュー（Anthony McGrew）サウサンプトン大学教授、谷口弘行神戸学院大学名誉教授、星野俊也大阪大学教授には、特段の御指導と御配慮をいただいた。現在の職場である和洋女子大学には、自由に研究できる環境を賜っていることに改めて謝意を表したい。

　ほかにも、本書の執筆にあたり、多くの皆様のお世話になり、多くの教えを拝受した。ここでは名前をすべて挙げることはできないが、この場を借りて心から感謝申し上げたい。

　研究の過程では、平成17～18年度文部科学省科学研究費補助金特別研究員奨励費および平成19～20年度同補助金若手研究（スタートアップ）の支援をいただいた。本書はそれらの研究成果の一部である。また、本書は、和洋女子大学平成21年度研究成果刊行補助費を受けて出版されるものである。記して感謝申し上げる次第である。

　本書の上梓にあたっては、前書に引き続き、法律文化社の小西英央さんに大変お世話になった。感謝申し上げたい。

　最後に、私事ながら、大阪に住む母ミサ子と弟範彦にこれまでの公私にわたる支援に感謝の気持ちを改めて伝えるとともに、前著刊行後まもなくして急逝した父弘明に本書を捧げたい。

　　　2010年正月　「トラ」年に湧く大阪の実家にて

　　　　　　　　　　　　　　　　　　　　　　　　杉　浦　功　一

著者紹介

杉浦　功一（すぎうら　こういち）
　1973年　生まれる
　1997年　神戸大学法学部法律学科卒業
　1999年　同大学院国際協力研究科博士課程前期課程修了
　2002年　同後期課程修了
大阪国際大学講師、サウサンプトン大学（イギリス）客員研究員、日本学術振興会特別研究員などを経て、現在、和洋女子大学専任講師（4月より准教授）
博士（政治学）

Horitsu Bunka Sha

2010年3月31日　初版第1刷発行

民 主 化 支 援
―21世紀の国際関係とデモクラシーの交差―

著　者　　杉浦　功一
発行者　　秋山　泰

発行所　株式会社 法律文化社
〒603-8053　京都市北区上賀茂岩ヶ垣内町71
電話 075(791)7131　FAX 075(721)8400
URL:http://www.hou-bun.co.jp/

Ⓒ 2010 Kouichi Sugiura　Printed in Japan
印刷：西濃印刷㈱／製本：㈱藤沢製本
ISBN 978-4-589-03244-7

杉浦功一著
国際連合と民主化
―民主的世界秩序をめぐって―
A5判・244頁・5460円

国際連合が果たした加盟国への民主化支援と国連自体の民主化の取り組みを、グローバル・デモクラシーの議論の整理をふまえ、実証的に考察する。グローバル時代におけるデモクラシーの状況と国際社会が抱える民主化進展への課題を提示する。

ジーン・グリューゲル著／仲野　修訳
グローバル時代の民主化
―その光と影―
A5判・242頁・2625円

民主化はどう行われ、深化していくのか。民主化理論の展開をふまえ、世界の民主化過程を包括的に概説する。国家、市民社会、グローバル化に注目し、これからの民主化の課題と深化するための条件をさぐる。

中谷義和編
グローバル化理論の視座
―プロブレマティーク＆パースペクティブ―
A5判・270頁・3360円

「グローバル化」状況の動態とインパクトを理論的・実証的に解明するとともに、「グローバル民主政」をめぐる課題と展望を考察する。グローバル化理論の代表的論者たちによる、理論的到達点と新しい地平を拓くための視座を提起する。

岡本三夫・横山正樹編
新・平和学の現在
A5判・288頁・2730円

平和学の起源・構想・対象など、その全体像を鳥瞰し、今日の理論と方法論の到達点を概説。21世紀初頭の世界の激動とグローバル化の深化をふまえ全体的に補訂した最新版。真の平和を探究するための必読書。

ヨハンガルトゥング著／木戸衛一・藤田明史・小林公司訳
ガルトゥングの平和理論
―グローバル化と平和創造―
A5判・280頁・3465円

平和を脅かすあらゆる紛争を平和学理論に基づいて整理し、紛争転換のための実践的方法論を提示したガルトゥング平和理論の体系書。国家や民族の紛争だけでなく、開発や文化に内在する問題にも言及する。

―法律文化社―

表示価格は定価（税込価格）です